打开潮牌密码

主　编・陈家刚　许晖
副主编・王丽娟

中国经济出版社
CHINA ECONOMIC PUBLISHING HOUSE
・北京・

图书在版编目（CIP）数据

打开潮牌密码 / 陈家刚，许晖，王丽娟著 . -- 北京：中国经济出版社，2021.4

ISBN 978-7-5136-6438-7

Ⅰ. ①打… Ⅱ. ①陈… ②许… ③王… Ⅲ. ①品牌 – 研究 Ⅳ. ① F273.2

中国版本图书馆 CIP 数据核字（2021）第 048510 号

责任编辑　张梦初　陈宇慧　戴瑛
责任印制　巢新强
封面设计　任燕飞

出版发行　中国经济出版社
印 刷 者　北京力信诚印刷有限公司
经 销 者　各地新华书店
开　　本　880mm × 1230mm　1/32
印　　张　10.125
字　　数　200 千字
版　　次　2021 年 4 月第 1 版
印　　次　2021 年 4 月第 1 次
定　　价　58.00 元
广告经营许可证　京西工商广字第 8179 号

中国经济出版社 **网址** www.economyph.com **社址** 北京市东城区安定门外大街 58 号 **邮编** 100011

Preface | 前言

尽管历经了魔幻、动荡的2020年，全球经济仍未走出疫情的阴霾，但中国依然保有强劲的消费能力。数据积累和技术进步使新消费在近年来迅速崛起，给整个商业环境带来剧烈冲击。后疫情时代，各类新商业模式层出不穷，使消费者在不知不觉中形成新的消费习惯，激发出智慧零售、可持续的新消费动能与品牌营销新机会。尤其是新生代的90后已逐渐成长为社会的中坚力量，成为新一代的消费主力。他们浸润在快速发展的经济环境和绚丽多元的文化环境之中，在观念上与上一代人有很大区别。新一代消费者具有更强的品牌意识，注重商品品质与个人体验，并且愿意为体验和服务付费，为精致和情怀消费。一场围绕新消费需求的品牌竞争也渐渐拉开了帷幕。

品牌是区分竞争者商品与服务的标识，具有象征作用，能够通过让消费者投射自我形象，与消费者产生紧密联系。同时，一些品牌会在一定范围、一个时期或特定圈层中被少数人推崇和偏好，进而在多数人的仿效和追逐下形成流行，跃升为区域、时代或某一圈层的潮流符号。在本书潮牌的探寻中，我们选取了流量、IP、体验、产品、经典回归等五类具有不同特点的潮流品牌，全面梳理其潮流形成的因果——时尚根源、品牌成长路径、品牌代表的潮流文化等内容，在讲述其品牌故事的过程中，分析各品牌背后所映射出的时代特点与文化根基。希望能够从中总结潮流品牌发展过程中的成功经验或失败教训，打开潮流品牌的层层密码，为我国新兴品牌的积累与发展提供参考借鉴，让更多具有时代性、个性化的潮流品牌进入大众视野。

从潮流品牌的消费对象上看，在90后这一年轻消费群体中有一个更加特殊的人群，他们被称为Z世代。伴随着消费升级的热潮，人们在物质条件丰富的情况下也逐渐显露出在精神消费层面的新需求。消费者在追求产品与服务品质的同时，也更容易被情怀打动。正是在这一消费趋势变化中，消费能力快速增长的Z世代消费群体渐渐被市场所关注。这是一个相对年轻的群体，以圈层为结构形成了不同的消费市场，如电竞、国风、模玩手办等领域。相比于传统的消费者认知，活跃在兴趣文化社交前沿的Z世代更加注重自我个性的长足发展和不同文化的深入解读。因此，在Z世代的世界里，共同话题是构建社交圈的必备条件。与此同时，互联网发展所创造的强大功能让Z世代有了更加多元化的生活，也让Z世代与世界产生了更紧密的连接。他们通过网络完成对世界的探索和联通。因此，以兴趣会友的社交网络慢慢为Z世代群体构建出不同的消费圈层，互联网的便利性使Z世代群体的消费能力快速增长，这些都使Z世代逐渐成为中国互联网消费的中坚力量。现在，Z世代圈层消费的发展逐渐以和而不同的趋势推进着，IP跨界、文化出圈以及内容共创等模式正在为当代消费者展现出全新的营销矩阵。小众文化不断向大众拓展，而多元化兴趣需求的高度满足也正是这个时代不断发展进步的最有力证明。

从潮流品牌的文化根基上看，新兴品牌中正在掀起一股“新国潮”。随着中国经济不断发展，中华民族儿女的文化自信不断提升，引发了一股新浪潮——“国潮”。“国潮”的含义也经历了从“特定中国品牌”到“某种消费概念”的延展。在由清华大学文创院发布的《国潮研究报告》中指出，2018年被看作“国潮”消费元年。在“国潮”元年之前，“国潮”大多指狭义上的特定品牌，即由中国本土设计师创立的潮流品牌，是具有鲜明特色的小众文化代表。进入“国潮”元年后，“国潮”泛指广义上的某种消费概念，即国货群体和带有中国特色产品的走红。以故宫IP、李宁为代表的中国品牌，在保持其文化内核的基础上，积极吸收现代元素，将其与中国传统文化融合起来，为消费者提供既有新鲜感又有强烈文化认同感的高性价比优质商品，是“国潮”中极具文化潮的中国品牌。除了“文化潮”，还有一批中国品牌走向了“技术潮”，从“中国制造”走向“中国智造”，国产智能家电、手机的销量也节节攀升。无论是走“文化潮”，还是“技术潮”“艺术潮”，“国潮”产品显示出一致的集体品牌形象。它们表现出新时代转型的迫切感，从与年轻需求割裂到多元化满足新需求。“国潮”在确保质量的基础上，集体焕新颜、换新装，完成了对传统中国品牌形象的新注解。

本书所摘取的喜茶、故宫、Supreme、完美日记、小熊电器、三顿半、泡泡玛特等13个潮流品牌，从中国消费品牌的发展趋势与当下Z世代消费群体的消费特征出发，本着探索时尚与潮流之间的关系、扩大潮牌边界、打开潮牌密码的目的，希望能够找到适合中国新生品牌的发展路径。

本书将13个品牌案例划分为6个篇章：第一篇章——积累流量，引爆品牌潮点，以喜茶、瑞幸、完美日记等品牌为探索对象。这一类品牌在互联网浪潮中萌芽、成长，成为各自领域的国内头部品牌，并且形成了一套自有的品牌营销框架。第二篇章——打造IP，构建品牌符号，以国际潮牌Supreme、零食品牌三只松鼠、新兴玩具潮牌泡泡玛特为探索对象。这一类品牌抓住了消费者，尤其是90后一代年轻群体的消费认同感，以符号化的语言在消费者心里打上烙印。第三篇章——乐享生活，营造全新品牌体验，以小家电品牌小熊电器、文化潮牌言几又书店为探索对象。这一类品牌积极探索新消费环境下的生活模式，试图通过细分化的产品、全新的空间结构和新兴的生活理念创造全新的生活品牌。第四篇章——极致产品，凸显品牌理念，以优衣库、无印良品、咖啡新秀三顿半为探索对象。这一类品牌以产品为核心，不断摸索、贴近消费者需求，通过精细化打磨产品来达到品牌理念输出的目的。第五篇章——品牌蝶变，经典回归潮流，以李宁、故宫IP为探索对象。这一类品牌植根于文化，但随着消费环境的变迁，他们积极拥抱新变化，将品牌与现代元素相融合，使传统品牌也融入“潮流”之中，甚至起到引领“新国潮”的重要作用。这些品牌的蝶变之路为我国传统品牌转型提供了积极的借鉴意义。本书选取的品牌涵盖多个行业、多种类型，具有多样化的特点，希望能对我国新生品牌发展和传统品牌转型有所启示与借鉴。

本书是作者基于多年对品牌发展及其相关领域的研究成果编撰完成的。同时，也是南开大学商学院品牌研究团队的所有成员及硕博研究生共同努力、智慧的结晶。尤其是在本书撰写过程中历经新冠疫情的蔓延以及引发的一系列连锁反应，由数字化浪潮及其引致的变革推动行业格局和商业本质的颠覆与创新等多重效应的叠加，为相关案例的探讨增加了不少难度，值得欣慰的是研究团队全体成员抱着使命必达的态度，克服重重困难，终于完稿。本书由南开大学旅游与服务学院陈家刚副教授、南开大学商学院许晖教授担任主编，负责设计总体框架和写作构思并总纂全书。副主编为南开大学商学院企业管理专业王丽娟硕士。王丽娟对本书作了初步统稿，陈家刚副教授与许晖教授最终对全书修改定稿。本书各篇章的主要编写人员包括：第一篇由王丽娟、王一鸣、覃福珠撰写；第二篇由王一鸣、郭连文、张钺撰写；第三篇由王丽娟、覃福珠撰写；第四篇由张钺、陈佩瑶撰写；第五篇由郭连文、陈佩瑶撰写。由于作者水平有限，书中疏漏和不足之处在所难免，在此，殷切期望得到各位专家、学者和读者的指正。

Contents | 目录

CHAPTER 1

累积流量——引爆品牌潮点

喜茶

一杯喜茶，激发一份灵感

茶叶起源于中国，起初被当作一种药材，而后逐渐演变成一种饮品。随着中国社会的不断发展，“茶”成为物质文明与精神文明高度结合的产物，被赋予了丰富内涵，在生活中扮演着重要角色。

中国人对茶的理解受中国历史、传统哲学的影响很大，较之其他饮食类型，这种特色鲜明的理解方式，在茶文化中得到了较为完整的保留。虽然当代人的生活方式受到全球化和现代化的影响，但传统的思维认知仍然通过饮食，尤其是通过茶，得到了保存和传承。中国的茶文化是儒、释、道三种哲学思想互相渗透、综合作用的结果，也是天人合一传统思想在饮食文化中的体现。时至今日，这种三教合一和重整体现的文化在现代人对茶的理解中仍可被清晰地识别。在以茶为中心的系统中，一方面，人们相信饮茶有助于自身修养的提升，可以反映人的道德品质；另一方面，茶对文人墨客来说是一种激发灵感的介质。北宋文学家黄庭坚在《次韵杨君金送酒》中说，“茗搜文字响枯肠”，当思维枯竭的时候，品茗能够让人才思泉涌。

作为一家起源于广东江门的新式茶饮品牌，喜茶延续了传统茶文化中茶与灵感、茶与禅意的关系，提取传统茶文化的精髓注入品牌文化，将灵感与禅意用现代化表现形式具象化地传达出来。2016年，喜茶走出广东，向上海、杭州、南京、西安、北京等全国一二线城市扩张，开出近300家门店。成长迅速的喜茶掀起一阵“喜茶风潮”，社交平台上晒图打卡，现象级排队，使之成为名副其实的流量品牌。一杯茶饮演变成年轻人的一种生活态度，以喜茶为中心的潮流正在快速蔓延，喜茶背后的灵感文化和“酷”的品牌理念也在悄然进入年轻消费群体的内心。

喜茶的初代产品——芝士茶饮系列来自对传统奶茶的创新，因此喜茶的兴起也吸引了人们对新茶饮行业的关注。随着行业的发展，该消费群体特征更加明显。由于新茶饮正在从普通的饮品变为具有社交、潮流和娱乐属性的产品，相关企业也更注重打造自身品牌。喜茶则在新茶饮潮流的推动下，进一步塑造品牌形象，立志成为新茶饮行业的头部品牌。本书正是在这样的逻辑下，讲述喜茶的品牌故事，并从中挖掘喜茶成为流量品牌和茶饮潮牌的秘密。

奶茶2.0时代：奶与茶的重遇

茶是中国的传统饮料，但随着时代变迁，茶似乎淡出了年轻人的视野，被各种果味饮料、碳酸饮料和功能性饮料所替代，传统的茶饮也因此成为“中年”“养生”的代名词。茶重新受到年轻人的喜爱时，已经换了一种形式——奶茶。奶茶混合了奶香和茶香，搭配珍珠、椰果等各种配料带来的口感，加上多糖对味蕾的冲击，使每个人不用花费过多时间，就能够获得与包装饮料不同的味觉体验，因此奶茶成为年轻人最喜爱的饮料之一。

早期的奶茶制作工序简单，一勺奶加上相应比例的茶，再配一勺珍珠或椰果就可以完成。这也被称为奶茶1.0时代——粉末时代。奶茶的口味取决于加入何种味道的食用粉末，但形式上并没有什么变化。久而久之，人们对于奶茶的口味不再感到新奇，糖分过高导致的甜腻感也让人们对奶茶的健康性产生怀疑。2006年出现的手工制茶改变了奶茶的制作工艺，真正的茶被用于奶茶的制作中，利用茶叶和茶渣过滤出茶水当作奶茶的茶基底，但奶的部分依旧以粉末为主。手工制茶的出现开启了奶茶2.0时代，由于大多数奶茶店开在街头，门店面积较小，奶茶2.0时代也被称为“街头时代”。2011年，“四云奶盖贡茶”进入内地，奶盖茶将奶与茶分离开来，在制作好的茶底上覆盖一层奶盖，使奶盖冲淡了茶的苦涩感，也使茶平衡了奶盖的甜腻与厚重，奶盖茶因此成为一种新的时尚。

手工制茶和奶盖茶的出现和兴盛，标志着奶茶经历了第一代大升级。这种创新式地将奶盖应用于奶茶的产品，一推出市场便好评如潮，也为奶茶和茶类饮品创造了更多可能。

灵感之源：芝士喜茶

虽然奶盖茶改变了奶茶的形式，满足了人们对奶茶新鲜感和口味的需求，但消费者却不愿接受用各种粉末状的原材料加工而成的饮品，因此，喜茶独辟蹊径，研发出芝士茗茶。芝士茗茶中的奶盖不用粉末、奶精等添加品，而是选用进口芝士作为替代。但芝士奶盖的创意也带来新的问题，它可能放大茶本身的优缺点，尤其是当茶底采用的原料质量欠佳时，能够被更明显地感知到。因此，喜茶开始对茶底的制作进行调整，与世界各地优质茶叶供应商进行合作，同时也建立了自己的茶园，与大学实验室合作培育茶叶新品种，进行园区土壤改造，对质量进行严格监控和把关。在选择茶叶时，除了考虑茶叶的风味和香气，还会考量茶汤的颜色和干净度。2012年喜茶成立后，作为第一款原创产品，芝士茗茶一经上市，便凭借其优质原料和口感建立起良好的口碑，并拥有了第一批忠实粉丝，也让喜茶对消费者的口味有了更多的理解。从芝士茗茶开始，喜茶的产品种类逐渐完善，鲜茶水果系列、轻芝士茗茶系列和当季水果限定系列也成为灵感之茶的重要组成部分。

2016年后，喜茶新更换的菜单与之前相比发生了很大变化，除了简化产品板块，风格向极简风转变外，产品的名称也与此前有很大不同。金凤茶王、芝芝莓莓等品名出现在菜单中，似乎让人有些不知所措，而这正是喜茶的“别有用心”——跳出界限，定义标准。金凤茶王是由乌龙、金萱、绿茶等茶叶品种为原料调和的饮品；芝芝莓莓则是以绿茶为茶底，与草莓果肉和奶盖融合的饮品。从喜茶的产品名称可以看出它们具有共同的特征，那就是它们包含了饮品特点，却又没有完全突出产品原料。如果“芝芝莓莓”被称为“芝士草莓鲜果茶”，“金凤茶王”被称为“乌龙绿茶”，那么产品的标准就会被芝士、草莓、乌龙和绿茶的原产地所定义，顾客会以自己的标准，用是否正宗来定义一款全新的产品，而忘记了产品和品牌本身所带来的感受。因此，喜茶选择跳出标准，重新定义产品，这也让顾客脱离原有标准的束缚，对产品产生更多联想。同时这种差异性的名称也能够让消费者感受到品牌的唯一性，无论产品具有多强的相似性，当提到“金凤”时，消费者都只能想到喜茶。

2017年，喜茶进入上海市场，在上海来福士店中诞生了当季限定系列的首个产品——芝芝莓莓，从此之后，喜茶当季限定系列的产品更加多样化，包括受到追捧的芝芝桃桃、多肉系列等，通过独特的口感抓住消费者的味蕾。对于一款饮品来说，原料是起点，口感和味觉记忆点才能够冲破最后的防线。喜茶创始人聂云宸认为，世界上每个人对味道的理解都不一样，但对口感，全人类有基本一致的认知。只有丰富和多层次的口感才能够留下记忆点。正如人们对酸甜苦辣的认知各不相同，却对麦当劳鸡翅外酥里嫩的口感有着共同的记忆。

例如，喜茶的一款招牌产品芝芝桃桃在制作时使用了来自三种产地的桃子，分别有不同的作用，有的品种用来做果肉，有的品种用来榨汁，有的品种用来调色，让饮品更粉嫩。三种原料与芝士叠加出的全新口感让消费者在一接触到芝芝桃桃时就感受到了。喜茶的另一个招牌产品金凤茶王将几种清新的茶叶搭配后，特别添加了一道烘焙工艺来降低茶的苦涩感，增添了焙火味和茶香，成为金凤茶王的味觉记忆点。此后喜茶所推出的波波系列也是为了向消费者提供一种新的口感与惊喜感（见表1–1）。

表1–1 喜茶部分产品系列

芝士茗茶系列	当季限定	喜茶实验室	满杯水果家族	波波家族
金凤茶王	多肉葡萄	冷萃桂花绿	满杯香水柠	流心奶黄波波冰
芝芝绿妍	芝芝桃桃	豆豆波波杯	满杯红柚	空气巧克力波波冰
芝芝金玉	醉醉桃桃	流沙牛角	满杯金菠萝	烤黑糖波波鲜奶

资料来源："喜茶GO"小程序。

喜茶以芝士茗茶为灵感之源，在对消费者需求的不断摸索和了解中，创造出更多灵感之茶，并且自带营销属性，这让喜茶凭借口碑传播得到良好的迁移，从中山小榄镇到中山市区、顺德、佛山，再到广州，一步步扩张，更有忠实粉丝愿意驱车到另一区域购买喜茶（见图1–1）。

图 1–1 喜茶发展历程

新式茶饮：新与旧的传承迭代

2016年，喜茶、奈雪的茶和因味茶获得A轮融资，2017年乐乐茶天使轮融资5000万元，自此，资本进入加速了新茶饮品牌的扩张，而这些不断扩张、发展的新茶饮品牌被统称为“喜茶们”。喜茶在新茶饮的跑道上被看作头号种子选手，引领起新茶饮的潮流。

新茶饮品牌在茶饮产品之间具有相似性，但也呈现初步的品牌分化。喜茶以芝士奶盖为主打产品，波波家族、满杯水果家族、喜茶实验室等系列构成完整的产品体系，除饮品外，还包含甜品、面包等品类。喜茶产品定价跨度较大，能够满足多层次消费群体的需求。而在品牌个性与定位上，喜茶表现出时尚、极简、酷的风格。奈雪的茶则以“茶+欧包”为核心，针对20~35岁的白领女性打造茶饮空间，因此，奈雪的茶产品定价较高且跨度较小，在品牌风格上也更加突出时尚感和女性化特色。因味茶在创立之初就提出要成为“中国的星巴克”，无论是在产品包装上，还是在空间设计上，都更加精英化。得益于京东资本的进入，因味茶与京东线上平台合作，以新零售思维打造“所见即所得”的营销方式，即在因味茶门店内看到的茶包、茶具，甚至是桌椅都能够通过扫码立刻下单买走。乐乐茶则是专注于“茶+软包”的新式茶饮品牌，产品定价略低于具有相似定位的奈雪的茶。乐乐茶以软包与茶饮的快速迭代创新为核心竞争力，加之形态各异的门店载体，虽然起步晚于喜茶、奈雪的茶等新茶饮品牌，但同样受到一批年轻消费者的喜爱（见表1–2）。

表 1–2　新茶饮品牌发展情况

品牌	核心产品	品牌定位	选址
喜茶	芝士奶盖	酷、极简	购物中心、一流位置
奈雪的茶	“茶+欧包”	时尚、女性美	
因味茶	“茶+周边”	中国的星巴克	
乐乐茶	“茶+软包”	有灵魂的精品茶	

根据招商证券发布的《新式茶饮深度报告》中所呈现的数据，新式茶饮消费者的年龄集中于30岁以下的年轻人群，占比71%，其中25岁以下人群占比42%。而新茶饮面向的90后、95后人群则是新消费主义的领航者。他们不再满足于“量”的增加，而更注重“质”的改变，从“拥有更多”到“拥有更好”，从“功能满足”到“情感满足”，他们的消费需求表现得更加鲜明。对于产品，他们看重品质，以颜值为王；对于品牌，他们注重格调和创意，希望能够与其精神需求相契合；对于消费，体验和社

交的重要性要远远高于价格，他们追求标新立异，享受自我满足的精致生活。

对于新茶饮所面临的年轻消费群体来说，“少年养生”已经成为新的标签，“天然”“低糖”“健康”是他们重要的诉求之一。新式茶饮不局限于奶茶，而是以茶为主体，用不同的萃取方式从茶叶中提取浓缩原液制作茶底，与不同的辅料相结合，例如，加入新鲜牛奶、进口奶油、天然动物奶油的鲜奶茶、芝士奶盖茶、黑糖奶茶，或加入各类鲜果调制而成的果茶饮品。优质原料、丰富的品类和多层次的口感满足了消费者对饮品更高的要求。

新茶饮与传统奶茶和茶饮的不同之处不仅仅在于产品品质，它还具有更多新的标签属性，如高颜值、社交、潮流、娱乐等。与传统奶茶店3~5平方米的窗口式店面不同，新茶饮门店面积更大，呈现千店千面的设计风格，为人们提供了新的社交空间。新式茶饮的店面设计在概念和主题上都下足了功夫，“粉色”主题店、“跨界联名”主题店、“茶+欧包”主题店、“茶+花艺”主题店等各类店面为消费者带来了差异化和沉浸式体验，“喝奶茶”和“探店”成为社交和娱乐中的一个重要环节。产品和空间的高颜值让90后这一代更加热爱自拍和分享的消费者成为品牌传播的志愿者，新茶饮也逐渐成为一种新的社交货币。

与传统奶茶的以产品为导向，经营的重点在于何时推出一款新的产品相比，新式茶饮在频繁推出新品带来新鲜感的同时，形成了更强大的品牌效应。无论是2012年成立的喜茶，2015年成立的奈雪的茶，还是2017年起步的乐乐茶，新茶饮品牌都在为品牌注入文化，注重品牌打造，用品牌获得更多溢价，用文化和创意提升用户黏性和价值认同，利用情感消费进一步扩大品牌效应。

消费者对茶饮的新需求促使茶饮类品牌做出改变，茶饮品牌不仅需要对产品品质严格把关，还需要赋予茶饮新的标签属性，用新的营销观念为新茶饮圈层的消费者提供更个性化的品牌体验。在新的消费环境下，喜茶从VI系统、空间设计、营销方式到文案设计更在意一致性表达，传递出品牌调性与品牌理念。下面将从品牌文化、传播载体和数字营销等方面分析喜茶的品牌塑造过程。

品牌文化

1. 品牌定位：定位于酷

2012年，喜茶在江门开出第一家店面，而那时的喜茶还没有风靡全国，也没有被称为喜茶，只是一家叫作“皇茶”的奶茶店铺。皇茶凭借不错的品质与口碑走出江门，进入更多新市场。但当皇茶进入深圳时，却面临两个棘手的问题：第一，距离使口碑和消费者迁移变得更加困难，仅有产品而没有品牌效应，新店流量增长很慢；第二，皇茶迟迟无法注册商标，山寨产品层出不穷，造成很大的品牌损耗。这让其创始人意识到，只注重产品创新不足以成为成长驱动力，还得在品牌上下功夫。

2015年，由于皇茶商标申请屡屡碰壁，创始人聂云宸决定购买“喜茶”作为新商标，2016年2月，皇茶正式更换为注册商标“喜茶”，此时，喜茶已经经营了近三年，喜茶商标尘埃落定让聂云宸开始着力于喜茶的品牌塑造。通过三年多的经营，喜茶逐渐沉淀出品牌文化——灵感与禅意，并且致力于打造让年轻消费者感受到“酷”的品牌。喜茶的品牌创始人提到“不希望品牌定位过于狭窄，品牌应该定位在一些永恒的东西，相比于将品牌定位成‘95后的生活方式品牌’或‘芝士奶茶的首创者’，喜茶更愿意做一个很酷的品牌”。这种“酷”不仅指享乐态度、自我的生活方式，还包含了聂云宸对喜茶的寄托，希望喜茶能够成为永恒的品牌。喜茶想要表达的“酷”最终会通过产品、设计、宣传和跨界合作等载体传达给消费者。例如喜茶名称听起来简单、普通，没有过于华丽的词汇和异形文字，但是VI系统却让喜茶有了“酷”的感觉。喜茶的名称被赋予了美好的寓意，与创立初期的“皇茶”相比，喜茶更不容易被定义，消费者看到“喜”字会产生积极的想法，但又会有不同的联想。喜茶的名字包含了极富中国色彩的元素，“喜”通常会被联想到“喜庆”“报喜”等传统的形容词，但是“喜茶”被赋予了与联想完全不同的现代化字体，与联想产生了冲突感，让人印象更加深刻。这也实现了喜茶所追求的不被现有标准定义，让消费者觉得“酷”的并不是名称本身，而是品牌视觉系统的一致性和品牌价值。

对于喜茶所面对的85后、90后、95后的年轻消费群体来说，新鲜感固然重要，但有趣、个性化更具吸引力。因此真正能够吸引消费者的不是通过大字报宣传而产生的灌输型理念和引起好奇的排队文化，而是能够让消费者产生共鸣的品牌文化。

2. 文化内涵：具象化于灵感和禅意

喜茶将“酷”具象化于灵感和禅意。灵感代表喜茶的功能性，即“能够激发灵感”。“灵感”是喜茶品牌的文化核心之一，而这一核心也正是来源于中国茶文化。古时文人墨客会选择以茶静心、以茶促文思，茶被当作一种能够激发灵感的介质。相比于赋予茶一种提神的功能性标签，灵感更具塑造性，也更符合“酷”的本质。喜茶是灵感的产物，具有原创性，所有的产品延伸都是在为新式茶饮注入灵感；消费者是灵感体验者，当喝喜茶时，能够感受到自己是一个有灵感的人。而“禅意”则更能够代表喜茶的文化属性，即“逻辑来源于内心”，是一种超然、自我的生活方式。灵感与禅意通过喜茶的品牌视觉系统得到了充分的展示。

喜茶的LOGO是一个正在喝喜茶，表现出陶醉神情的人，整个LOGO用黑白色调呈现，人物的刻画没有过多细节，没有肤色，也没有表现出任何性别特征。喜茶创始人聂云宸认为喜茶今后的品牌LOGO可能会抽象为更简单的线条，在几十年后，即使社会审美发生了巨大变化，人们也不会觉得喜茶是一个过时的品牌。喜茶的包装延续了极简风格，采用透明杯身和白色杯盖，杯身印有一个喜茶LOGO，不同饮品的色彩和层次会通过透明杯身展现出来。其包装的特点在于包装整体风格会根据季节、节日和联名合作改变，但整体材质与理念依然具有年轻化、现代感的特点。

这种极简的刻画方式给消费者留下更多想象的空间，不做过多的定义和束缚，正是喜茶想要传达的禅意。

提到中国传统文化，人们脑海中的意象大多都是“祥云”“脸谱”“旗袍”“唐装”和“中国红”，似乎这些元素已经成为中国文化的标配，具有传统文化气息。虽然“禅意”是对中国传统茶文化的提取，但喜茶却用一种现代化的表现方式具象化地呈现给消费者，无论是黑白的颜色基调，极简的包装设计，还是引人联想的产品名称，都表现出喜茶想要传达的“酷”。茶文化的呈现不一定需要将品牌元素设计成古风，将空间模拟成茶馆，就像日本品牌中所蕴含的日本文化也不是通过木屐与和服来传达一样，用“现代化的皮肤去展现灵魂的本质”，是新式茶饮品牌所具有的意义。

传播载体

新消费时代的消费特点已经发生改变，95后年轻消费群体坚持心灵的自我慰藉和滋养，努力实现自己定义的精致生活。产品的实用性对他们来说已经不再是衡量是否购买的主要因素，他们需要在感知、消费、体验产品的过程中，发现自己内心的需求，找到自我价值的归属感。喜茶通过线下空间和线上自媒体为消费者呈现出一个立体的茶饮品牌，让年轻消费群体从中感知到以酷、禅意、灵感为主线的品牌文化，强化喜茶的品牌效应。

1. 空间体验：传递灵感与禅意

喜茶门店的作用并非仅仅为顾客提供休憩地，还承担了品牌文化载体的功能，每一个空间的设计都是一个诠释灵感的过程，让消费者能够在喜茶的空间里感受现代禅意和极简美学，让喝茶这件事变得更酷。喜茶的标准店以黑白灰为基调，表达品牌的中性风格，也更便于在黑白灰的极简基础上做出风格改变，例如粉色主题店、黑金店、“白日梦计划”店、LAB概念店和快闪店等。喜茶有15%的门店以主题店的形式呈现，跳脱出标准化风格，带来新鲜感，为消费者提供更加丰富的空间体验感。

HEYTEA PINK店打破喜茶以往的中性风格，从女性视角出发，用粉色和金属元素打造少女感体验空间。喜茶80%的顾客都是女性，PINK店通过女性化的粉色桌椅、波波球池、陀螺椅等设施区隔出私密空间和公共空间，打造女性消费场景，让消费者能够在粉色主题店中体验到强烈的幸福感与满足感。黑金店与PINK店的风格截然不同，黑金店以黑色元素为主，辅以金色搭配，选用低调永续的材料，呈现一种艺术感强烈却又不失摩登范儿的禅意空间，并且会供应一款特有产品——黑金茶。

“白日梦计划”店与不同领域的独立设计师进行合作，创造更加大胆颠覆的社交空间，让消费者即使生活在现实世界，也能够偶尔做一个白日梦。“白日梦计划”店将东方美学用极简主义表达出来，传达了喜茶灵感、禅意和酷的品牌理念。消费者在“白日梦计划”店中能够体验到极为新鲜的空间感，例如在深圳开业的“山溪间，找茶趣”主题店，地面起伏形成山丘，桌子蜿蜒流畅的曲线形状似山间溪流，“引以为流觞曲水，列坐其次”

的意境用极简线条进行烘托，用现代语言诠释了“曲水流觞”之意（见图1–2）。另一家“相信就会相遇”的主题店用19张大小不同的桌子拼接成一张大桌，对坐、反坐、围坐，私密性与开放性并存，为人们的互动提供了可能（见图1–3）。

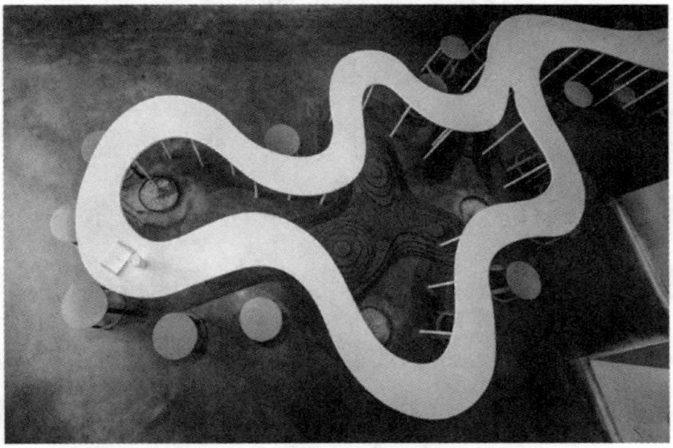

图1–2 喜茶“山溪间，找茶趣”白日梦计划店

图片来源：喜茶公众号。

图1–3 喜茶“相信就会相遇”白日梦计划店

图片来源：喜茶公众号。

HEYTEA LAB概念店是喜茶最具有实验先锋概念的一种店面风格，LAB即“实验”，意在打破经验，摆脱惯有的思维方式，提供更具创新性和富有创意的产品、场景、玩法，使空间的多元化表达得以实现。具有先锋性的实验精神，才能给历史悠久的茶饮注入现代化、年轻化的灵魂。正如其标语“灵感汇聚于此”所言，喜茶LAB店是灵感的试验田。延续喜茶“酷、灵感、禅意”设计的品牌理念，LAB店汇聚了茶饮、周边、插画以及空间设计上的灵感元素，意在打造一个围绕茶饮的“实验室”，以先驱者的视角与思路，深入探索茶饮文化的多种可能性。

2. 自媒体——强化品牌理念

2009年微博上线，自媒体萌芽初显，随着2012年微信公众号上线，自媒体进入觉醒时代，越来越多的普通大众通过自媒体平台表达思想、分享动态，同时自媒体平台也成为当下人们获取信息的重要渠道之一。因此，企业也扮演起“自我言说”者的角色，通过自媒体平台传递信息或搭建线上商城。喜茶自然也不会错过这一传播渠道，但与大多数企业自媒体不同的是，喜茶将线上自媒体作为品牌文化的输出载体，而不是一个投放打折信息的媒介。

新品上市是喜茶更新平台内容的契机，但更重要的是通过内容传达品牌理念，而这种品牌理念就是上文所提到的“灵感与酷”。喜茶每一次呈现的内容都会经过三个方面的考量：整体调性、图片风格和推文形式，这三方面则是形成品牌理念的关键步骤。例如，喜茶在“喜茶巴士”进入江门时的推文整体采取了怀旧风格。随着近几年的快速发展，喜茶开出更多店面，进入更多新市场。对许多消费者来说，喜茶是一个新茶饮品牌，但起源于江门的喜茶却承载着众多江门消费者的记忆。因此，在这次的内容设计上，喜茶使用了微黄的底色，以红蓝为主色调，图片风格也采用了手绘的方式，推文字体也使用了方正的黑体，营造出怀旧感。在另一个新品系列“绿洲鲜奶茶”中，主打产品绿妍和沁兰都极具中国特色，喜茶则采用了中国风，以清雅的绿色为主色调，但呈现方式却与大众风格相差甚远，在人物照片上选用了妆容夸张、身着现代服饰的模特，文字上采用半白半文的风格和清淡的细线条字体，各个元素之间展现出冲突感，却又不突兀。喜茶自媒体运营的核心理念是着力于打造一个从内容本身出发的、有自己腔调与个性的自媒体。喜茶在保持自己品牌个性的前提下，通过风格多变，在设计上诠释品牌理念来不断刺激用户，让用户保持新鲜感。

喜茶自媒体品牌理念的另一种表现形式则是警惕热点。有许多人认为喜茶是被称为“爆款”的品牌，为什么还要避免热点？网络词汇、爆款图片和表情确实能够更加直接地刺激读者情绪，引发共鸣，带来流量，但不能形成自己的风格，无法形成品牌效应，因为成为热点无法避免大众性和千篇一律。跳出热点的束缚则给了喜茶更多空间来打磨属于自己的风格。例如，在香港首店开业时，“一座城市就是一个谬思，灵感不息，为你钟情”是喜茶文章的开篇；天津“白日梦计划”店开业时，“天津初见，喜茶带来了一个云淡风轻的白日梦”是喜茶对天津的问候，这样的风格成为专属喜茶的“喜茶式浪漫”。

比起追逐流量，喜茶的自媒体平台更看重内容，通过内容引流，提高粉丝黏性，让用户通过优质内容了解到一个立体的喜茶，传达出喜茶背后的品牌文化，从而在精神上形成共鸣。从读者角度出发，选用更有趣好玩的方式呈现产品，而不是强制性推销。

数字营销

1.“喜茶GO”小程序——千万级流量入口

或许众多消费者对喜茶的第一印象都是“排队”，门庭若市的景象让想要初次尝试喜茶的顾客望而却步。2018年4月，“喜茶GO”小程序（以下简称“喜茶GO”）上线，喜茶对这个小程序的定位正是“杀死”排队。

消费者可以通过“喜茶GO”进行线上点单，点单完成后小程序会通知顾客大致的等待时间，并且顾客能够实时获取饮品制作进度，时间精确到15分钟以内。“喜茶GO”为喜茶带来了更多流量，也让喜茶融入更多生活场景中。当下，年轻消费群体“宅”属性凸显，喜茶通过小程序搭载的外卖功能提升用户体验，满足更多消费需求。喜茶不仅是“商场饮品”，还打入了办公场所、学校等多种生活场景。

但“喜茶GO”是否真的“杀死”排队了呢？答案显然是没有，喜茶线下门店的排队现象有所缓解，但出茶产能依旧无法满足顾客需求，因此排队现象依然存在。“杀死”排队仅是喜茶站在消费者端对“喜茶GO”的定位，基于更好的服务和用户体验做出的创新。

“喜茶GO”的另一层定位是数据引擎入口，这是实现数字营销的基础。“喜茶GO”上线三个月积累了500万用户，凡是通过小程序点单的用户都会自动成为“GO会员”，在“GO会员”之上还有星球会员，成为星球会员则能够享受更多的会员权益，如生日赠饮券、优先购买券、饮品优惠券等。而在喜茶会员体系的背后，是喜茶对用户数据的积累，除用户性别、年龄、联系方式之外，还有用户的地理信息、登录频率、消费频率、在产品和口味等方面的偏好等，从而能够推断出用户的物理环境、社会环境、兴趣爱好等信息。根据喜茶官方发布的信息，至2019年底喜茶会员体系已经有2199万用户，“喜茶GO”已经成为千万级流量入口，通过千万级的数据积累，能够让喜茶对用户群体特征和用户画像更加明晰。在没有“喜茶GO”之前，门店的原料、物料使用和消费者的喜好是相对模糊的，用户的交易痕迹不明晰。“喜茶GO”让门店服务流程和消费信息数据化，利用大数据对门店选址、营销活动进行决策。真正的“杀死”排队的方法则是根据用户的数据信息精准增加产能，在热度更高的区域开出更多门店分流顾客。

在“喜茶GO”的基础上，喜茶开发出了新的门店形态——

智能门店HEATEA GO（以下简称“GO店”）。GO店取消了收银员，顾客完全依赖“喜茶GO”点单。喜茶通过用户数据形成的热力图对轻量级GO店进行选址，覆盖更多消费者。无论是“杀死”排队，还是数据引擎入口，“喜茶GO”的最大价值在于帮助品牌创造流量护城河和更多的业务可能（见图1–4）。

图 1–4　智能门店 HEYTEA GO

图片来源：http：//www.duoguan.com/dnews/xingyezixun/2019–10–16/842.html。

2. 茶饮跨界——数字化应用

国际著名营销大师菲利普·科特勒曾说过：“未来只有三种生存模式：统领主流市场的独立品牌，另类派别的小品牌，以及两个非竞争关系的独立品牌组成的混合品牌。”品牌混搭成为一种热潮，品牌跨界也成为当下被频繁使用的营销方式之一，无论是美妆品牌、快消品牌，还是老字号品牌，都试图通过跨界营销来获得新的流量，以限量产品、独特包装满足消费者的个性化需求。

然而跨界也需要“精准”。精准营销是大数据时代的产物之一，在获取消费者偏好、行为数据的基础上，为消费者提供个性化的服务。跨界自然也需要“精准”，相比于突破想象的消费者意料之外的跨界，情理之中的跨界才更能够将“流量”转变为“存量”。喜茶的大多数跨界作品和活动之所以能够受到消费者追捧，背后实则是喜茶对用户的洞察力在起作用，而这种洞察力的基础正是喜茶自己打造的流量池。喜茶通过线上积累的消费数据分析用户行为，以此来确定跨界的方向，进行跨界活动的投放。例如喜茶在与Emoji表情的跨界营销中，通过“套头挑战”为消费者带来了一次新奇和有趣的体验。喜茶将Emoji表情运用到包装袋的设计中，人们将包装袋套在头上时就能够呈现出各种表情，仿佛进入了一个自我的空间，可以在背后表达各种情绪，活动充满了娱乐氛围。这是喜茶在愚人节时的一次跨界活动，希望人们能够用轻松愉快的心情去应对生活中的压力与不易。这次跨界吸引了许多年轻人的注意，喜茶与Emoji表情的结合正是切中了年轻消费群体的玩乐和社交需求，并形成了二次传播。

但喜茶的跨界营销也不是万无一失的“爆款”打造机器，喜茶在与杜蕾斯的跨界联名中，由于跨界所传达出的信息与喜茶自身的品牌理念背道而驰，受到消费者的抵制。因此，跨界不仅要考虑用户需求，还要考虑用户体验及品牌形象的契合度。即使是经常能够激发大众消费热情的喜茶，也难免在跨界选择中“栽了跟头”。但不得不说的是，喜茶通过一次次茶饮跨界，塑造了一个具象化、可感知的喜茶，通过产品设计、空间体验和活动参与将喜茶的“灵感”淋漓尽致地传递给消费者。喜茶的品牌塑造是与消费者共创体验的过程，跨界的核心是为品牌注入新的灵感，表现品牌的“酷”，最后以跨界的形式引流不同领域的年轻消费者。

流量是基础，打造全球化茶饮品牌才是根本

本书从喜茶的诞生开始，梳理了喜茶成立8年以来的品牌成长历程，从品牌文化、传播载体、数字营销三个方面总结了喜茶品牌塑造的特点（见图1–5）。

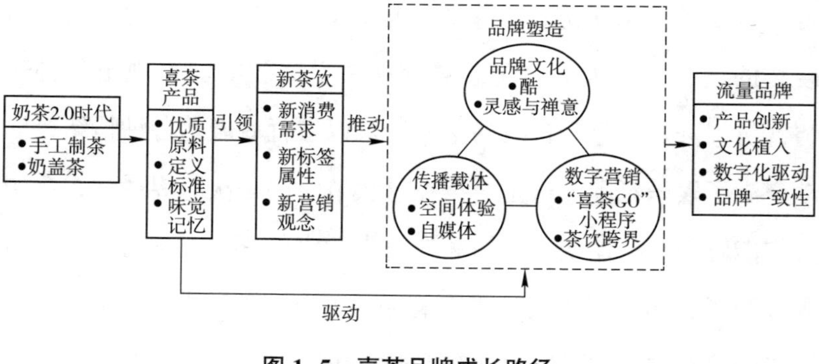

图1–5　喜茶品牌成长路径

喜茶的爆红以“排队”为起点，门店里熙熙攘攘的顾客是好奇的开端，也是质疑的起源，被称为“网红”的喜茶也在被质疑通过请“托”排队造成虚假繁荣的现象。喜茶2019年门店数量增长200多家，共计开出390家门店，超过了前六年的门店数量总和。在喜茶成立的8年时间里，与“网红品牌”的昙花一现似乎有些不同，喜茶还在不断地成长，成为新茶饮行业的领军品牌、

备受年轻群体追捧的潮流品牌。而喜茶的“潮”和“流量”正是来自其对“酷”文化的深刻植入，对内容的品牌化输出和对渠道的现代化打造。喜茶以产品为开端，引领了新茶饮的潮流。在新茶饮行业集中程度提高，消费群体特征逐渐明晰时，喜茶以产品为主打造整体品牌，新茶饮潮流助推喜茶在文化、传播渠道和营销手段上更加贴近消费者需求。

产品是喜茶打造整体品牌的基础，2019年，喜茶推出240余款新品，涵盖茶饮、热麦面包、喜茶甜品、茶极客特调、喜茶喜拉朵、喜茶食验室等系列。喜茶将“酷”文化植入喜茶的产品、业态和合作中，而喜茶植入的“酷”文化和这种文化表现出的“灵感与禅意”使其消费圈层产生共鸣，具有黏性的根源，满足了年轻消费群体对个性和酷的追求。喜茶通过产品、设计、内容、业态全方位地向消费者表达酷、灵感与禅意的概念，这种强烈的品牌一致性更容易让消费者产生归属感，在名目繁多的新茶饮品牌中找到属于自己的标签。根据喜茶官方发布的2019年成绩单，用户对喜茶的印象关键词有潮流、年轻、创新和中国制造等。

2018年“喜茶GO”小程序上线标志着喜茶数字化转型的开始，利用数字化完善自身营销体系。随着越来越多的茶饮品牌进场，新茶饮行业集中度提高，竞争也更加激烈。后入场的品牌在产品和空间上的快速复制让新茶饮品牌之间的同质化升级，流量被不断瓜分。而喜茶打造的数字化营销体系正在帮其构建起一个庞大的流量池。

在流量为王的时代，喜茶是新茶饮品牌中的佼佼者；但流量的背后，是喜茶力图成为全球化茶饮品牌的雄心。喜茶创始人聂云宸在接受界面新闻专访时曾说道，“我希望我们做的行业可以承载一个真正能走出去的品牌，我们不希望去对标谁，或者说自己是中国星巴克，也许你可以比星巴克更强”。2018年11月10日，喜茶在新加坡著名的旅游购物街、时尚潮流集结地——乌节路开出首家海外门店。门店延续了国内简约、禅意的装修风格，日均销量达到2000杯，是喜茶全球化战略成功的开端，截至2019年9月，喜茶已经在新加坡开设3家门店。虽然无法预测喜茶的全球化战略的未来，但可以肯定的是，喜茶的目标不只是成为一个流量品牌，还要成为带领中国茶饮走向世界的全球化茶饮品牌。

瑞幸咖啡

诞生于新零售浪潮的小蓝杯

2016年10月的阿里云栖大会上，马云首次提出了“新零售”概念：“线上线下加上现代物流结合在一起，才能真正创造出新的零售来。”新零售意味着在企业电子商务相对成熟的基础上展开跨渠道运营并重视线下体验以强化消费者感知。此概念的提出不仅揭示了当下中国零售业与电子商务领域正在发生的转变，也为各行各业的企业转型升级提供了契机。

回溯到1999年，星巴克首次入驻中国市场，通过优质服务环境与氛围塑造向顾客展示其“第三空间”消费理念，创造了中国咖啡市场新的消费时尚并成功推广这一经典的商业咖啡品牌。而随着新零售浪潮的涌现，中国的商业咖啡发生了极大的变化。瑞幸咖啡（Luckin coffee）于2017年出现在公众视野，以对现有市场缺口的精准把握，为消费者创造咖啡消费的全新体验为目标，于2019年5月17日在美国纳斯达克挂牌上市，随后更是飞速成长①。作为目前咖啡市场新零售业务的先行者，瑞幸咖啡从品牌定位、品牌规划、品牌传播等多方面入手，打造出颇具特色的新零售小蓝杯咖啡，为中国咖啡市场的消费体验与文化传播增添了新活力。本部分将通过对瑞幸咖啡的品牌构建过程及品牌运作策略的研究，对城市咖啡新的发展趋势展开探讨。瑞幸咖啡品牌的发展框架见图1–6。

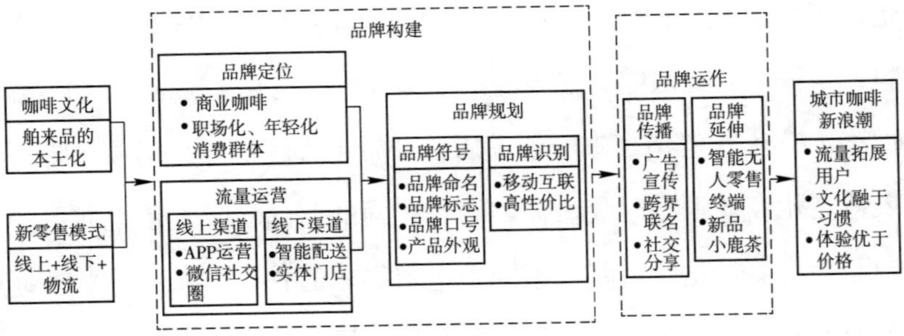

图 1–6　瑞幸咖啡品牌的发展框架

---

① 2020年2月，瑞幸咖啡被揭露财务造假，对企业发展造成严重的不利影响。本篇案例在撰写过程中侧重于品牌构建及运作等方面的特色与优势，希望以品牌的发展过程为借鉴，梳理企业在品牌规划与运营方面的可取之处。

咖啡文化与新零售潮流的碰撞

1. 舶来品的本土化进程

随着社会文明的不断进步，中国的饮食文化也在逐渐丰富，不同地区、不同时期的饮食特点在文化交流愈加广泛的今天逐渐为普罗大众所了解和感知，甚至在社会群体中形成一种流行趋势。例如，20世纪90年代洋快餐的火爆与现如今奶茶饮品的风靡，使人们在一次次的尝试过程中感受着不同饮食文化的魅力。

而饮用咖啡的文化可追溯到14世纪的非洲。经过几百年的传承发展，咖啡已成为人们工作、社交等活动中的常见饮品，其传播进程分为三个特征鲜明的阶段。首先出现的是咖啡速食化时期（1940—1960年），在战事频发的年代，由于行军过程中不能喝酒，士兵们对速溶咖啡产生了依赖，并形成庞大的咖啡需求，但这一阶段的咖啡口感与味道不佳。在经历了较长的改良阶段后，咖啡走向了精品化方向（1966—2000年）。以新鲜和深度烘焙豆为主料，拿铁和意式浓缩为代表的奶咖盛行。星巴克（Starbucks）、咖世家（Costa）等诸多咖啡连锁店，开始了大幅扩张，引领咖啡迈入精品化商业咖啡时代。而如今，普通的商品咖啡逐步走向更为专业化、美学化的道路。不同于追求奶咖的香甜口味，黑咖啡渐渐为人们所接受和喜爱。喝到一杯地域风味浓郁，保持新鲜本味的咖啡，成为顾客崇尚咖啡美学化的至简追求。

追溯咖啡的历史，可以看出咖啡并非中国本土所产，在中国国内的发展也经历了较为漫长的时间。早在20世纪初，上海外滩就出现了一家家咖啡馆，供外国水手们略解乡愁。当然，这只是上海咖啡馆的一个片段，那时的上海还有许多保持着喝咖啡习惯的海外华侨，他们不仅去咖啡馆，更多的时候也在自家的餐厅或客厅里品尝香浓的咖啡。然而，这种关于咖啡和下午茶一类的活动，在1949年以后发生了改变。在20世纪80年代之前，大多数中国人对咖啡并不熟悉。尽管20世纪70年代的北京西单商场货架上也摆着三四元钱一罐的上海咖啡，一些涉外酒店也开始打造自己的咖啡厅，但多是为外国客人准备并且需要外汇券付账。可见当时的咖啡与普通老百姓的生活相距甚远，因此，当性价比颇高的速溶咖啡进入中国市场后，带来了可观的市场前景。大多数中国消费者对于"速溶咖啡就是咖啡"的认知，大约维持了10年时光。雀巢以一句"味道好极了"广告语引导人们了解咖啡，同时，中国市场上的咖啡也在产品口味上做出相应调整，适当提高奶与糖的比例，以迎合中国人的饮食习惯。由此，咖啡饮品渐渐成为人们日常消费的商品之一。到21世纪初，以服务场景与消费体验为核心的星巴克改变了中国消费者对咖啡的认知。咖啡逐渐成为一种文化符号、一种社交纽带、一种生活方式，映射出市场环境和人们生活需求的变化。

2. 新零售的思维模式

近年来，中国经济的飞速发展衍生出大城市快节奏的生活氛围，职场工作性质愈加凸显，咖啡馆不再是人们喝咖啡的唯一选择。在匆匆忙忙的早晨，上班族们很难悠闲地在咖啡馆品尝一杯咖啡，人们对咖啡便捷性的需求逐渐增多；加之移动互联的技术进步为消费场景变换创造了更多可能，外卖配送或打包带走成为家常便饭。随着技术发展、消费升级以及传统市场瓶颈的出现，结合互联网打造线上线下共同运营的新零售模式逐渐成为零售业发展的趋势之一。

阿里研究院发布的《C时代新零售——阿里研究院新零售研究报告》中指出，新零售是以消费者体验为中心的数据驱动的泛零售形态，包括以场景、消费者、商品为主的前台，营销、市场、流通链条与C2B生产模式形成的中台，以及通过技术构建各项基础设施，提供运营支撑的后台。在这一模式中，消费者可通过线上完成订单，商家在线下进行产品制作，结合高效的物流配送服务，塑造更加便捷的消费体验。京东大数据研究院发布的《2019中国未来商业消费趋势》中指出2018年我国网络零售交易规模突破9万亿元，移动端成为中国网民完成网络购物的主流场景。《2018中国新零售行业商业模式研究报告》数据显示，截至2017年，我国新零售行业市场规模约为389.4亿元，预测2022年我国新零售行业市场规模将达到1.8万亿元，年均复合增长率高达115%。目前，国内市场的多个行业都在结合新零售模式进行业态重塑，尤其对传统零售行业形成了巨大挑战。同时，新零售的着眼点不只是线上消费，优质的实体消费环境亦是新零售模式对商家的要求，这也是新零售区别于传统电商的独特之处。

新零售模式的出现助力品牌更为深入地渗透到新型消费场景中。一方面，随着生活节奏的加快，追求高效、利用碎片化时间的消费者需要即时性的产品或服务；另一方面，以互联网为基础的数字经济发展推动众多行业变革。总的来说，消费者的需求与所处环境已然发生了变化。

3. 瑞幸咖啡的新零售尝试

对咖啡零售来说，关于新零售模式的探索是突破传统咖啡零售模式的创新之举。在瑞幸咖啡创立之前，还不曾出现集移动互联运营、产品制作、配送、实体门店于一体的品牌。即便是耳熟能详的咖啡巨头星巴克也只能通过外卖APP的跑腿服务售卖咖啡，其品牌本身不提供产品派送服务，而额外的跑腿费和等待时间是无法满足职场人群以及年青一代消费者对便捷性的需求的。2017年，瑞幸咖啡的出现开启了咖啡零售的全新模式，用户通过便捷高效的移动用户端进行订购，门店接收订单后准时、迅速地制作和配送产品，在不同程度上满足了现今消费者的多重需求。

新零售的潮流推动了咖啡零售在中国市场的变迁，短短三年的发展历程令瑞幸咖啡独有的“小蓝杯”形象逐渐深入人心。从最初结合新零售模式初涉市场到美国的上市，瑞幸咖啡扩张进阶映射出消费者偏好的改变，同时也成为中国零售行业变革的创新尝试者。瑞幸咖啡的成长阶段见图1–7。

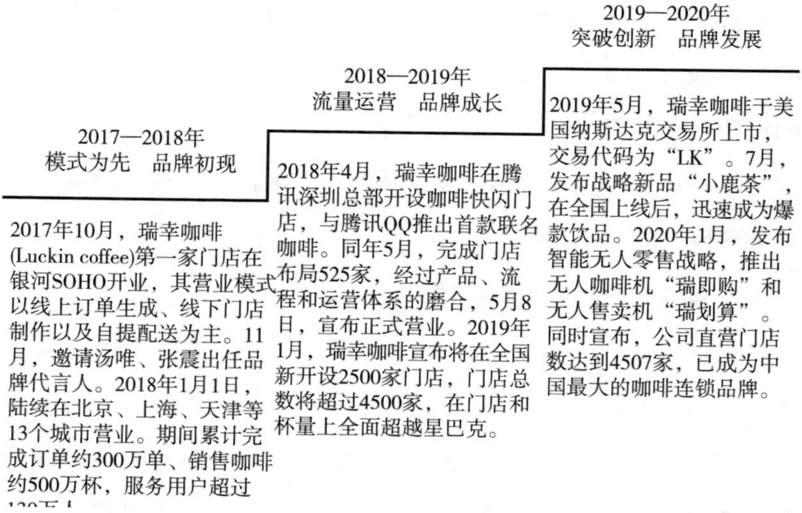

图 1-7　瑞幸咖啡的成长阶段

品牌构建：精准定位，流量运营

如何在已有大量成熟品牌的咖啡市场中凸显自身优势是瑞幸咖啡在构建品牌之前深思熟虑的问题。根据产品或服务的受众人群明确定位是品牌构建的基础，瑞幸咖啡后续的多项品牌规划均以品牌定位为核心展开。在精准定位的基础上，有效的流量运营才能帮助品牌迅速成长。因此，瑞幸咖啡在创立初期就及时确立了以办公圈为消费场景的品牌定位，明确品牌的发展路径，抢先占据市场份额。

1. 品牌定位

对于众多消费者而言，咖啡不仅是生活的基本需要，更是优质生活的必备选择。根据International Coffee Organization数据，2013—

2017年以欧盟、美国、日本为代表的发达国家和地区的咖啡消耗量增长缓慢或已停滞，而以瑞士、挪威为代表的发达国家咖啡消耗量更是出现下滑趋势；相反，中国咖啡的进口量自2000年以来呈现指数型增长，尤其是2015—2017年，咖啡年消耗量从7.1万吨增至12.9万吨，增加了82%，中国咖啡市场存在极大的发展空间。瑞幸咖啡在品牌定位方面具有明确的方向。结合新零售模式的推进，商业咖啡无疑是现阶段中国咖啡市场值得挖掘的领域。

在商业咖啡的受众群体中，职场工作者以及热衷新型消费模式的年轻人具有更强的互联网消费能力，同时对于服务的即时性需求更高。瑞幸咖啡密切关注该类群体的消费特征，并以此为切入点进行品牌定位。根据高盛集团2018年5月发表的报告，瑞幸咖啡的消费者年龄结构与星巴克相比明显更为年轻（见图1–8）。

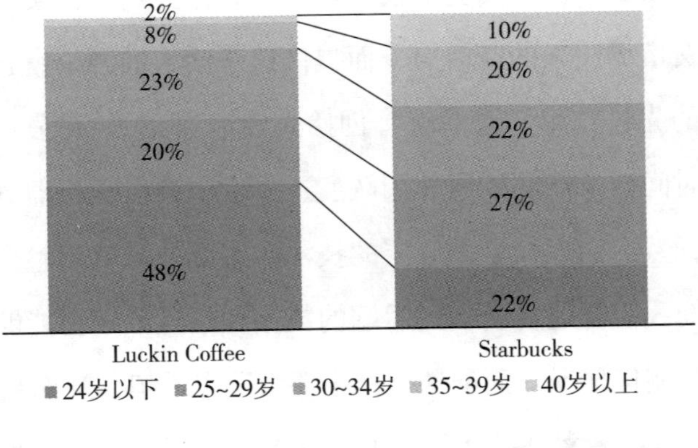

图1–8　瑞幸咖啡与星巴克咖啡消费者年龄结构对比

资料来源：*China Consumer Pulse Check*：*From 0 to 5mn*：*What the explosive growth of one coffee brand reveals about Chinese consumers*。

2. 流量运营

对于流量的获取，瑞幸咖啡无论在移动网络还是实体消费领域都开展了充分挖掘。源于互联网生长环境的瑞幸咖啡借助网络流量将自己推到世人面前。互联网流量一般用PV（页面浏览量）和UV（独立访客量）来界定。通过源源不断的新客户加入与老客户留存，瑞幸咖啡的流量生成不曾间断。不同于线下人次流量，线上流量来源大致可分为三种：企业自有流量（官网、APP、微信、CRM等）、媒体内容流量（媒体、自媒体）和广告采购流量（各类型广告，如搜索竞价、信息流、视频贴片）。瑞幸咖啡的各类营销活动在以上三方面的流量创造中均有突出体现，尤其在企业自有流量方面，瑞幸咖啡APP占据了互联网流量的较大部分。

（1）APP运营。线上生成订单线下制作配送，无疑是瑞幸为咖啡消费市场注入的新活力，而提供这一活力的源泉就在于大数据时代的先进技术。瑞幸咖啡创始人钱治亚介绍："公司前期花了大量时间研发产品、组建团队、选择供应商。从机器到设备再到原料，然后前期大量做底层的技术。底层技术就是整个信息系统，帮助我们打通从前端到后端的数据和信息。用户能够在网上看到实时制作情况。而配送工作主要由顺丰承担，30分钟延迟率只有0.4%。"瑞幸咖啡将领先的大数据技术运用于服务可视化的塑造，强势推出品牌自有APP，使智能化系统在派单与门店供应上均有体现。从而形成线上、线下用户体验的全数据化运营和管理，从中获取的数据能够得到有效指导和优化，提升了运营和管理的高效性。此外，瑞幸咖啡定期推出的大量优惠活动也只有在客户端才能享受，这一方式极大地增强了用户黏性，为构建品牌忠诚度打下坚实基础。

（2）微信社交圈。瑞幸咖啡极大程度地挖掘了社交软件——微信的社会化营销能力。不得不承认的是，许多新用户对瑞幸咖啡的兴趣来源于大量的大额优惠券。在与同类产品品质相差不多的情况下，大幅度的购买补贴是获取用户的利器。单纯购买补贴所形成的流量效应无法长期维持用户黏性。因此，有效形成反馈并且能够发挥二次效用的流量是平台运营的核心要素之一，其形成目的是与顾客构建长期且稳定的用户关系。在瑞幸咖啡的运营流程中，购买优惠只有下载APP并注册会员才能够长期享受，即使成为会员也需要通过社交媒体的分享才能够获得福利。在高性价比的吸引下，部分消费者以高额优惠券为起点，从消费者视角转化为用户视角，逐渐与瑞幸咖啡形成深度用户关系。当用户由价格引导的边缘消费转为对瑞幸咖啡的刚需消费时，流量的真正目的才显现出来。即便面对着大数据“杀熟”等互联网经济体系下的营销陷阱，深层次的用户关系已将规模效应释放到最大，同时保证了流量生成的长期稳定。

APP运营与微信的社会化营销为瑞幸咖啡的线上引流提供有效途径。在源源不断的用户拉新过程中，瑞幸咖啡的品牌形象就这样乘着互联网的东风一次次出现在消费者面前，让人们提及瑞幸就会联想到移动互联的高效便捷。

（3）智能配送。在配送服务方面，智能化体系是瑞幸咖啡致力于精确打造的关键一环。通过智能调度系统自动安排员工轮班和订单分配，精准设计服务细节，同时配备自动化库存管理系统，将商店和仓库连接起来，实时分析每一家商店的销售、供应和库存状况，并能够及时和充分地为商店储备材料并有效控制整体浪费。通过后端系统和供应商的系统相互连接的方式，可根据商店位置、客户定位和订单等待骑手的实时位置来确定订单骑手匹配，并监控和跟踪送货过程。瑞幸咖啡的外送服务由顺丰快递承接，配送要求是服务门店方圆1.5公里，并且必须在30分钟内送达。根据每个门店类型、订单量不同，顺丰能够机动性配置不同数量的快递员以保证交付及时。技术的创新和供应链的成熟为瑞幸带来突出的成本优势。传统咖啡零售存在着高成本的运营难题，仅场租和装修费用就超过成本的1/3。而瑞幸咖啡通过以上管理模式所形成的获客成本则低许多。据统计，2018年瑞幸咖啡有91.3%的新客户通过APP完成首次购买。新零售不同于电子商务，单纯的线上订单并不能满足商业模式创新的趋势，因此，即使多数营业额来自线上客户端，瑞幸咖啡的实体门店也会为顾客提供优质咖啡，还会推出各式健康小食满足顾客的多种需求。

（4）实体门店。瑞幸咖啡在线上发展之迅速令业界称奇，虽然其更多资源用于线上经营，但线下体验的塑造同样独具匠心。场景营销是让品牌能够迅速接地气、带流量、出效果的关键。瑞幸针对用户办公、休闲、社交、聚会等需求，提出了“无限场景”（Any Moment）概念，以不同类型的门店来满足用户多元化的场景需求。场景营销能够为顾客的产品找到具体的消费环境（时间、地点、心情、状态），从而提高购买转化的能力。为此，瑞幸咖啡开设四种不同门店：旗舰店（注重室内布局与服务场景设计）、悠享店（可堂食的中小型门店）、快取店（写字楼内用于自提的小型门店）、外卖厨房店，不同场景充分满足了顾客的不同需求。例如，与网易云跨界合作的联名门店将咖啡与音乐相融合，让顾客在音乐中饮一杯咖啡，寻找自我，享受现在。网易云音乐的用户与瑞幸咖啡用户群体、品牌主张契合度相对较高，为品牌吸引更多目标消费群体，也能为咖啡消费场景引入其他元素。未来，瑞幸咖啡和网易云音乐还将在更多延伸领域进行尝试。“无限场景”的打造为品牌的有形展示提供了丰富的空间元素。同时，“无限场景”的运用能够较大程度上缩减场地租金、人力成本等费用以获取线下流量，实现获客成本降低。

新零售的发展契机在瑞幸咖啡的成长过程中发挥着十分显著的作用，无论是线上APP的运营，还是线下的配送服务，瑞幸咖啡的营销模式依托互联网技术应用的成熟逐渐进入稳定有序的状态，这也为新零售模式的实践提供有力证据。

3. 品牌规划

瑞幸咖啡对品牌的快速构建建立在新零售模式构建与互联网流量获取所形成的优势上。在鳞次栉比的店铺中，一抹蓝色映入眼帘，这便是瑞幸的象征。一个简单的小蓝杯呈现了瑞幸对品牌的多方位诠释，同时也是企业实现以产品带品牌的有效方式。

（1）品牌符号——“小蓝杯”。品牌创立初期，人们会因为颜色、图案及标语等元素形成对品牌的认知。咖啡行业的各大品牌都在抢占一些受众广的颜色，如红色、咖啡色、米黄色、白色等。而瑞幸咖啡的小蓝杯+鹿角是其包装设计的特色与亮点。采用三原色中波长最短的蓝色作为主色系，对肉眼的冲击力最强，可以快速形成抢眼的视觉锤且简洁明快，令人印象深刻，让瑞幸咖啡的品牌和“小蓝杯”具象在受众心智中构成强关联，降低记忆成本。一经上市，鲜明有个性的蓝色包装就受到很多消费者的喜爱，从单调的传统咖啡红白杯中脱颖而出。在品牌标志设计方面，瑞幸咖啡选择了鹿头标作为视觉符号。互联网畅销书《流量池》作者杨飞表示：“一般的鹿头标都是不讨好的，因为所有门店都是封装的。但是我希望我们的标志能够打破常规的视觉规范。”此外，瑞幸咖啡在广告语的设计上也凸显出小蓝杯的形象。由最初的“这一杯，谁不爱”到现在的“小蓝杯，谁不爱”，品牌广告的文案内容也在逐渐强调小蓝杯的品牌形象，将“喝小蓝杯咖啡”推动为都市生活新的流行趋势。

通过强化色彩以及对品牌标志、品牌口号的设计，赋予了蓝色咖啡杯更多的内涵，极大程度提高了品牌辨识度，突出商务与咖啡本身的价值；同时用鹿这一充满活力的形象设计突出品牌的珍稀与尊贵，符合当下年轻消费群体的偏好。小鹿、蓝色与标志性的广告语作为品牌元素，为品牌形象塑造提供多重视角，增强其发展的推动力。

（2）品牌识别——移动互联与高性价比。瑞幸咖啡并不是中国传统咖啡零售行业的领跑者，恰恰是借助于新零售潮流的驱动，塑造了全新的咖啡零售模式，吸引着消费者不断加入其中，推动流量生成。瑞幸咖啡营销热点的不断更新也逐渐归于消费者对品牌的识别。

诞生于移动互联时代的瑞幸在众多消费者眼中更像是一杯互联网咖啡，具备高性价比的特质。主打商品咖啡的瑞幸，在市场中多次与星巴克产生竞争，同时消费者也从各方面对二者进行对比。首先，在产品外观上，星巴克具有成熟的先行者优势，以绿色为基调的女海神仍然是商品咖啡中的经典形象，而瑞幸所选的蓝色则更具年轻活力，洋溢着互联网时代的青春气息。杯身简约的鹿角标志也更契合年轻人的审美偏好。其次，在服务场景的设计方面，星巴克主推的“第三空间”概念赋予了咖啡消费更多的内涵，将优质服务环境与产品相结合，在确立品牌定位的同时却也造成消费场景的局限。而与之相对的则是瑞幸对“无限场景”的打造。通过智能化配送的线下体系，触达更多的消费需求，覆盖了更为广泛的市场。最后，在价格方面，瑞幸大幅度的优惠是吸引消费者重复购买的有效方式。与之相比，尽管星巴克也在通过会员制优惠活动提升顾客留存率，但二者的价格竞争仍然存在。星巴克与瑞幸之间此消彼长的竞争优势塑造了各自的品牌个性，在中国的咖啡市场中逐渐形成自身的鲜明特色。

因此，我们能够看出，无论瑞幸咖啡在最初品牌定位设立时是否将星巴克视作标杆，双方在行业中多方面的优势竞争与短板互补为瑞幸的品牌知名度提升提供了有利契机。在与众多竞品的比较中，瑞幸咖啡更顺应时代发展的潮流，移动互联塑造的成本优势也是瑞幸的核心竞争力之一。

瑞幸咖啡的品牌运作：匠心独运，勇于尝试

2014年，《一部关于咖啡的电影》的纪录片在英国上映，讲述了咖啡的前世今生。片中主推的精品咖啡（Specialty Coffee）概念形成于精品市场且较为小众，代表着一种对咖啡品质的精致要求，也是咖啡市场的另一种变化趋势。不同于精品咖啡的严格要求，商品咖啡以大众口味为导向，以多样化的服务场景为支撑，满足顾客的多重需求。在品牌构建的基础上，瑞幸咖啡以多种品牌传播渠道宣传品牌内涵，同时也在品牌发展过程中不断进行新领域的尝试。

1. 品牌传播

（1）广告宣传。新零售的浪潮令瑞幸咖啡的优势在激烈的行业竞争中得以凸显，而大数据带来的福利不仅体现在营销模式上，品牌传播的渠道也出现质的变化。在第一家银河SOHO门店试运营的初期，每天的订单很难突破20单。随后的一个月，瑞幸咖啡开始投放LBS广告，上线当天订单便突破了50单，其效果可见一斑。

基于定位的服务（LBS，Location Based Service），是指企业借助互联网或无线网络完成定位和服务销售的一种营销方式。当顾客身处某一商圈，系统便会根据所处地理位置推送附近商家。如果你恰巧在瑞幸咖啡的门店附近打开了自己的朋友圈，便会在众多动态中看到瑞幸咖啡的相关广告。这种以顾客地理定位为基准点，通过社交网络进行裂变营销的方式集中体现了瑞幸咖啡所面向的消费群体特质。咖啡消费在职场工作者中比较普遍，面对快节奏生活的压力，咖啡不仅是枯燥工作的调剂品，也是日常必需品。瑞幸咖啡对购买流程的简化节省了消费者的时间与金钱成本，为之提供极大的便利。值得一提的是，瑞幸咖啡在经营初期所选店面大多为写字楼密度较高的区域，这也是LBS广告投放的优势所在。

在品牌形象的树立阶段，瑞幸咖啡对代言明星的选择契合其职场咖啡的调性。张震和汤唯都是形象、名声俱佳的品质明星而非流量主导，因此所影响人群的局限性也较小。而小鹿茶最初的代言明星选择则是偏向流量导向的刘昊然以及2020年的新代言人——肖战。相比于咖啡，小鹿茶的品牌调性多了一些轻松的元素。在瑞幸咖啡广告中，汤唯与张震手捧印有“luckin coffee”的标志性小蓝杯，联手演绎咖啡与梦幻结合的时尚大片。高质量的短视频带来了更长的广告停留时长，热气球环绕汤唯渲染了浪漫的气氛，让人犹如身临其境。相关数据显示，原生页的人均停留时间达29秒，而这29秒足以让新的品牌概念深入人心。与此同时，瑞幸咖啡还分别以两人形象制作了静态版海报，结合瑞幸咖啡品牌故事展开持续性推广。尽管传统品牌广告只具备告知和品牌展示的作用，但能通过代言人的明星效应消除新品牌的陌生感，产生移情效果，进而对品牌形成一定的亲切感。瑞幸咖啡的电梯分众广告以蔚蓝色调巧妙融合用户阅读场景，配以文案中的关键亮点词“汤唯”“张震”“WBC冠军拼配”等，其内容更加引人关注。原生广告较大程度上契合了瑞幸咖啡的品牌定位。广告主要投放在办公楼电梯间，其浏览者多为职场工作人员，因此，广告投放的受众明确，流量转化效率较高。而且，由于写字楼多为高楼层，电梯间获得浏览的概率相对较大，这也极大程度提升了品牌的知名度。

（2）跨界联名。过去的两年间，中国零售行业的跨界联名活动不胜枚举。各大品牌仿佛纷纷收获了营销至宝，甚至于跨界越广，噱头越花哨，在互联网占据的流量越多。2018年4月，瑞幸咖啡与腾讯QQ推出联名款，在深圳总部的腾讯大楼开设一家咖啡快闪门店，推出程序员专属咖啡，将大数据与人脸识别技术应用在咖啡领域。瑞幸咖啡和腾讯QQ合作，以“这一杯，QQ爱”为主题，在深圳腾讯大厦北广场开设快闪咖啡店，其最大亮点就是利用AI技术刷脸取咖啡。除了员工刷脸免费领咖啡的福利外，瑞幸咖啡与腾讯进行了联名咖啡杯、定制菜单等一系列跨界合作。这也是瑞幸咖啡进入正式运营后首家跨界联名的品牌。一个月后，瑞幸咖啡与腾讯新闻联名合作，推出了“大师箴言咖啡”，将22位大师对世事的感悟，收集进瑞幸咖啡的纸质杯套（见图1–9）。联名款的不断推出赋予了瑞幸咖啡更多的内涵，并且通过腾讯的品牌背书，提升了瑞幸咖啡的品牌形象。更重要的是，以腾讯的白领阶层为代表，将瑞幸咖啡的代表性消费圈层建立起来。

图 1–9 腾讯新闻与瑞幸咖啡联名海报

图片来源：https：//baijiahao.baidu.com/s?id=1639204649691676765&wfr=spider&for=pc。

除腾讯外瑞幸咖啡的联名合作还有很多，从36氪到网易新闻，从蓝朋友到IDO，从周大福到1664啤酒，瑞幸咖啡的小蓝杯可以说与各行业均实现了跨界合作。在一次次的跨界合作中，产品以全然不同的面貌展现在消费者面前，不仅创造出诸多热点话题，也赋予了品牌更多的生机与活力。尽管瑞幸咖啡的发展离不开流量的堆砌，但随着互联网用户的增速放缓，企业能够获得的终端流量已然在减少。如何在用户获取趋于饱和的状态下持续增进流量的生成，是瑞幸咖啡需要面对的新困境。

（3）社交分享。瑞幸咖啡联合创始人杨飞在《流量池》一书中提出：低成本社交流量的获取关键就在于社交关系链的打通。在瑞幸咖啡的裂变营销过程中，传播个体通过社交分享（奖励、福利、趣味内容等），帮助企业进行拉新运营，以达到一个老用户带来多个新用户的增长目标。在社交平台上，社交分享对于拉新用户的效应可谓是积聚性的。无论是在朋友圈的链接分享，还是好友列表的优惠券赠送，瑞幸咖啡通过老用户分享消费链接获得优惠券的活动，利用存量获取增量，而成为新用户后能够获得大幅让利，提升用户留存率。在瑞幸咖啡的APP运营过程中，自传播的效应影响十分广泛。微信的社交分享功能将社交软件与APP获取线上流量的优势紧密结合，形成品牌传播的无限循环。

除此之外，由于用户会在下单过程中尽可能号召身边的同事一起购买，因此，瑞幸咖啡的配送服务在办公群体集中的区域能够形成规模性影响。而相对庞大的订单量对于瑞幸来说亦是一次有效的口碑营销。在互联网技术的支持下，以最低的成本获得大量用户流量是瑞幸咖啡品牌传播的有效渠道之一。

2. 品牌延伸

2019年，瑞幸咖啡的发展迎来了新的转折点。5月于美国纳斯达克交易所的成功上市为品牌注入了新动力[①]，瑞幸咖啡也开始了全新领域的探索，独立品牌小鹿茶的创立，2020年无人零售智能终端的开发，为品牌创新带来了更多机遇。

（1）新品小鹿茶。事实上，很多咖啡爱好者对于瑞幸咖啡的评价侧重于营销的成功而非味蕾的依赖。但即便是商业模式构建得当，也不能缺少优质产品的基础。为了保证品质的专业性，瑞幸邀请了3位WBC世界咖啡师大赛冠军作为首席咖啡大师，负责咖啡豆的选择、拼配和品质把控。同时，发挥大数据的作用，通过为期10个月的用户信息采集与口感反馈，不断进行产品优化研发。2018年12月5日，瑞幸新升级的咖啡豆在意大利米兰举办的2018IIAC国际咖啡品鉴大赛上斩获金奖。瑞幸在咖啡品质上的投入并不比线上运营或事件营销等相关企业活动少，但无奈众口难调，对于一款饮品的评价多半是“一千个人的眼中便会有一千个哈姆雷特”。因而在产品研发上，瑞幸并不局限于咖啡这一种品类。

随着茶饮品的文化根基愈加深厚，奶茶品类在中国市场盛行，2019年7月瑞幸咖啡发布战略新品——小鹿茶。作为年轻人的活力茶饮，小鹿茶在全国上线后，迅速成为爆款饮品，并于2019年9月正式宣布品牌独立，同时采用独立的门店视觉体系。可见，瑞幸对目前的品牌激发效应具有强大自信，而此次的品牌

---

① 2019年第三季度财务报告公布后，瑞幸咖啡股价迅速上涨，曾在2020年1月17日创下51.38美元的历史新高，市值一度超过120亿美元。然而造假事件后复牌首日的股价连续三个交易日大跌，一度跌至1.33美元，创下新低。

延伸既构建于瑞幸咖啡的经营体系之上又在产品概念上形成明显区分，甚至做到品牌的独立运营，极大程度展现了瑞幸的品牌实力。

（2）智能无人零售终端。2020年，瑞幸咖啡宣布进军无人零售，以完善全渠道流量体系。1月8日，瑞幸咖啡（Nasdaq：LK）召开战略发布会，发布智能无人零售战略，推出无人咖啡机“瑞即购”（luckin coffee EXPRESS）和无人售卖机“瑞划算”（luckin pop MINI），进一步完善瑞幸门店布局、贴近客户。“瑞即购”采用瑞士Schaerer咖啡机、WBC大师精心拼配的IIAC金奖咖啡豆和其他优质原料，产品品质和口味达到与瑞幸咖啡门店相同的标准，实现“大师咖啡，更近一步”。而“瑞划算”的最大特点则是“线下买到电商价”。瑞幸咖啡通过与全球产品供应商的深度合作以及大规模采购和定制化，获得优惠的采购价格，并借助“瑞划算”大大减少渠道成本，使客户在享受到无人售卖机便利服务的同时，还可以享受到电商的低价。在大数据技术的支持下，无人零售终端机将覆盖办公室、校园、机场、车站、加油站、高速公路服务区和社区等各个场所，并和现有的瑞幸门店网络相辅相成、互相补充。无人终端与公司智能系统无缝对接，运用IoT物联网、大数据和人脸识别等先进科技，创造全新客户消费体验。

创始人钱治亚曾表示：“瑞幸咖啡的无人零售、线下门店和电商渠道，组成了瑞幸咖啡全渠道的自有流量体系。同时，瑞幸以高品质、高性价比、高便利性的品牌价值正成为广大客户所广泛接受的时尚快消品牌。瑞幸咖啡正在致力于构建集合自有流量和自有产品闭环的智能零售平台，并将持续一手发展流量一手发展产品，提升品牌价值，拓展平台规模，为客户创造更大价值。瑞幸咖啡正在加速践行品牌愿景‘从咖啡开始，让瑞幸成为人们日常生活的一部分’。”

“小蓝杯”：引领城市咖啡新浪潮

以互联网与大数据技术为基础的数字经济正在为消费者创造更加多元化的消费场景。咖啡对消费者来说并不陌生，新零售也在阿里巴巴旗下的盒马鲜生推出时备受关注。而瑞幸咖啡将二者有机结合，充分挖掘双方领域中的消费痛点。一方面，以外卖形式配送咖啡弥补了咖啡市场需求的空缺；另一方面，借助技术的推进，强化企业管理并优化用户体验，以手机端开发用户获得了极大程度的流量增长。值得注意的是，面对庞大的流量资源，起初新用户能够源源不断地产生，但随着流量利用效率的降低，用户留存也成为瑞幸咖啡面对的难题之一。

流量运营的关键一环在于用户消费习惯的养成。瑞幸咖啡的运营模式培养了用户咖啡类产品的消费习惯，加之咖啡文化在中国消费者心智中的不断深入，有利于形成瑞幸咖啡的用户黏性。对于品牌来说，用户黏性与新用户获取同等重要。瑞幸咖啡在品牌发展的不同阶段通过多种运营策略进行用户关系的维护，从最初的大额度新用户优惠到消费习惯培养，瑞幸咖啡将文化与消费者的生活习惯相融合，并以线上、线下多种形式满足用户在不同消费场景的需求。

在瑞幸咖啡的成长过程中，品牌互动是不可或缺的一部分。从基于社交媒体的品牌传播，到品牌跨界联名的活动推广，瑞幸咖啡始终致力于创造用户与品牌间的有效互动，充分了解用户需求，不断引发品牌与用户间的情感共鸣。无人零售终端的投入使得瑞幸咖啡的智能化品牌形象更为深入人心，塑造了新的消费场景。随着品牌智能化进程的加速，瑞幸咖啡始终在寻找营销触点与消费者共享。因此，瑞幸不仅是一杯浓香醇厚的咖啡，更是新零售、新理念与新时代的缩影。

自瑞幸咖啡创建以来，基于价格优惠的新用户获取以及高成本配送服务等策略让其商业模式受到了多种质疑。2019年瑞幸咖啡在美国纳斯达克上市后，虽然财务报告显示亏损在逐渐减少，但却在2020年初被揭露存在高达22亿元人民币的虚假交易信息。消息一经报道便引发了中美双方市场不同程度的波动，公司股价在美国当地时间4月2日大跌75.57%的基础上，4月3日继续下跌15.94%，两个交易日内市值蒸发约370亿元人民币，而在中国市场却引发了购买瑞幸咖啡的浪潮。实际上，瑞幸咖啡的品牌运作准确迎合了消费者需求，填补了市场供应的空缺。曾有消费者表示，尽管财务方面出现了问题，但食品安全未曾出现纰漏，他们更希望瑞幸这款国民咖啡能够长久发展下去。

基于移动数据的背景，年轻且具有活力的互联网品牌通过技术革新不断为消费者营造全新的消费体验。这既是科技进步的必然，也是品牌与消费者共创价值的必经之路。互联网背景下，大数据的运用、社交网络的活跃度提升、新式茶饮的大胆尝试、产品与各类文化相链接等诸多表现都为城市中的咖啡消费增添了新的内涵。在品牌迭代更新迅速的今天，将文化逐渐融入用户的消费习惯是获取品牌竞争优势的关键一环。以瑞幸为代表的城市咖啡以文化传播为根基，巧妙结合移动互联时代的消费需求与经济趋势，引领着城市咖啡发展的新浪潮。一杯咖啡的价格中不仅包含产品与服务的价值，更融合了全新的消费体验，为快节奏的都市生活带来源源不断的“小确幸”。

完美日记

未来可期的国货彩妆潮牌

在女性消费经济大行其道的时代，越来越多的品牌注重从女性视角来确定消费群、开发新产品，也由此深受女性消费者欢迎，这便是著名经济学家史清琪女士提出的“女性经济”，也就是“她经济”的概念。“她经济”显示出的特点为情感化、多样化、个性化以及休闲化。这些特点的背后都暗示着女性自主消费意识的增强，开始寻找全新自我，享受文化富足。女性群体的消费态度催生出巨大的消费力，带动了新一轮的女性消费升级，健康管理、医美整形、文化娱乐等女性消费者占大部分比例的行业得到了快速发展。近年来，国内彩妆行业作为黑马迅速崛起，以完美日记为代表的系列优质国潮品牌备受瞩目，消费者群体日益壮大。完美日记的崛起，代表着国产彩妆品牌开始以一种全新的定位出现在消费者视野中，引领国潮彩妆走向新的发展方向。国内彩妆潮流品牌中，完美日记以恰当的市场时机、独特的品牌定位、精准的营销策略迅速占领先机。

“她经济”发展催生的新兴消费需求为国内彩妆行业带来生机。完美日记通过独特的品牌定位在市场中寻求机会，以高附加价值产品、全方位品牌展示和私域流量转化的策略发展品牌。图1-10为基于完美日记的发展过程整理的品牌成长路径。

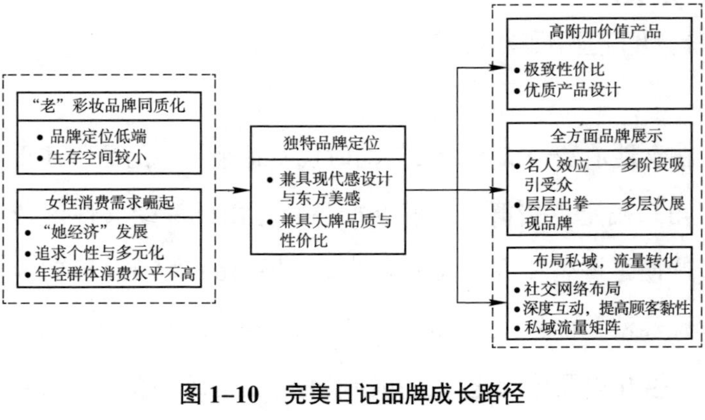

图1-10　完美日记品牌成长路径

成立之初：市场与需求的双重变化

随着女性经济逐渐独立，女性在职场和家庭中的地位不断提高，她们在各行各业中努力打拼，其消费能力也在不断提升。“她经济”所代表的消费升级渗透在众多细分行业和垂直领域，行业的精细化、消费群体的社会分层正是对消费升级理念的进一步呼应。消费态度的背后是逐步建立的新兴生活态度，寻求精神独立性、美的多样性符合当代女性“内外兼修”的追求。女性消费需求的不断发展已经开始引导一系列社会消费的新趋势，对于企业来说，“她经济”更深层次的寓意是：粗放式营销已经不能满足市场需要，必须更深入地细分市场，针对不同的目标消费者，特别是女性消费者，提供更加个性化、人性化的商品和服务，才能使市场更具活力。

越来越多的女性开始关注自己的外在形象。因此，能够有效提升女性外在形象的美容美妆产品成为“她经济”中被追捧的对象。国内的彩妆行业虽起步较晚，但增长势头迅猛，市场潜力不容忽视。女性消费者开始寻求全新自我，对于美丽的定义日益多元化，因此以往定位于“传统”“古法”等方向的传统彩妆品牌已经难以满足消费者的个性化需求，消费结构升级使国内彩妆市场需要更多新鲜的血液，高品质的产品成为市场消费的主流。现如今，以完美日记为代表的一类新兴品牌逐渐成为国产彩妆品牌的中流砥柱，在国产彩妆领域为消费者提供了更多可能性，也打破了国际品牌在高端领域的垄断地位。

完美日记成立于2017年，品牌含义是Unlimited beauty，即美不设限，创立伊始就致力于“易上手、高品质、精设计”的时尚彩妆产品的研发。完美日记从T台获取灵感，提炼时装周等元素和色彩，把欧美彩妆风尚带回亚洲，在视觉形象上不拘泥于传统，敢美敢玩，为年轻女性提供彩妆产品和美丽方案，打造有国际影响力的CHINA BEAUTY ICON。在女性经济大行其道的时代，完美日记抓住机遇，抢占先机。其倡导年青一代不被外界标签束缚，而是努力地突破自我，积极地探索人生更多的可能性。遇见更优秀的自己的品牌理念，恰如其分地贴合了女性审美多元化的消费需求，让品牌在没有强大品牌背书的情况下同样大放异彩。

定位突围：多方侧重中寻求平衡

目前，中国市场作为全球化妆品增长较快的市场之一，高端化妆品市场几乎被国际知名品牌所占领，在化妆品和个人护理市场份额排名前十的品牌中仅有三个是国产品牌，其余均为国际知名品牌，如强生、香奈儿以及欧莱雅等。消费者对国际知名品牌信任度较高，在高端和高级产品领域更是如此，因而高中价位产品领域鲜有国产品牌，基本上由国际知名品牌所主导。

出现这样的现象并非偶然，化妆品行业发展伊始，我国正处于改革开放初期，与海外大牌相比时间上相对落后；加之各类化妆品仍属于消费升级产品，国产彩妆品牌定位相对低端。随着Z

世代的出现，个性化以及年轻化的商业诉求涌现，国产彩妆品牌定位难以满足新一代消费者的个性化需求。调查显示，在市场份额方面，国产彩妆品牌在全国美妆个护市场占领的市场份额仍不到五成。长期以来，与海外彩妆品牌相比，国产彩妆品牌总被打上“土气”“山寨”等标签，难以获得国内外消费者的认同。部分国产品牌不惜选择用“进口”的方式来进行包装，通过出口转内销来获得消费者的认同。因此，在与海外彩妆品牌竞争时，真正走独立品牌路线的彩妆品牌实属凤毛麟角。

国产品牌之间的竞争也并非易事，很多国产品牌仍然难逃同质化的问题：产品组合单一、市场定位重复、营销手段单一，在品牌塑造方面显得心有余而力不足。特别是同质化现象已然演变为当下化妆品行业的“怪圈”。多数国产彩妆品牌在产品的性能、外观以及营销策略上的相互模仿导致日益明显的趋同现象。部分国产彩妆产品由于缺少突出的品牌形象，线下渠道表现惨淡，生存空间逐渐萎缩。因此，在资本实力、产品结构及研发、品牌影响力方面，国产彩妆品牌与国际知名品牌相比都处于相对劣势状况。

对于国内的年轻消费者而言，海外大牌虽意味着较高的品牌溢价，但其产品设计却不能完全符合亚洲人的特性。然而，由于国产品牌中难以找出符合相似定位与需求的品牌，消费者往往只能选择国际知名品牌，承担着较高的品牌溢价。随着国内美妆市场的不断成熟，新一代的彩妆品牌如完美日记、花西子等异军突起，凭借着对新一代消费需求更为精准的把握，一方面，不断塑造出与以往国产彩妆品牌不一样的品牌形象，精准细分国内的消费者人群；另一方面，以更符合亚洲人的特性、超高性价比直接与国际知名品牌展开竞争。

完美日记、花西子、橘朵、玛丽黛佳等国产彩妆品牌则是新一代彩妆品牌的代表。在定位方面，新一代的国产彩妆品牌比老一代彩妆品牌更为独特：它们或多或少都摆脱了老一代彩妆的定位，有自己的价值主张并以符合时代审美的潮流方式飞速发展。完美日记是一个将品牌形象国际化与潮流化的成功案例。它在探索欧美时尚趋势的同时，结合亚洲女性面部和肌肤特点，研发了一系列“高品质、精设计”的时尚彩妆产品。通过中国气息的时尚元素，产品展示出东方智慧与美感，并发挥出中国美学意蕴下的美妆理念，让品牌调性兼具东方美感与时尚潮流。

另一个更具东方色彩的品牌则是花西子。花西子将中国风极致幻化，将东方美学融入彩妆创意中，注重打造中国风以及东方文化形象。在产品命名方面，均以古风为主，涅槃、劲簇、百鸟朝凤等词让人轻松联想到国风文化；在产品包装方面，运用雕花、龙纹等中国元素，使消费者接触到产品即可感受到品牌丰富立体的形象。完美日记与花西子两种不同的品牌风格分别代表了当今国货彩妆市场新兴品牌的两种发展方向：完美日记代表了国产品牌东西结合的现代化尝试，花西子则代表了国产品牌在东方美学基础上进一步阐述中国风的尝试（见表1–3）。

表 1–3 部分国产彩妆品牌定位

品牌	定位	明星产品
花西子	“东方彩妆，以花养妆”	星穹雕花口红、花西子眉笔
完美日记	东方美感与潮流风尚相结合	Discovery联名动物眼影、亚光唇釉
玛丽黛佳	新艺术彩妆	国风复刻唇釉、小蘑菇粉霜
橘朵	小品类切入，为色彩而生	单色眼影、玩趣七色眼影盘、液体眼影

这些新兴国产彩妆品牌大多将目光聚焦到新崛起的消费市场，试图找到契合客户群体消费欲望和刚需的准确靶点，打造市场热销品牌。早在完美日记出现之前，彩妆市场已经显示出强劲的发展潜力。市场调查发现，年青一代女性消费者，特别是95后女性，对于彩妆的消费需求已经不再局限于大众化和大牌化趋势，而是更加青睐于个性化选择。数据显示，目前20岁左右的95后女性占国内总人口的14.3%，却在全国彩妆消费领域占据了38%的销售额。由此，完美日记将目标用户锁定为18~28岁的年轻女性。这类群体敢于且喜欢尝试新事物，在消费观念上更偏向去品牌化，相比一味追求品牌带来的身份附加值更看重产品本身，这就为具备实力的完美日记带来机会。因而完美日记的一系列品牌传播战略都紧紧围绕95后女性市场，在品牌构建的过程中渗透“她经济”的情感化、个性化与休闲化。随着品牌传播将差异化植入消费者心智，完美日记在产品研发方面尽可能对接市场需求，如针对追求个性的95后群体开发出一系列个性化十足且适合年轻女性妆容的产品。

完美日记的走红，也意味着新一代国货彩妆对于品牌、流量和供应链有了更强的把控能力。尽管国际知名品牌在高端彩妆市场占据明显优势，国产彩妆品牌也逐渐在细分市场中打破垄断局面。这些以完美日记为代表的新兴品牌正以独特路线赢得消费者的青睐，更注重产品功能及口碑测评，声量不断增大。以下将简要解析完美日记如何在定位突围的前提下建立品牌领导地位。

品牌发展：以产品为基础的快速扩张

1. 潮流根基：高附加价值产品

宏碁电脑创始人施振荣曾经提出“微笑曲线”理论：产业链上附加值最高的环节，一个是上游的产品设计，一个是终端的产品销售，而处于中间地带的生产和运输的附加值恰恰最低。品牌附加值是各品牌竞争的核心壁垒，与国际知名品牌相比，国内新锐品牌相对薄弱，因此品牌发展方面也更致力于积极塑造品牌形象，扩大自己的忠实客户群。在产品设计方面，完美日记选择了极致性价比路线，并且基于数据流量运营进行产品的快速迭代，持续吸引粉丝关注，极大提高了品牌的知名度。

（1）极致性价比。95后年轻女性是完美日记的主要消费群体，这一类群体大多正处于学习、工作初期的状态，热衷于追寻能够彰显自我的潮流产品。然而，此类产品往往有着较高的品牌溢价，使年轻消费者望而却步。定位在这一类人群的完美日记瞄准这一细分市场，相应地走“性价比”路线：既有潮流时尚感，又有相对低的价格，填补了市场的空缺。完美日记平均售价远低于国际知名品牌，以口红为例，国际知名品牌香奈儿的价格为330元左右，而完美日记的实际售价仅为69.9元。拥有大牌设计感，价格也非常让消费者心动，凭借“性价比”这一点，完美日记成功斩获年轻消费者的心。

完美日记能够在不影响产品质量的前提下，走“极致性价比”路线的原因之一就在于其特有的OEM/ODM代工模式。OEM模式是指品牌生产者不直接生产产品，而是利用自己掌握的关键的核心技术负责设计和开发新产品，控制销售渠道，具体的加工通过合同订购的方式委托同类产品的其他厂家生产，并直接贴上自己的品牌商标；ODM模式则是指厂家根据客户的要求，设计和生产产品，厂家拥有丰富和专业的设计能力和技术水平，为客户定制适销对路的化妆品。完美日记的合作代工厂家出货量大并且具有议价能力，因此，可以大幅压缩成本。

表1–4、表1–5为完美日记与其他品牌部分产品的对比，列出了完美日记的部分生产厂商代工品牌以及同一代工厂下完美日记与其他品牌的产品价格对比。从全球市场代工企业来看，全球四大化妆品制造龙头企业分别是韩国科丝美诗、韩国科玛、意大利莹特丽及中国诺斯贝尔。在表1–4中可以看到完美日记主要合作工厂有韩国化妆品OEM/ODM企业科丝美诗（COSMAX）、意大利企业莹特丽INTERCOS和上海臻臣，均为全球化妆品制造龙头

企业。这些代工企业本身也是迪奥、兰蔻等国际化妆品品牌的代工企业。由表1–5的产品定价可以看到，即使是同一家制造厂商，完美日记的定价也远比欧美专柜品牌低得多，仅为其1/7 ~ 1/2。对比可以看到，完美日记的产品极具性价比。也正是凭借与全球顶级彩妆OEM合作产出高性比的产品，完美日记找到了市场的竞争突破口。

表1–4　部分生产厂商代工品牌

完美日记主要合作工厂	工厂其他合作美妆品牌
莹特丽	迪奥、兰蔻、香奈儿
科丝美诗	美宝莲、BOBBI BROWN、兰蔻、YSL、MAC
上海臻臣	宝洁、玉兰油、欧莱雅

表1–5　同厂生产品牌主要产品定价对比　　单位：元

产品	完美日记	YSL	兰蔻	MAC	美宝莲
底妆	50~99	480~600	380~980	210~380	80~179
单颗眼影	10~27	120	50~70	45~190	20~49
口红	50~79	310~335	250~270	170~210	109~139

（2）优质产品设计。在产品设计元素方面，完美日记并没有完全受制于传统国产彩妆的“东方”定位，而是在此基础上寻找大众潮流审美，针对追求个性的95后消费群体开发出一系列个性化十足且适合年轻女性妆容的产品。例如，其顺应“国货潮流”推出的国家地理系列眼影，以“粉黛高原”“赤彤丹霞”等为主题，不仅将山河美色融入眼影盘的设计中，也进一步将东方美学

与彩妆融合，一经上市就成为网红爆款。

完美日记的大部分产品之所以能够成为爆款，离不开其对消费者喜好及需求的精准洞察。在产品更新迭代方面，完美日记期望紧抓消费者心智，因此运用大量的用户数据进行更加优质快速的产品迭代。迅速迭代的产品让完美日记紧跟潮流，时刻保持较高的话题度，在潮流化妆品圈层中占领一席之地。加之完美日记选择的OEM生产模式，也将产品研发周期大幅缩减，促使完美日记能够紧跟时尚潮流快速进行产品迭代。

2. 潮牌吸睛：全方位品牌展示

（1）名人效应：多阶段吸引受众。完美日记有着优秀的品牌形象代言人，如朱正廷、罗云熙等，不仅如此，关键意见领袖（Key Opinion Leader，KOL）亦是品牌推广的主要力量，全方位选择名人，并将名人效应发挥到极致。完美日记选择人气明星做代言人，吸引大量目标用户，同时将名人效应下沉，通过与网红主播、KOL合作等方式贴近年轻消费者生活。

完美日记品牌形象宣传的成功在于其巧妙地借助粉丝经济塑造品牌形象，并转化为实际销量。在铺垫好所有的基础数据之后，邀请拥有大量有强大购买力粉丝的明星做品牌代言人。这些粉丝的购买实力不容小觑，他们在媒介创造的虚拟环境中被充分调动情绪，产生情绪化的模仿和顺从行为效应。

首先，完美日记会选择贴近用户的代言人，并利用代言人多维度诠释触手可及的美。完美日记给不同类型的产品选择了不同的代言人：底妆产品的代言人赖冠霖，年轻，气质干净，粉丝遍布亚洲，选择他作为底妆代言人正适合完美日记底妆白皙透亮的产品特点；唇妆代言人朱正廷则是新晋人气偶像，在歌唱、舞蹈、综艺领域都大放异彩，自带话题流量，一如完美日记的口红产品，色泽浓郁，在各个场合均可保持出色的表现；品牌灵感代言人文淇，作为新生代四小花旦之一频频亮相大银幕，演技获得广大观众的认可。文淇自带的文艺而不浮华的青春气息，与完美日记的品牌调性及目标群体相契合。这样的代言人布局可以让品牌覆盖到不同的粉丝群体，并且多角度诠释品牌的形象。再譬如签约歌手吴青峰作为护肤品系列中的安瓶能量大使，与其他流量小生相比，吴青峰粉丝群体的平均年龄相对较大，消费水平高，而对于护肤的需求更强，“能量满满”的产品口号也与吴青峰的形象一致，进一步提升品牌的消费层次。除了利用联合品牌代言人打造出高质感、高曝光的物料之外，完美日记还邀请到行业的重量级专业人士亚洲彩妆艺术家ZING和中国顶级明星彩妆造型师春楠，从专业角度为产品背书。完美日记根据不同系列产品的特性选择气质相似的代言人，不仅借助合作品牌巨大的市场影响力与粉丝基础，也通过频频亮相的“国际范儿”，进一步加强品牌背书，被牢牢贴上“时尚”与“潮流”标签，进一步巩固其彩妆品牌与市场地位。

其次，在KOL方面，完美日记从2017年开始在小红书上谋篇布局，投放影响力由高到低的明星、高级KOL、初级KOL及素人。这是由少量影响力高的KOL来带动，主要品牌讨论量都来自影响力中等或较低层KOL的典型的金字塔式结构。这样的投放方式并不是直接的购买转化手段，而是通过制造品牌认知和购买欲望，最终在天猫平台上成交。以完美日记在小红书平台上的部署为例，完美日记的小红书官方账号坐拥173万粉丝。在平台上搜索“完美日记”便可以看到有11万篇以上的笔记分享。种草笔记更是在小红书上不断二次传播，是裂变式传播效果的来源之一。

从总体运作而言，完美日记先与其中的美妆博主进行合作，并把各博主按金字塔结构从高到低分成4个阶层，分别为大V、中V、小V和草根。再经过人气明星的推荐引起消费者关注和探讨，然后依靠头部和腰部达人优质的内容制作达到真正的宣传效果，引导消费者购买，最后由普通的消费者购买使用后回到平台，进行二次传播。自此，越来越多的用户购买产品后，争相模仿人气博主写心得、晒笔记，完美日记的名人效应在不同传播过程中凸显其层次性。

（2）层层出圈：多层次展现品牌。对于Z世代年轻消费者而言，无论是何种规模的同龄人群体，分享和沟通都在群体中时刻发生。兴趣圈层是他们的主要决策场景，因此，垂直社群的品牌曝光对品牌意义重大，垂直领域KOL的带货能力不容小觑。除去明星代言，完美日记还积极跨界进行产品研发、宣传，通过跨界联名帮助品牌触达自身品牌的受众盲区，“出圈”获得更多新客。

基于自身“从T台获取灵感、提炼时装周元素和色彩”的产品方向，完美日记从时尚圈、丽人圈起步，与时装周进行合作、邀请知名设计师推出联名彩妆礼盒并与之合作成为官方御用品牌，在塑造品牌形象的同时强调品牌定位以获取核心用户口碑。例如，2018年完美日记出现在巴黎时装周MASHAMA的2019春夏秀场中。作为官方御用彩妆品牌，完美日记为MASHAMA秀场妆容定位的重点是简洁、自然、持久。完美日记的产品可以完美地将妆容效果呈现出来，传递出品牌时尚的调性。

随着销量上升，初期的时尚圈层中声量逐渐饱和并触及圈层规模的天花板，完美日记开始寻求用户规模更大，但仍然有一定关联度的圈层，如流量饭圈、艺术圈等进行联名合作。其中收效最为明显的是完美日记与各类博物馆、杂志的联名。因此，完美日记先后与Discovery探索频道、中国国家地理、纽约大都会艺术博物馆、大英博物馆等文化IP进行联名。在与Discovery探索频道联名推出的“探险家十二色眼影”系列中，将大自然的野性之美完美融入眼影色调之中，充满对未知世界的探索感，传递“在美的世界里，人人都是探险家”的感知。完美日记借助出彩的产品设计和内容推广成功出圈，与其“美不设限”的品牌理念有异曲同工之妙，赋予产品天然的传播话题。

除了与文化IP跨界出圈之外，完美日记还积极与时下热点话题跨界合作。2020年3月，完美日记与顶级主播李佳琦合作，推出李佳琦宠物小狗Never同款动物眼影盘，制造新一轮营销话题。

毫无悬念，完美日记与李佳琦的跨界合作在短时间内聚集了很高的关注度，不仅李佳琦直播间预售的15万盘眼影迅速卖断货，3月5日正式开售的30万盘也被迅速秒光，总销售额达到5000万元以上。在IP联名的过程中，完美日记把具有文化感与艺术感的元素融入品牌调性。在此期间，完美日记不是简单地进行产品设计，而是利用IP丰富的文化底蕴赋予产品活力。

在产品品质逐渐得到认可的情况下，完美日记愈加重视形象的塑造。成为“国货之光”之后，完美日记逐渐重视品牌产品品质、创新的设计理念和独特的文化积淀，以增加消费者对自身的信任和青睐。每一次跨界都是对品牌定义的一次修订与完善，完美日记与跨界品牌方的品牌调性或互补、或形成反差，但往往都能找到结合点与差异点，每一次的“和而不同”都体现在内容上的足够新奇和有趣、产品上的匠心甄选，使完美日记的每一次跨界都出圈吸粉，获得消费者和市场的认可。

3. 潮流变现——布局私域，流量转化

随着消费市场的变革，线下份额不断被线上挤压，面对Z世代消费者多元的接触渠道，虽然成长于互联网环境，但相比于膜法世家、御泥坊等第一代淘品牌，完美日记对平台的依赖性却大为减弱，它更多地选择在不同社交平台多元发力，依托社交场景将原本扁平化的传播渠道拓宽，运用数字化的营销路径、社交化的营销打法，击中更多年轻消费者。其在淘宝、抖音、小红书、微信等不同的社交媒体中有了更为灵活的生存方式。利用流量的高效运作，完美日记在小红书、抖音、B站等年轻人聚集的流量入口大肆收割粉丝，将他们收入囊中成为私域流量，最后引流到天猫旗舰店进行集中的流量变现。

（1）扩大传播力：社交网络布局。Z世代作为消费后起之秀，从小生活在科技产物发达的环境中，他们不仅在消费观念上不走寻常路，消费渠道选择也带有独特的标签。近年来，美妆行业持续发展，基于内容“种草 + 拔草”的线上消费短路径加速了颜值经济的扩张，年轻消费者的涌入为国货品牌迎来了发展契机，也推动了社交媒体生态的繁荣。完美日记可以说是在社交媒体滋养下迅速成长起来的品牌，它充分发挥了社交媒体的力量，从最早的小红书种草，到抖音、快手、微信、微博、B站的开屏广告、内容分发、直播带货，都可以看到完美日记的身影。完美日记利用公域流量+私域流量的组合拳将“国货之光——完美日记”牢牢印在消费者心智中，这也成为其销量增长的转折点。

用户数超过两亿的社区生活平台小红书上年轻女性用户占大部分比例，通过小红书，完美日记把注重企业与客户之间关系互动的理念发挥得淋漓尽致。在小红书成功的基础上，完美日记又开始在其他各个平台上布局，根据不同的平台特点进行差异化的内容投放。以几个常见的社交平台为例，在B站上，联合KOL进行内容创作。据统计，B站居24岁以下年轻用户偏爱的APP榜首，用户群体80%以上是90后，50%以上来自一线城市，有一定的经济基础，而这恰恰与完美日记的目标销售群体重合。在B站搜索关键词“完美日记”，搜索结果数量达到了B站的上限50页。对于那些厌烦了传统植入式广告的年轻群体，B站的弹幕互动也成为吸引他们注意力的广告位。B站UP主发布测评视频，弹幕又可以继续营造引导性的氛围。知乎上完美日记的推广围绕获得赞同、获得收藏、发表文章、已经回答的问题数展开。例如，“为什么口红容易掉色”“有哪些看似很麻烦其实很简单的化妆知识”“日剧里的那种干净的妆容是怎么画出来的”等。在微信公众号、微博账号上，完美日记则是联合美妆博主投放广告，如HUGO、味姨等美妆大号，充分符合完美日记的定位圈层。

据《广州日报》2019年报道，完美日记全平台粉丝量超2000万。完美日记在不同平台的品牌粉丝量及讨论量已然超过了同类国产品牌和国际一线品牌。以抖音号为例，完美日记粉丝数已达到231.8万，百雀羚的粉丝数为37.2万，花西子粉丝数为10.9万；以小红书为例，YSL粉丝数为12万，MAC粉丝数为29.8万，完美日记的粉丝数已达194.8万，远超很多一线美妆品牌。

在使用新媒体推广方面，完美日记另辟蹊径，不仅做得相当有创意，超出一般品牌利用新媒体推广手段，更是从细节上把握，紧紧抓住目标用户的需求来演绎，以打动用户。消费者从小红书、公众号、微博等各个社交平台获取资讯，引发兴趣，浏览产品试用体验，在电商平台上比价咨询，在完美日记公众号下单购买，最后返回小红书晒单推荐。完美日记通过一整套“种草+拔草”的营销闭环完成了消费者对产品的认识和购买。

（2）构建影响力：深度互动，提高顾客黏性。完美日记除了通过名人效应塑造自身潮牌形象之外，还深耕社交网络，收割大量粉丝，同时，更强调品牌与粉丝之间的完美互动，以增加粉丝的参与感和互动感，增强用户黏性。例如，品牌官博时常与代言人亲密互动，像粉丝一样为其打榜送花，通过在微博抽奖送粉丝演唱会门票等行为进一步加深了品牌和粉丝的情感连接。2018年8月，完美日记选择了男团NINE PERCENT成员朱正廷为唇妆代言人，携手流量明星朱正廷推出小黑钻系列唇膏，利用撩粉、宠粉等活动将粉丝经济最大化。在朱正廷微博发布完美日记新品唇釉的视频广告后，转发量迅速达到22.5万，点赞数13.3万。完美日记将产品融入明星与粉丝的互动当中，朱正廷的粉丝被称为“珍珠糖”，完美日记就把小黑钻口红的208号色命名为“珍珠糖色”，在微博上通过转发引流、话题互动、粉丝应援，成功在朱正廷的粉丝中引起强烈反响，5万支口红迅速售空，小黑钻限量礼盒开卖三秒便全部售罄。这一系列的明星与网红的动作，不仅是“请”明星与网红那么简单，更是升级了粉丝经济的操作手法——将产品融入代言人与粉丝的互动中，让粉丝在与品牌的持续互动中，信赖完美日记产品所带来的卓越美妆体验，将完美日记的品牌与他们内心对美丽的定义形成联结。

（3）维系忠诚度：私域流量矩阵。完美日记尽管以“性价比”的特点大放异彩，但在维系品牌忠诚度等方面仍逊色于国际知名品牌。因此，完美日记也在不断寻求弯道超车的机会，尝试利用各种手段进行品牌文化理念的输出及消费者关系管理。在品牌的宣传期，完美日记通过深耕社交网络以及深度互动在各大平台吸引了大量粉丝。当大量用户对品牌产生兴趣并关注后，完美日记在各大平台上都积极部署推广，通过线下体验店的导购、线上购物的红包卡，把用户引流到品牌的微信矩阵——“公众号+个人号+微信群+小程序”。

在流量的打造过程中，完美日记提供了不同类型的公众号，包括专门服务粉丝的、针对学生党的、提供美妆护肤指导的；还打造了名为“小完子”的微信个人号，以美妆护肤顾问的角色，添加了几十万的用户为微信好友，在微信群、朋友圈为用户提供服务，比如群内答疑、收集意见、分享动态等。

完美日记有上百个个人号，其统一标识为“小完子”人设。按照3000人/号的标准来计算，处于“私域”的粉丝量应该在近百万级别。从另一角度来看，这些微信号不仅具有关键词回复、拉群等自动化流程，其背后还有真实的客服在手动回复。二者结合，不仅能保证效率，还能保证服务质量。在第一步添加“小完子”后，用户就会收到加群的邀请，统一命名为“小完子完美研究所”——这样就生成了数千个微信群。

完美日记微信群的运营实际上是围绕多个小程序来进行的。

通过“小完子”的人设，打造出高质量的美妆内容，每天发布到小程序上，然后再转发到群里，引发用户持续关注和讨论。直播、抽奖等活动也会不断发布到群里。不仅如此，完美日记的个人微信号都会有朋友圈秒杀广告、微信群推送、个人号私聊推送，以促销活动为主。

完美日记将粉丝引流到微信，并自建了IP“小完子”对粉丝进行精细化运营，更打通了小程序直通淘宝直播的功能，定时直播，与粉丝实现互动，以精细化社群运营留存复购，使其直接完成产品的购买。私域流量的存在，让品牌加强了与用户的沟通和联系，使品牌能够把潜在的客户以及已经产生购买行为的客户聚集在一起，产生复购和口碑裂变，形成重复消费的闭环，得以增加用户忠诚度。

品牌升级：多维度提升竞争力

1. 渠道布局：新零售布局线下

随着电商发展逐渐进入瓶颈期，传统零售的形式也将被打破，新零售将引领未来全新的商业模式。为了贴近品牌的主要消费者，完美日记选择在消费者行为发生变化的情况下及时调整策略——移步线下。作为品牌理念的具体落地载体，即有形化的“美不设限”，线下门店一直是品牌与消费者沟通的最好渠道和途径。2019年初，完美日记母公司逸仙电商宣布实施新零售战略，为消费者打造“自由无拘束”的彩妆空间。完美日记首家线下旗舰店在广州正佳广场开业，完成升级改造：新增了宽阔圆形吧桌、幻彩产品陈列墙、开放式试妆台、弧形试妆区、Monogram打卡墙，满足年轻消费者逛店、试妆、打卡的一系列需求。2019年9月，完美日记首家概念店在成都落地，该店面积达1000多平方米，较之前第一家线下旗舰店面积扩容超10倍。不仅地理位置优越，位于繁华商业区，在内部区块设置上也极尽豪华。除此之外，门店中还增设了咖啡、美甲等会员服务，让消费者在尝试新品时还能体验到会员服务，凸显差异化优势。

完美日记线下店的服务模式相对自由。顾客选好商品，直接扫码付款，再去收银台取货，减少了排队等待的时间。从线下店到线上店，完美日记以美妆蛋为入口进行导流，线下店顾客扫码添加“小完子”个人微信号，就可以找店员领取美妆蛋，完成对线下流量的转化。2019年底，完美日记逸仙电商新零售总部揭牌成立，这也标志着完美日记正式开拓自己的新零售市场。在关于线下发展的采访中，完美日记新零售事业部总裁冯琪尧表示，最新的融资为其线下店扩张提供了强大的资金支持，2020年，新零售是逸仙电商战略级别的业务板块，预计开200多家门店。未来三年计划开600家实体店。目前受疫情影响，线下销售几乎停滞，新店开业计划延后，然而态度明确，未来仍将以新零售发展作为工作核心。

图1-11为完美日记成都凯德新南店。

图 1–11　完美日记成都凯德新南店

图片来源：https：//baijiahao.baidu.com/s?id=1647709730144486950&wfr=spider&for=pc。

以门店为载体，完美日记传达了“触手可及的美”的理念，打造更符合消费者需求的美妆空间，提供更加人性化与专业化的联动服务，进一步加大了用户的品牌黏性。创立至今，完美日记已不再是美妆行业中的初生牛犊，在不断刷新人们对于“美”的定义的同时，也宣告着自己在美妆行业的地位：属于新兴彩妆品牌的时代已经到来。

2. 理念传播：全新视觉形象

2020年4月，完美日记正式对外宣布其品牌升级计划，推出新的品牌视觉形象，重新诠释品牌理念。完美日记认为，美不是聚光灯下的特权，每个人都应该有轻松拥有美的权利。美，不应设限；美，触手可及。因此，在不断打造更多精品产品的同时，完美日记从品牌方面进行全新的升级，让消费者从产品端和品牌端都能体验触手可及的美，而第一个切入点就是品牌视觉形象。完美日记除对产品包装进行全线的视觉升级外，还推出一个全新品牌视觉识别标志字母图案，统一沿用至线上线下全渠道，如完美日记解释。这个字母图案设计的灵感来源于PERFECT DIARY的首字母缩写。站立的P，是不懈的追求，45°角倾斜的D，是追求的自由，P与D的交错，是关联，也是碰撞和创新。而P与D的平铺延展，呈现出反复自我引用的“埃舍尔美学”：展现不可能的世界（见图1-12）。

图 1-12 完美日记新品牌形象

图片来源：https：//www.sohu.com/a/386876468_183589。

同时，为了增进全新品牌视觉标志与受众的互动性，完美日记还邀请了新锐艺术家，用他们年轻而独特的视角，将PD标识用富有创造力的方式平铺延展，邀请更多人一起用自己的方式来诠释对“美不设限”的理解，倡导勇敢打破对美诠释的权利垄断，让美触手可及。例如，葡萄牙艺术家打造了超现实VR空间，用错觉、三维、氛围营造等方法创建出一个我们想要追求的“完美世界”；新锐时尚插画师Alice Wanderland，用她风格强烈、色彩动感的艺术审美，与完美日记共创年轻又现代的时尚插画；而插画动画艺术家Loli Yang，则利用她对色彩的感知和独特的审美，创作出一幅多元化且时尚有趣的拼贴创作画。

3. 丰富内涵：多品牌战略

2020年是完美日记逐步推进多品牌战略元年。借助多品牌战略，完美日记不仅期待能更好地满足新生代消费者更多元的需求，打造一个国货彩妆头部品牌，更希望能打造出一个具有国际影响力的互联网美妆集团。

与小奥汀的合作是一次比较成功的尝试。小奥汀（Little Ondine）成立于2013年，以天然、纯粹、安全的定位，从指甲油品类切入市场，因为主打天然成分原料，加之特别的“可撕剥”指甲油，受到许多年轻女孩的欢迎。而后小奥汀逐渐拓宽产品线，增加了眼影、睫毛膏、眼线笔、眉笔、腮红等产品。因为原料天然、成分安全的调性，小奥汀在定价和用户人群方面，比完美日记更高端。而完美日记品牌的用户以Z世代的年轻消费者为主，注重性价比的学生群体居多，当这批用户逐渐成长进入职场后，对于品牌的忠诚度可能会降低。完美日记与小奥汀的合作始于2019年，当时完美日记在自有的电商渠道中出售过小奥汀的唇釉，对小奥汀的收购可以看作完美日记以多品牌的策略增强竞争力的重要一步。一方面，通过收购小奥汀，完美日记可以在用户层面上实施多品牌策略，从学生党向轻熟龄、初入职场的消费者拓展，以延长消费者对于品牌的生命周期；另一方面，通过收购的方式，补充自己原本不擅长的品类，对于一个高速成长的消费品牌而言也不失为一种高效扩张的途径。

完子心选是完美日记母公司逸仙电商旗下的新品牌，作为战略新品牌，完子心选的品牌之路与传统品牌不同，是完全自下而上的。诞生于逸仙电商的美容顾问团队基于对用户需求的洞察，整合全球优质资源，与国际权威实验室合作研发，坚持从世界各地甄选优质原材料，并与国内外知名代加工及生产企业合作，以确保产品的专业性和高标准。这种模式最大的特色是采用C2B模式，一端连接消费者，另一端连接上游供应链，能更加高效接收来自消费者的反馈，并将其体现在产品中，真实地呼应年轻消费群体需求。

完美日记的战略规划体现出始终把用户价值放在第一位的原则。从小奥汀到完子心选，完美日记多品牌战略首先关注95后和00后的消费需求；其次，逐渐从单一品牌向多品牌转变；最后，根据用户需求制定战略规模，最终实现线上—线下一体化。

完美日记：与时代同步的国货美妆

托马斯·科洛波洛斯在《圈层效应》一书中，又将Z世代泛指为在行为和态度上符合互联网一代特征的人，并旗帜鲜明地指出：同一世代中的人们对事物变化具有相同的信念、经验和价值观，不同世代的人们对此的认知各不相同。对这个时代的年轻人来说，个性和自我表达的理解和追求是他们共同关心的命题，他们所需要的是能够更好地彰显自我的商品，愿意尝试新鲜事物的同时，品牌忠诚度也相对较低。

完美日记品牌升级的背后，是对消费者人群特点更细致的把握，希望通过提高忠诚度的方式让消费者真正树立起对国产彩妆品牌的信心，而不仅仅将国产彩妆品牌视为海外大牌的“替代品”。

目前来说，国产彩妆最大的竞争对手依旧是海外的大牌彩妆。对于很多顾客来说，海外大牌依旧是购买的主要选择。除去国货彩妆发展较晚外，更深层次的原因还在于这些海外大牌历史悠久，无论是配方还是效果上都形成了口口相传的美誉，在这一方面，新一代的国货品牌与海外大牌相比相形见绌。这也是目前现象级国货美妆面临的问题。国货美妆目前的主要竞争赛道仍停留在追求“性价比”方面，如果没有持续的品牌竞争力，仅靠话题推广带动的消费者很难成为品牌的忠诚顾客。但是，海外大牌有较高的品牌溢价，这也是让年轻消费者望而却步的原因，因此，海外大牌的品牌溢价效应也给新一代国货彩妆品牌带来难得的发展空间与机遇。

“她经济”的出现，除了离不开经济的发展，更离不开思维观念的变化。经济独立让女性更关注自身，逐渐追求美的多元化。这是审美“不设限”的时代，一千个女孩就有一千种美的方式。美不该背负着条条框框的束缚和特权，每一种审美自信都是一种完美体验。完美日记对这种时代精神和态度有着细致的观察和认同，仅用了四年的时间就从无名之辈一跃而成“国货之光”。类似完美日记以“性价比”获得认可，独立进行品牌构建的新一代国货彩妆品牌正在走的是一条前无古人的道路。国货彩妆行业目前还未出现全国性的垄断品牌，但随着国货美妆品牌的持续发力，行业已经进入发展的快车道。个性化消费正在引领新国货浪潮，这些新锐美妆品牌在构建品牌竞争力的道路上仍有很长的路要走，未来的发展也敬请期待。

CHAPTER 2
打造IP——构建品牌符号

Supreme
“酷”中真我

随着全球化时代的到来，各国的文化传播渠道越来越多，文化共享也越来越频繁。在主流文化不断发展的同时，人们对于亚文化的关注也不少。实际上，由于直接或间接地影响了人们生存的社会心理环境，亚文化正在成为人类社会发展进程中不可忽视的一部分。与此同时，以亚文化为背景的潮牌市场发展也愈加迅速。2011年，全球潮牌服饰市场规模达到600亿美元，而2017年的市场规模更是超过2000亿美元，七年间增长两倍多且年均保持两位数的增长速度。日趋成熟的潮牌市场背后是人们对于亚文化的理解与自我概念解读的不断深入。其中最具代表性的便是1994年诞生于纽约曼哈顿的美国品牌Supreme。该品牌由设计师James Jebbia创办，是以滑板文化为主，结合街头文化等多种亚文化的潮流服饰品牌，设计风格简约而有个性，加之诸多明星的喜爱，获得了大量的粉丝。越来越多的年轻人以Supreme为起点开始了追逐潮流的步伐。

起始于亚文化：Supreme的文化积淀

Supreme创办之初，美国刚刚兴起滑板运动。创始人James Jebbia致力于打造一家备受欢迎的滑板店铺，吸引了不少纽约城中的滑板高手和街头艺术家，Supreme也因此汇集了滑板文化、街头文化的多种文化元素。虽然 James对于滑板并非十分在行，但却非常认同与热衷。Supreme的服饰以功能性和吸睛的外观设计为主，加入了运动服装的元素，极受年轻人欢迎，甚至吸引了不少DJ、设计师、模特以及说唱巨星光顾。

1. 街头文化

20世纪中后期的美国街头出现了越来越多造型各异的少年，他们有些身着宽大的上衣、松垮的裤子，有些梳着脏辫戴着发带，有些将闪亮的金饰挂在身上。路人打量的眼光并不能影响到他们分毫，因为在他们的心中存在着自己对生活的诠释，这便是受到美国街头文化影响的一代。随着成长过程中自我意识的强化，玩味十足的街头艺术成为他们的心头好，以凸显自我存在的重要性。

街头文化，又称Hip-hop，最早源于20世纪70年代的美国街头，其展现形式多种多样，几乎留存在街头的任何艺术或行为都可称为街头文化。如街头音乐——RAP（说唱音乐）、摇滚，街头舞蹈艺术——街舞，还有出现在街头的滑板族进行的滑板运动、直排轮滑以及街头篮球等。伴随出现的是板型宽松、风格鲜明的街头服饰、涂鸦等时尚化的元素。在资讯不流通的时代，街头文化更多是社会底层年轻人的心头好，因为主流媒体的目光更多聚焦在社会顶层，他们需要以自己的沟通方式塑造一种自我认同。于是，人们常常会看到地铁车厢内外、墙壁上等所有可用之处的涂鸦，特殊的字形和阴影的用法区分着各地区不同族群的信息。DJ将自己所作的音乐（以RAP为主）用廉价的手提音响大声播放，一方面彰显着自己的风格，另一方面也在人群中形成一种强大的号召力。霹雳舞的舞者模仿机械动作以反抗自己被剥夺的工作权……这些都是早期街头文化的特征。

社会媒体对街头文化的关注也是从音乐起步，由此，在20世纪80年代的美国，RAP、DJ一类街头艺术的兴起带动了街头文化的其他组成部分，如涂鸦、服饰等可视化元素的时尚风潮。到80年代末期，纽约设计师艾萨克·麦兹拉西（Isaac Mizrahi）最先将嘻哈文化融入自己的时装品牌。在艾萨克的秀场，模特们上身着毛皮镶边兜帽的飞行员夹克，下身穿黑色紧身连衣裤，戴着硕大的金项链和金腰带，这些简约的服饰设计加以夸张的配饰，充分展现了涵盖街头文化的时尚元素。

文化环境的滋养为时尚品牌的生长奠定了优良基础，当越来越多的街头文化元素被运用到服饰中，这种原属于小众群体的精神文化便逐渐开启了逆流而上的自我成长之路。

2. 滑板文化

滑板文化的起源与滑板运动息息相关。20世纪60年代初，滑板之父拉里 · 史蒂文森（Larry Stevenson）曾通过一本名为*Surf Guide*的书向世人介绍滑板运动。由此，滑板受到了广泛关注并在70年代迎来“滑板运动的黄金年代”，热衷于滑板运动的“发烧友”数量有500万之多。而到80年代，滑板运动在其他新运动和娱乐形式的冲击下奄奄一息，曾一度被当作“地下项目”而被政府明令禁止，但也就是从那时开始，滑板运动成为街头文化最典型的标志。直到1995年美国体育有限电视网ESPN开始举办世界极限运动会——XGAMES，滑板运动再次兴起。

当初为了能让街头的滑板少年穿得起衣服而创立的Supreme店内经常聚集城中有名的滑手和街头艺术家。无论是在此后的产品设计或是品牌运营方面，Supreme与滑板文化相融相生，其滑板运动精神无处不在。1995年，Supreme在纽约拍摄的第一条宣传片便是关于滑板的。作为街头文化的一种，不同于其他音乐要素的特质，滑板文化更多地体现了竞技体育的运动精神，象征着生命勇于挑战的精神，也正是这种品牌文化的核心要义让Supreme在一代又一代年轻人心中成为不可磨灭的印记。

品牌元素初现：时尚与文化的交融

在多种亚文化的汇聚过程中，叛逆、不羁、狂放、个性的风格与文化元素巧妙地融合进Supreme的产品以及品牌标志设计中，使得抽象的文化概念变得具体而有形可循。而具象化的文化元素更像是一种精神引领，向越来越多的主流群众展现着亚文化的魅力。

1. 品牌标志：Box Logo

提及Supreme，映入脑海的便是独具特色的品牌标志。1994年，James Jebbia在仅有一万美元的赞助下于纽约拉斐特街（Lafayette Street）开设第一家Supreme门店。为了纪念Supreme首家门店开设，James与共事成员们认为应当设计一款标志品牌诞生的初代T恤。由此 Supreme Box Logo 正式诞生，这个红白穿插的Logo设计简单却主旨鲜明。

Supreme Box Logo 线条明晰的外观设计灵感源于美国概念艺术家芭芭拉·克鲁格（Barbara Kruger）经典字体设计，红色方框内加持纯白未来感的文字表达。她的大部分作品都是黑白照片，上面覆盖着声明的标题，用白色或红色富图拉粗斜体（Futura Bold Oblique）与海尔维蒂卡超浓缩体（Helvetica Ultra Condensed）文字表示。她作品中的短语通常包括代词，如“你”“你的”“我”“我们”和“他们”，以消除阶层权力、社会身份等话题在文化建构上的阻碍。芭芭拉·克鲁格在黑白为底的胶片上通过醒目简洁的字体来表达反文化和反资本态度的艺术代表作与Supreme对待街头文化所表达的反社会以及叛逆的态度达成一致。Box Logo是Supreme最具标志性的设计，简单的字母却具有极高的辨识度。当看到醒目的品牌标志，消费者的精神世界与品牌间的共鸣也将被瞬间唤醒。

2. 产品设计

在产品设计元素的运用上，Supreme对于品牌所属文化特征的把握十分精准。除特点鲜明的品牌标志以外，街头涂鸦画作、海报印花等元素在Supreme上得到了广泛使用。同时，作为一个诞生于美国纽约的品牌，纽约本土文化也是Supreme想要通过自己的产品传递出去的。例如，某季单品曾推出背后印有曼哈顿夜景的牛仔夹克，在2018年春夏的单品中也有一件背后是自由女神像图案的丹宁布夹克，设计元素中均使用了极具纽约特点的地标性建筑（见图2–1）。

图 2–1　Supreme 在不同时期对同质元素的运用

图片来源：http：//www.eeff.net/wechatarticle–352490.html。

源于文化的设计元素在产品中更加凸显了Supreme的设计风格。在很多人眼中，与其高谈阔论Supreme的设计风格，不如称之为一种信仰。事实上，Supreme的设计风格多样，对于其中的内涵，每个消费者都有属于自己的理解。尽管很多产品成为了爆款，但这并不是Supreme推出设计的初衷。在Supreme的理念中，不屑迎合主流是凸显自己服饰风格的宗旨。Supreme常见的设计大致分为四种：①贴图设计，即在一件纯色T恤或卫衣正面印制一张A4（或正方形）的贴图，也有少量服装将贴图印制在背后（图片来源大多为电影截图或90年代专辑封面修改贴图）。②Box Logo设计，主要有两种，纯色Box Logo主要出现在卫衣和T恤上，也是市面售价最贵的Supreme产品。经典1995年款T恤的价格最高曾被抬到4000美元，Box Logo的连帽衫、夹克和卫衣主要设计为明度变化拼接和原色变化拼接，也有部分拼接冲锋衣+修外Box Logo+联名款，如TNF联名系列。③Logo重复设计，主要出现在夹克外套上，字体非Box Logo字体，常见字体为微软雅黑、宋体以及年度重新设计字体。④极简MOST设计，包含Box Logo的演变风格，MOST来源于主流高阶元素的设计，此设计摆脱了以往的贴图设计，重新融入平面图形，以天蓝、橘色、白色为主搭配色。

人们往往很难想象一张拳王泰森的照片可以不经任何其他修饰，堂而皇之地印在大大的纯白T恤上。当它真正出现在人们眼前，仿佛也是打破常规的一记重拳，让人们更为清晰地看到了一种叛逆个性的凸显。

3. 极简主义品牌官网

网站设计也许是个见仁见智的话题，但Supreme的网站完全违背了常规电商网站的基本特征：没有各种向消费者展示优惠减免的行动召唤（Call to action），没有产品图片、搜索功能，更别提搜索引擎优化（SEO）等一系列功能设计。从2006年上线至今，Supreme网站首页的结构从来没有变化，一直保持九个页面、两个社交链接以及一个APP下载链接，而主页唯一的图形便是其品牌标志Box Logo。

极简主义的品牌官网与Supreme的品牌个性达成了高度一致。在数字化日趋紧密的今天，大多网络平台唯恐提供的信息不够丰富。而Supreme却化繁为简，将官网信息逐一省略，让第一次浏览的顾客切实感受到小众文化品牌的独特风格，真正做到将文化气息融入品牌的每个角落（见图2–2）。

图 2–2 Supreme 品牌官网展示

图片来源：Supreme品牌官网，https：//www.supremenewyork.com。

品牌影响力塑造：由小众视野走向大众潮流

1. 品牌运营：与众不同的经营策略

多年来，Supreme一直贯彻着品牌理念：试图创造属于自己的独特身份标识和审美。而源于街头文化的Supreme出于对品牌文化的坚守，在门店选址方面要求更为严格，目前全球门店只有十余家。不想被大多数人拥有，只希望被大多数人梦想拥有是Supreme为自己打造的神秘光环，产品限量是Supreme从属于小众文化的特征之一。Supreme每件单品数量均是有限的，因此每逢新品发售，店前必排长龙。在英文解释中，Supreme的本意是最高、至上的。每一件单品都以最直接的线条与轮廓形成令人印象深刻的品牌元素，凸显与众不同的品牌个性。

1994年的纽约街头诞生了世界上第一家Supreme门店，众多热爱滑板运动、街头艺术的年轻人都发现了这个街头文化气息浓郁的购物环境。对于Supreme来说，有文化才有品牌。为凸显品牌文化的关键要素，保留门店所处环境的街头文化气息，Supreme的门店选址条件极为严苛。成立至今20余年的时间里，Supreme于全球设立的门店不过十余家，集中在美国、英国、法国与日本四个国家，其中日本是全球Supreme店铺最多的国家，在小小的区域内就分布了6家实体店。所选具体位置也是具有潮流文化渊源且潮流人群较为集中的地点。1997年，Supreme在日本潮流教父藤原浩的带领下进军日本市场。其选址东京涩谷，很大原因在于涩谷是各种时髦及流行趋势的发源地，有多种流行文化都以涩谷大街为起点而流行于世。在世人眼中，涩谷是最能体现日本人流稠密特色的地区。在繁忙的十字路口，30秒的时间内近千人通过。密集人流并不是选址的必备条件，涩谷浓郁的文化气息才是将Supreme吸引至此的主要原因。

在消费者心中，限量产品不仅仅是商品，更像是转出收藏品。因此Supreme备受瞩目也有一部分原因来源于产品的限量发行策略。在Supreme的运营模式中，所有产品都是限量发行的，尤其新品只在每周四上午11点发售。因此，总有热衷潮流的年轻人成群结队簇拥在Supreme的店铺门口等待新品发售。仅仅靠产品限量并不能将品牌的功效发挥到极致，Supreme会在许多特定时间点推出更具纪念意义的系列产品。例如，在2004 年品牌成立10周年之际与英国名模凯特·莫斯（Kate Moss）合作、2009年品牌成立15周年与日本潮流品牌 Neiborhood共同制作了15款T恤以纪念Supreme15年来的发展历程、2014 年与著名影视作品*Taxi Driver*等相继打造多款极具收藏价值的联名单品。

在Supreme的限量法则里，“少”并不是最终法则，寻找与品牌相契合的多重元素加以利用，使得品牌在新潮流时代中不断创新才能够始终保持自己在消费者心中的地位，也正是这样的经营策略不断向世人证明，Supreme只可被潮流追逐而非迎合潮流。

出其不意的跨界创意让Supreme拥有更多值得记忆的关键点。任何品牌都有可能与之同框出现，并且以独有的视角呈现在大众面前。而探究跨界本质，可深入品牌资源的整合。通过自身资源的某一特性，与其他看似毫不相干，内在却又有某些相似或关联的另一类资源进行合理创新搭配，以提升双方资源的应用价值，使其成倍扩张。跨界联名是Supreme博得众人眼球的又一大亮点。品牌把自身外在的、具象的东西，包括品牌名称、标识与图标、标志字等显性要素，署名或刻印在另一品牌上是跨界最常见的模式之一。凭借品牌标志Box Logo在消费者心中的深刻印象，Supreme在各式品类的产品中均有跨界合作的痕迹。2018年8月16日是Supreme 2018秋季新款开售的日子。这一次，Supreme选择了赫赫有名的纸媒《纽约邮报》进行合作。尽管预估到此次合作热度的《纽约邮报》在往常20万份日印刷量上进行加印，市场反馈仍供不应求。《纽约邮报》和Supreme并非完全不搭，二者均有红白色调的设计，而且都诞生于纽约。因此，Supreme通过此次合作既将跨界联名的经营策略拓展到新的领域，又借助传统纸媒的影响力打造了品牌知名度。

“万物皆可Supreme”原本是2018年中国国内短视频APP抖音上广为流传的网络段子——用户将各种风格迥异的内容贴上Supreme标签。原是凸显Supreme品牌联名之广的特质，却也在搞笑之余将Supreme的品牌标志刻画得深入人心。

2. 品牌传播：多重网络渠道构建

当身边的事物被贴上Supreme的标签，人们看待它的视角可能会发生改变。浓重的符号文化色彩在身边引发奇妙的社群反应，甚至成为全球的文化现象和共通语言。

内容营销是Supreme塑造品牌个性化标识的关键一环。相比传播渠道的互通，Supreme更聚焦于内容本身。大部分优质内容输出由一本Supreme Lookbook完成。在Lookbook的内容创作方面，Supreme会邀请个性突出且极具张力的模特，穿上自己品牌的衣服，打造出最酷炫的形象。Supreme的Lookbook分为两种：①季节性。此类Lookbook的特点是消费者可提前看到所有新品款式，但产品具体的发售日期只有当日才揭晓。②联名款。与知名度较高且影响力较大的高端品牌展开合作。一方面，Lookbook起到宣传品牌的作用；另一方面，对消费者来说，Lookbook也是一本服装穿搭的教科书。通过预测下一个季度可能最流行的穿搭传递导购信息以转化用户是Supreme唯一的内容营销手段。在季度新品推出时，Supreme会提前几个月发布Lookbook作为酝酿期，等待各大媒体纷纷转载，从而在潮流圈掀起一阵热潮。例如时尚杂志*Vogue*、*Highsnobiety*、*Complex*或社交媒体Hypebeast等网站的连篇报道。同时，也会有喜爱Supreme的粉丝在视频网站YouTube发表新一季度Lookbook的测评。Lookbook不仅是Supreme设计风格的体现，同时也为消费群体带来体现潮流前瞻性的附加价值。

在品牌传播的过程中，社群能够起到病毒式传播的推动作用，因此，构建粉丝社群同样是Supreme的传播策略之一。例如，作为互联网论坛社区，Reddit并不属于高端应用，但却出现了大量客户通过Reddit跳转到Supreme官网的流量迁移。Supreme在保持高格调的同时也懂得通过更加活跃的用户平台完成品牌传播。通常的做法为在论坛建立一批账号发布营销帖，但这一做法有两点不足：首先，推广帖很快会淹没在信息庞大的互联网中；其次，自卖自夸的手段与Supreme的品牌个性完全不符。对此，Supreme借助一些论坛版主的影响力推出营销帖。由于第三方具有中立性，版主往往也有比较高的威信，大家关注的角度就从广告转移到一款新产品的讨论，网友也就自然地点击Supreme官网链接。更重要的是，版主有权力把一个帖子置顶，以保证帖子时刻能够受到关注，能够让每个人在第一时间看到。可进行类比的是，普通网民在百度贴吧发广告很大程度上会被删帖。但若是去找吧主合作代发，比如按照点击收费，购买提成或者按时间计费，将获得更好的效果。

作为信息传播渠道，媒体在运营过程中的有效运用能够带动强烈的市场反馈，而垂直社区恰恰是一个非常理想的营销渠道。因为在一些成熟的平台和社区里，精准用户高度集中，能够把搜索客户的成本降到最低。这种方式被称为OPN（Other People's Network），即利用其他人的流量为自己导流，这是增长黑客常用的策略。

Supreme在Instagram社区的知名度非常高，Instagram是各潮流时尚品牌的必争之地。Supreme自从2013年开设账户后成长迅速，4年收获了600万粉丝，为品牌传播打下了坚实的基础。Supreme在运营社交媒体时专注于Instagram一个平台。实际上，Supreme并没有运营Twitter账户，Facebook的更新也不活跃。大部分社交媒体的流量都集中在Instagram。每个社交平台都有自己的运营模式，精力过于分散可能并不会带来很好的收益，不如把所有力量集中在一点，这样才有爆发的机会。

Supreme的影响力一部分来源于契合品牌文化的小众潮流艺术家的引领，另一部分源自发展后期频繁活跃在大众视野的明星所形成的意见领袖引导。最初，Supreme并没有直接找所谓的“大众名人”合作，而是去拜访了一些街头艺术家和音乐人。Supreme提出的合作建议也十分特殊：邀请他们与公司一起设计新的产品。这在20世纪90年代还是较为新颖的做法。例如，Supreme与知名涂鸦艺术家Rammellzee首次联合设计了货车帽，以标志性的涂鸦渲染帽子的顶部并缀以品牌标志，同时在帽子内衬的标签上绣上签名。整体设计充满涂鸦色彩的霓虹云层元素，设计风格鲜明独特，成为Supreme极具标志性的单品之一。Supreme的首次联名合作一炮打响后，在接下来的20年里陆续邀请无数知名艺术家共同设计了包括T恤、帽衫、帽子等在内的众多联名款产品。与其合作的并不都是大众视野中的主流明星，许多小众流行音乐人、街头艺术家也是Supreme常见的合作伙伴。在获得市场好评后，主流明星纷纷加盟并逐渐扩大了Supreme的品牌影响力，由此也形成了一个正向循环：合作的明星越多，Supreme的品牌知名度越高，便有越多明星愿意同Supreme合作。这种做法既能彰显自己的个性，也在自身定位上寻找到一枚潮流标签。

互联网是近年来信息化传播的主推力量，也是帮助Supreme

快速进入消费者视野的有效工具。随着移动互联的发展，明星效应的传播效率进一步提升。这一点在中国市场的表现更为明显。例如，2017年人气综艺节目《中国有嘻哈》的导师吴亦凡曾多次身着Supreme服饰露面。在庞大的互联网媒体受众群体中，Supreme的影响力可见一斑。当越来越多的人知晓品牌时，其溢价空间就越高。如The North Face和Supreme 2015年秋冬的合作款羽绒服一经推出便售罄，目前原价为368美元的L码拍卖价格已暴涨至2218美元，而且还不一定能够拍到。借助于网络传播的力量，Supreme逐渐影响到越来越多的边缘消费者，由最初的知晓品牌，到了解品牌故事，再到忠于品牌理念。一步步走来，Supreme由最初的小众品牌蜕变为如今的时尚风向标。期间，Supreme不断与社会主流声音进行对抗。无论是层出不穷的抄袭话题，还是明星的网络炒作，不可否认的是，Supreme在互联网的信息潮流推动下，一次次成为营销热点，也成为人们关注的热点。其自身所具备的网络流量为数字媒体时代的品牌传播打下坚实基础。

3. 品牌认知：映射顾客的内心世界

作为潮牌，Supreme的原创设计是品牌的核心。在表达自身独特性的基础上，Supreme也同多个艺术家合作，不断扩充着品牌定义，为消费者展示一种审视世界的全新视角。在世人眼中，Supreme不仅是服饰的品牌，也代表了消费者自我选择的态度。当小众文化逐渐走进大众视野，将形成多种思维的碰撞，激发消费者一次次地探寻目标。

（1）身份认同——个体视角。在多数年轻人眼中，Supreme是极具个性的潮流标识，并不是为普罗大众所打造的大众品牌。每一位顾客从包括设计风格、品牌文化在内的任何角度审视Supreme时都存在自身的独特视角，甚至在某种程度上将品牌Supreme视作一种精神信仰。而结合品牌的发源地来看，个人主义曾被认为是美利坚土地上最深刻的民族特性。重视个体的独立性，强调个体差异存在的合理性是西方文化所孕育的独立型自我建构的一种现实表达。在Supreme发行的大部分单品中，极具视觉冲击力的配色、备受争议却依旧炒得火热的服饰配图以及跨界合作限量发行的营销模式都能够为消费者塑造强烈的自我意识。

信息化不断扩张的时代从不缺少新鲜的面孔，每个人所期望的都是成为那个不可复制的存在，而Supreme的一个小小Logo便能够使消费者在茫茫人海中凸显自身。回到品牌选择本身，表面上看是Supreme赋予了消费者自我形象，其实从消费者选择Supreme的那一刻起，便是期待自己成为人群中独一无二的那个形象。

追溯到Supreme诞生的时代背景，象征街头文化的活动、艺术等元素频频出现在人们视野中，滑板运动也渐渐走出低谷。曾经的美国社会主流人群充斥着对街头文化的不屑一顾，而与之相对的则是街头艺术中说唱歌手对种族歧视的怨怼、街边涂鸦对上流社会不公待遇的批判。尽管随着时代的进步，人们已经尽可能避免提及曾出现在公众面前的敏感话题，但Supreme似乎并未刻意将其尽数隐藏。在Supreme的设计中，曾多次运用到社会热点事件，或暗含讽刺或大胆批驳，而无论哪一种都是Supreme独有的视角，也是其独立于主流思想的一种写照。例如，2003年，金融经纪人伊戈尔·科特里亚（Igor Kotlyar）因金融诈骗获罪，其在被警察带走时身着Supreme经典款的Box Logo T恤。同年，Supreme便将记者拍摄的被捕照片以“illegal business controls America”为题推出一款新品T恤，用以讽刺非法商业对美国的影响（见图2–3）。

图 2–3　Supreme 2003 年生产单品

图片来源：http：//www.3g.yoka.com/h/id125216。

Supreme的门店服务始终是不甚热情的，也从未刻意寻找大众的偏好，因此，这种独立与自我认知为顾客带来了一种全新的视角。不屑迎合的品牌认知亦是品牌带给消费者自身的一种身份认同。

（2）归属感——群体视角。互联网的发展带动信息交流更为密切，同时品牌成长也获得了极大推动力。随着信息量的不断增长，人们所了解到的信息领域也在逐渐扩大，诸多亚文化更是随着网络为世界各地的人们所熟知。而Supreme同样经历了产品消费者由少至多，品牌影响力自小到大的变化。起初，Supreme只服务于滑板圈的年轻潮人，直到2004年才开始扩张品牌，逐渐为社会主流群体所关注。潮流媒体的应用以及强烈的明星效应使Supreme产生了划时代的影响力。也正是因为传播渠道的有效运用，Supreme在主流消费群体中塑造了引领时代潮流的形象，同时也大范围地在消费者心目中形成品牌认知，一个年轻活力、有个性的品牌形象由此建立起来。

曾经，在滑板圈之外的世界里，Supreme可能名不经传。现如今，在潮流趋势的推动下，Supreme正在号召新一代的消费者融入时代的潮流，成为把握时尚风向的潮牌。

尽管随着时间的推移，Supreme逐渐为普罗大众所熟知，推出的一件件限量款使得网络黄牛通过倒买倒卖发家致富，Supreme有些产品所蕴含的设计理念却鲜为人知。“致敬”是Supreme许多火爆单品设计的灵感来源。一些值得纪念的历史事件或人物以及电影中的经典情节等都曾在Supreme的设计中出现。例如，1990年黑帮电影*Goodfellas*中的经典一幕曾被Supreme运用到iPad背包的设计中。有不少消费者以追逐潮流为目的而盲目购买，却难以看出设计的点睛之处。与之相反，了解Supreme设计内涵的消费者则会脱离主体潮流，成为能够与品牌互相沟通的少数人。消费者的文化情怀、精神信仰以及看待事物的方式方法都归属于品牌之中。

于品牌而言，越强大的品牌影响力越能够产生品牌效应。然而从消费者对Supreme的认知来看，跟随潮流的是人群中的大多数人，能够与品牌心生共鸣的则是潮流中的少数人。

Supreme的成长路径：成就“酷潮牌”的要素

在不断发展的潮牌市场中，Supreme的品牌成长路径具有鲜明的特点。以亚文化为起点创立品牌，并在产品中融合多种文化元素，突出品牌的文化基因。在品牌构建到品牌影响力塑造的过程中，Supreme通过多种品牌运营策略以及影响广泛的品牌传播策略向消费者传达独特的品牌认知，展示出潮牌特有的品牌魅力与成长历程，为当下品牌的创新发展提供可借鉴的方向。Supreme的潮牌成长路径可以总结为图2–4所示的框架。

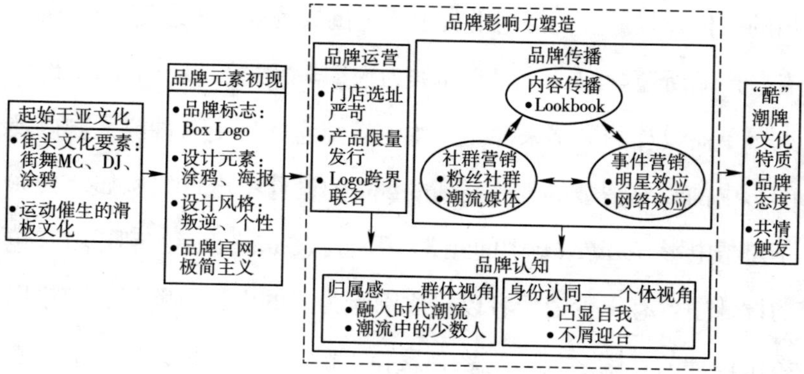

图 2–4 Supreme 的“酷”潮牌成长路径

在Supreme的创建历程中，街头文化是其创立的灵感来源。同时，关注Supreme的消费群体不仅具有较高的品牌忠诚度，更欣赏品牌所代表的街头文化。如果对街头文化缺乏一定了解或是并不喜欢的顾客很难捕捉到Supreme的产品设计中所表现的品牌内涵。也正是因为基于文化特质而构建品牌，与普通服装品牌相比，Supreme在其忠实的消费群体中会形成更强的品牌效应。通过关注自己喜爱的品牌，消费者在选择Supreme旗下产品的同时选择了自己认可和确定的品质。因此，当品牌赋予产品独一无二的文化内涵时，文化也作为品牌与消费者沟通的桥梁建立在彼此心中。街头文化诠释了Supreme“酷”的底气来源。所谓“酷”潮牌的特质，不只是因为在产品设计的过程中运用一些夸张讽刺的图案或是限量发行的运营策略，而是对品牌来说，相比于出其不意的营销策略，独有的文化内涵更能够获得消费者的青睐。随着时间的推移，不断进步的科技会加速产品更迭，商业模式的创新会影响消费者偏好的改变。而文化特质则会跟随品牌共同成长，在变革越发快速的时代依然历久弥新。

关于时尚和潮流的话题中，有一个看似悖论却相辅相成的循环。人们为了凸显自己的个性而热衷于潮流，却在追逐时不自觉地走向了大多数人选择的道路。因此，在思考潮流与时尚二者关系的过程中，总是存在一些率先出现在公众视野的设计，当这种设计的普适性越来越强，便成了潮流。消费者对Supreme形成的品牌认知就是建立在这样的循环之上的。无论是代表性的品牌标志Box Logo，还是独特的品牌运营策略，Supreme都只希望成为众多品牌中无可替代的那一个，在获得大众认可的品牌态度之后塑造自己的品牌影响力。消费者积极的品牌态度能够形成更加强势的潮流驱动，也就是说，潮牌的“酷”需要以大众为基础的品牌态度来凸显，引领潮流并成为被人们追逐的品牌始终是Supreme努力尝试的一件事，越是不断地推陈出新，人们追随Supreme的脚步便愈加紧密。所以，尽管Supreme在很多情景下备受争议，人们依然愿意将它与“有个性”“有态度”等词语相联系。一个成为“酷”潮牌的品牌需要大众明确且清晰的品牌态度以反哺品牌影响力的塑造。在这个双向沟通的过程中，许多旁观者还来不及了解品牌文化便已经选择融入这个不断向前的潮流趋势。因此，对于引领潮流的品牌来说，积极的品牌态度能够成为品牌影响力塑造的有力支撑。

移动互联时代，网络加速了信息的传播并逐渐扩大其影响范围。起源于小众文化的Supreme之所以能够获得众多粉丝的青睐，在一定程度上得益于社交平台这一渠道带来的传播效果。社交平台综合了社会各界的多方资源，诸多具有强大号召力的意见领袖、作为网络效应传播基础的平台用户都是Supreme塑造影响力过程中不可或缺的一部分。而Supreme之所以能够获得媒体与网友的广泛关注，是因为其适当地在社交平台形成了共情触发，让人们看到这一小众文化蕴含的强大力量。长久以来，多数人对亚文化并非不赞同，而更可能是不了解。在趋于扁平化与多元化的网络空间内，越来越多的社会现象被公布、被剖析，越来越多的真实情景触发了人与人之间的共情能力。人们拥有更多的情感共鸣会不断加深对已有观点的肯定。诸多潮流品牌的文化基因给予消费者更多肯定自我的方式，如果品牌能够触发消费者的情感共鸣，也将极易产生病毒式的传播。

曾经，小众品牌相较于主流品牌需要更长时间被消费者了解与熟知。然而在这个信息爆炸的时代，一夜成名不再是多么罕见的现象了。当品牌以精神的象征驻留在消费者的内心世界，便拥有了与消费者共同成长的永生动力。因此，在品牌发展过程中，面对不断更迭的潮流却依然保留品牌创建时的初心，始终真实地展现看待事物的态度是十分难能可贵的。保持真正的自我，向那些所谓的约定俗成发出质疑之声，将会是很“酷”的一件事。

三只松鼠

做“快乐文化”的诠释者

互联网浪潮的兴起为品牌插上了发展的翅膀，成为诸多品牌崛起的“推手”，三只松鼠便是其中的佼佼者。这个自诞生之初就带有传奇色彩的“网红”品牌，自创立以来一路高歌猛进，以创新的商业模式缔造了互联网食品零售行业的传奇。作为一个从“天猫”平台起步的零售品牌，三只松鼠自创立以来，累计销售坚果零食产品超过200亿元，连续多年位列平台坚果类成交额榜首，成为名副其实的互联网坚果领军品牌。截至2019年12月3日，三只松鼠全年总成交额突破100亿元，完成了“松鼠百亿梦”目标，成为国内营收规模最快达到百亿元的休闲零食企业。三只松鼠的强势表现得到了诸多顶级媒体的认可，荣登《人民日报》最受公众欢迎的中国品牌榜，并被新华社评为见证时代变迁的“改革名片”，成为当之无愧的“国货领头羊”。

三只松鼠从变革坚果零售到引领互联网食品消费潮流，现象级成功的背后，离不开对市场环境的准确判断与对消费需求的深切洞察。在互联网零售大潮下，创立之初的三只松鼠抓住了消费市场对坚果消费升级的趋势，将传统的坚果线下销售“搬到线上”，用互联网零售方式变革传统坚果销售模式，以创意营销和极致服务打开市场，成为在互联网上爆炸式传播的“中国互联网坚果第一品牌”。三只松鼠的成功不仅带动了坚果消费市场火爆，而且定义了互联网零售新模式，成为诸多互联网企业竞相模仿的对象。但相对于庞大的食品零售市场而言，坚果只是其中一小部分，随着三只松鼠坚果品牌的形象逐渐深入人心，三只松鼠品牌的发展也面临着“天花板”效应。因此，如何借助“松鼠”超级IP的打造实现“去坚果化”，从而把三只松鼠打造成为涵盖食品、娱乐等多行业的强势品牌，已成为“后坚果时代”三只松鼠品牌发展的重要课题。

在互联网风口渐退，电商线上流量红利见顶的背景下，三只松鼠主动抓住机遇、迎接挑战。在创新产品品类，确保产品品质领先，不断实现产品升级的同时，三只松鼠以线上线下联动布局打造新消费场景，以数字化科技助推产品供应和消费者洞察，从而更好地满足新零售时代消费者日益复杂化、体验化的需求，赋予消费者全方位的愉悦体验与快乐享受，成为新时代“快乐文化”的诠释者。笔者将对三只松鼠的品牌发展历程进行总结与阐述，以期探寻三只松鼠“快乐”潮牌形成的奥秘。

图2-5为三只松鼠“快乐”潮牌成长机制。

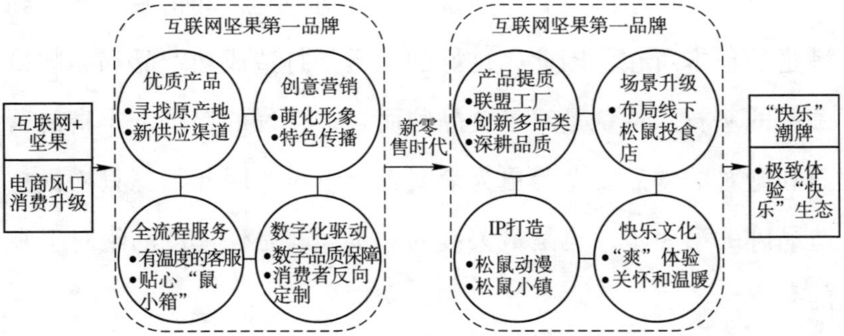

图2-5 三只松鼠“快乐”潮牌成长机制

品牌崛起：“互联网坚果第一品牌”的成长

三只松鼠公司于2012年在安徽芜湖成立，主要从事坚果、干果等休闲食品的研发和销售。这家诞生于互联网电商风口的零食公司，抓住了传统产业“互联网+”转型的机遇，借助互联网零售大潮将坚果零食销售“搬”上了互联网，成为以互联网运营为核心的新型坚果零食销售企业，打造出中国第一个定位于纯互联网食品的品牌。三只松鼠将主要目标群体锁定为80后、90后的消费者，挖掘新兴消费群体消费特征，抓住其网购多于实体购买、极具个性的消费诉求等特征，以超萌的卡通形象、极富亲和力的客服人员等特色满足互联网时代消费者的诉求。凭借着产品创新、商业模式创新、服务及顾客体验创新等策略异军突起，极大地吸引了流量和关注，产品销售屡创新高，品牌影响力快速提升，成功地实现了"互联网坚果第一品牌"的塑造。

1. 优质产品：品牌可持续的基石

（1）寻找原产地。产品是消费者功能利益和情感利益得到满足的根本所在，因此，良好的品质是打造成功产品和品牌最关键的基石。特别是对零食品牌而言，良好的口感、丰富的营养和绝对的食品安全等更为消费者所看重。因此，三只松鼠打造品牌的第一步，也是最关键的一步，就是保证产品绝对上乘的品质。

为了保证产品品质，增强消费者的体验，三只松鼠自创立之初就提出保证绝对品质的"9OFS模式"，即创造顾客的极致体验、提升顾客满意度和忠诚度应当遵循的9个重要原则。其中居于首位的就是寻找原产地，在选择原材料时，三只松鼠坚持非原产地不选、非好营养不选、非好口感不选的原则，从而确保松鼠家的原料均选自全球的原产地农场，以上乘的质量，给顾客带来健康、天然、新鲜的真正好食品。为了寻找优质原产地，三只松鼠不惜增加原料成本，对符合生产要求的原产地，三只松鼠统一采取订单式合作，直接由企业与原产地农民和生产者建立合作关系，以高于市场平均水平的价格收购，并向农民提前支付货款以解决其后顾之忧。而正是这种信赖关系使得三只松鼠严苛的原材料收购标准得以落地。在收购原材料后，不同于一般食品连锁商家委托加工、贴牌的做法，三只松鼠先委托当地企业生产加工成半成品，再将通过严苛检验的半成品送回位于芜湖高新区的封装工厂中进行加工，以保证原材料的新鲜度。

（2）新供应渠道。三只松鼠以互联网为依托，利用B2C平台进行线上销售，迅速开创了快速、新鲜的新型食品零售模式。这种特有的商业模式实现了对传统坚果类零食销售渠道的全新升级，缩短了商家与客户的距离。相对于传统销售模式，线上销售极大减少了货架期，将商品从生产出来到卖给消费者的时间控制在一个月以内，实现了以销定产，确保带给顾客新鲜、美味的食品。正如三只松鼠品牌创始人章燎原所说："让供应链更短，以保证产品的新鲜度是打造互联网食品品牌的核心。"

同时，三只松鼠在原材料供应和物流配送上"做减法"，不断提高运输效率，缩短供应时间。目前，三只松鼠已经建立了芜湖、北京、广州、成都等近十个物流中心，开发应用数字化管理系统来提高物流和产品的响应速度，尽可能保证全国80%的城市实现"次日达"，从而更大程度上保证产品的新鲜度，为消费者提供了更优质的产品体验。

2. 全流程服务："让顾客尖叫"

（1）有"温度"的客服。三只松鼠打造"互联网零食第一品牌"的第一步，是坚持做"顾客体验第一品牌"，以追求极致的顾客体验为核心，不断创新服务，解决互联网零售相对于实体零售存在的一系列问题，从而在竞争激烈的互联网零售领域脱颖而出。

为提升顾客体验，三只松鼠不放过每一个能获得顾客好感的细节。在消费者接触品牌、购买产品、食用产品等各个环节提供贴心服务，在与消费者能够接触到的全流程中，用细节和意外收获"让顾客尖叫"。

针对互联网零售中存在的轻体验、缺乏直接接触等问题带给消费者的不安全感和低参与感，三只松鼠尽可能地通过软性服务来弥补这方面的缺陷，如在松鼠客服、售后反馈、官方网站设计等方面，都尝试活化和互动化，展示出互联网背后的热情和温度，通过情感上的交流打动消费人群。如三只松鼠将售前客服分为"小清新组"和"萌货组"，顾客可以根据自身偏好选择"一对一"个性化服务，在聊天中成为三只松鼠的"忠实朋友"。在顾客与客服的沟通中，顾客成为主人，客服则变成一只"小松鼠"，不同于过去常把顾客当上帝，一只讨好主人的宠物更容易让顾客获得心理上的触动。而三只松鼠对于客服的考核指标，也不再是常用的交易量，而是好评率和沟通字数。

（2）贴心“鼠小箱”。三只松鼠将贴心服务贯穿于每一个可能与顾客产生接触的环节，确保“关键时刻”的顾客体验。在消费者购买、食用的各个环节，三只松鼠也尽可能给予便利和关心。考虑到消费者在零食食用中可能存在的不便，三只松鼠对食用过程中的各个细节都进行了优化，如将坚果产品加工得更易剥，在细致入微中让消费者感受到来自三只松鼠的“贴心”服务。

在顾客挑选商品时，三只松鼠会根据积累的消费者购物偏好提供个性化的服务。通过消费者对某一类产品的购买频率判断消费者的喜好程度，从而合理搭配“鼠小箱”中的物品，使顾客每次收到的产品都不一样。随零食一同寄到消费者手中的，还有三只松鼠客服的温馨寄语、一次性未吃完用的鼠小夹、吐果壳的鼠小袋、擦嘴用的鼠小巾以及松鼠形象的卡通钥匙扣和服务卡，这些都为顾客带来超值的惊喜体验。同时，三只松鼠的“鼠小箱”本身也是创意十足。“鼠小箱”以原木色为主色调，其上印有松鼠卡通形象，箱子外面还配有“主人，快抱我回家！”“主人，开启包装前仔细检查噢”等温馨标语。三只松鼠通过关注每一个能为消费者带来超凡体验的细节，走进顾客的内心，使顾客在购买坚果零食过程中感受到被重视和关心，快速建立起与三只松鼠品牌的情感连接。

3. 创意营销：打造“网红”品牌

（1）“萌”化形象打造独特品牌识别。三只松鼠主动迎合互联网时代主客互动需求，以松鼠作为拟人化形象，提供新型主客互动方案，引领了互联网零售时代的“萌文化”潮流。三只松鼠的“萌”首先体现在其品牌标识中的三只卡通松鼠形象上。这三只可爱的松鼠分别是乐观向上、充满正能量的“松鼠小贱”，温柔美丽、善解人意的“松鼠小美”，知性睿智、聪明体贴的“松鼠小酷”，这三只松鼠较为全面地涵盖了当代青年人中的主流理想性格和形象，直击新兴消费市场的感官偏好和价值倾向（见图2–6）。通过超萌的卡通形象，三只松鼠牢牢抓住顾客的眼球，同时遵循互联网线上零售规律，在网店页面设计、产品图片及描述、客服沟通、促销活动、包裹、退换货等每一个与顾客有接触的细节都尽可能积极传递品牌的核心识别，使三只松鼠这个朗朗上口的名字被顾客所熟知，在互联网信息爆炸式增长的时代打造出了独特的品牌识别。

图 2–6　独具特色的“萌态”松鼠形象

图片来源：百度图库。

（2）独特促销引爆品牌传播。三只松鼠之所以能够借助互联网东风，一夜爆红，成为家喻户晓的“网红”零食品牌，除了其过硬的产品品质和贴心的服务外，广告植入、在线推广等特色营销手段的运用至关重要。2012年是三只松鼠品牌创立元年，为了提升品牌知名度，三只松鼠在天猫等线上销售平台投入巨大，使其在短期内赢得大量消费者的关注和购买。三只松鼠在上线65天后就摘得天猫商城同类销售商的桂冠。2012年的双十一,三只松鼠在淘宝平台疯狂投放广告吸引流量，实现了单日营销额突破3500万元的辉煌业绩。虽然当时广告价格比较低，但平台广告推广的有效性尚未得到充分证实，因此，像三只松鼠这样投入推广的竞争对手几乎没有。凭借大额的资金投入，三只松鼠这个初创品牌以最快的速度站稳了脚跟，在对手还未反应过来的时候就成为了销售冠军，优先获得了包括用户、媒体、阿里生态等资源对它的关注，快速提升了品牌知名度。

同时，三只松鼠的无缝广告植入也起到重要作用。三只松鼠钟情影视剧广告植入，在各类热播剧中都出现了三只松鼠的身影。据不完全统计，2016年三只松鼠一度“霸占”了一线卫视和视频网站，在《欢乐颂》《小丈夫》《柠檬初上》《好先生》《小别离》《微微一笑很倾城》以及韩剧《W两个世界》《太阳的后裔》等8部热门电视剧中都做了广告植入（见图2-7）。在植入广告中，“三只松鼠”很注意选择广告出现的场景，结合自身品牌和产品特性，通过剧情关联应用场景、产品与剧中角色绑定以及各种周边植入等多重形式高密度曝光其产品形象，进行有针对性的广告植入，从而赢得消费者的大量关注。在热门影视剧中，三只松鼠或是作为主人公食用零食出现，或以松鼠形象玩具公仔出现，并以较为醒目的方式展现给观众，这些极具吸睛效果的热播剧让三只松鼠的品牌传播效应进一步放大，使得三只松鼠的品牌形象更加深入人心。

图 2–7　三只松鼠携手热播影视剧《微微一笑很倾城》

图片来源：三只松鼠官网。

4. 数字化驱动：助力品牌塑造

（1）数字化品质保障。作为从事零食零售的互联网企业，三只松鼠虽然同样采用行业主流的代工生产模式，但在不直接生产产品的情况下，如何保证零食产品的质量，带给消费者满意的产品体验是企业必须面对的重要课题之一。为保证产品质量，加强对产品生产过程的监管，三只松鼠依托数字化平台对品质进行科学“把关”，构建产品质量追溯系统，将客户、供应商、股东和合作农户联系起来，使客户能够准确地掌握产品生产、销售、运输等每一个环节。

同时，对售后消费者反馈的关注和快速反应是保证品牌良性发展的重要基础。三只松鼠运用中央品控云平台，基于产品好评率、合作伙伴质量指数、产品分装质量指数、物流配送质量指数、客户差评解决率等指标，提升汇总分析、售后数据处理能力。通过将微博、微信等社交媒体平台用户的评价统一到管理平台，三只松鼠可以对物流、质量、服务等板块的消费者意见与建议进行分析，并及时将分析结果形成可执行的指令，反馈给对应的供应商、物流商，以及分装车间等各个生产环节，及时优化解决消费者的诉求，从源头改进产品品质。通过实现客户端与生产运营部门信息的有效对接，极大降低了因部门区隔和生产流程化导致的信息不对称，加强了客服、工厂质检、工厂员工、物流员工等之间的连接关系，从而在保证产品质量和降低成本的同时，实现了消费者体验的可追溯化。

（2）消费者反向定制。数字技术的力量在于应用到消费者生活中，为消费者带来优质的产品和服务，并持续优化其体验。对于零食企业来说，业务本质便是建立产品与消费者之间的联系，并将他们之间的距离缩至最短。因此，依托数字技术的支持，可以拉近供给与消费两端的距离，减弱供需两端存在的鸿沟，从而基于数字化能力实现从渠道开始反向定制产品。

三只松鼠凭借强大的数字化能力，形成了对供给端与需求端的有效连接。一头连接供给端的生产合作伙伴，一头连接上亿的用户群体，将供给端的新资源和消费者的新需求进行重新匹配，让供应链真正围绕每个销售终端转，围绕消费者转，从而实现消费者的反向定制。三只松鼠数字技术包含了产品在线、业务在线、组织在线、消费者在线等四大特征，各模块数据形成闭环并且频繁交互，在沟通与协同中产生和放大价值。如通过后台数据，三只松鼠能精确地掌握顾客购买的客单价、二次购买频率、购买内容、购买打折商品的比例、购买次数等量化数据，从而做到为顾客提供个性化服务，也能用数字化支持产品满意度测量和营销策略效果评估，形成有针对性的产品和营销模式。

基于此，正是数字化赋予三只松鼠“造货+造体验”的核心能力，使其能够为更多大众家庭提供质高价优、新鲜、丰富、便利的快乐零食，从风味、鲜味、趣味等多个维度重新定义新零食，拉近产品与消费者之间的距离。

顺流而上：以“松鼠IP”引领“快乐文化”

互联网电商具有快速拉近消费者与企业的距离，使企业能够直接与消费者对话，从而以极快的速度打造出具有影响力品牌的优势，但随着互联网零售的高速发展，传统的电商红利逐渐消失，逐渐显现出发展的“瓶颈”。同时，线上零售在顾客体验方面的天然弱势使得其无法进一步满足顾客的消费体验，成为阻碍传统线上电商企业实现可持续发展的"硬伤"。因此，以互联网为依托，运用大数据、人工智能等先进技术手段，对商品的生产、流通与销售过程进行升级改造，进而重塑业态结构与生态圈，并对线上服务、线下体验以及现代物流进行深度融合的"新零售模式"成为诸多线上零售企业转型改革的重要方向。

在新零售背景下，三只松鼠也一改往日的纯"电商"销售模式，积极顺应时代潮流，开始线上线下联动构建"松鼠生态圈"，在"互联网顾客体验第一品牌"的基础上，打造线下三只松鼠投食店，构建专属消费场景，带给顾客丰富的零食新体验。同时，面对代工模式固有的质量管理缺陷，三只松鼠以创新的生产模式，应对食品安全问题带来的冲击。为顺应新时代品牌发展的要求，跳出纯坚果和纯电商带来的束缚，在新零售时代，三只松鼠确立了"以数字化推动食品产业进步，以IP化促进品牌多元发展"的战略，开始由"互联网坚果第一品牌"向多元化品牌迈进。

1. 产品提质：构建独特"松鼠味"

（1）建立联盟工厂。虽然三只松鼠对产品质量有着严格的监管程序，但代加工模式令三只松鼠对加工商的管控鞭长莫及，导致出现了因开心果霉菌超标受到监管部门处罚等一系列对品牌形象造成严重冲击的食品安全事件。因此，为守住食品安全这条生命线，防止产品品质可能出现的问题对品牌的损害，三只松鼠超越现有休闲零食企业普遍采用的代工模式，开始尝试建立联盟工厂，通过与供应链上下游企业的联盟，确保产品生产过程处于可控范围。

三只松鼠在未来五年计划打造六大新制造园区，与行业专业制造加工伙伴以联盟的形式共建制造加工厂，实现全流程的质量监控、数字化订单、制造仓储一体化。目前，三只松鼠已启动在华东地区无为园区的建设，共进驻十余家生产型企业。三只松鼠与生产企业共建工厂的方式包括资本联盟、资产联盟、渠道联盟和品牌联盟。其中，资本联盟是通过三只松鼠投资进入园区的企业，形成资本上的纽带，建立起相互间的信任，使整个生产过程做到成本透明，同时通过三只松鼠提供给供应链更加便捷的金融服务；资产联盟，即通过资产联盟的形式来实现商业模式的增值；渠道联盟主要针对终端联盟小店；品牌联盟即借助数字化工具实现品牌共享。

共建工厂能够提升企业对产品的把控力，是处于代工和自建工厂之间的模式。三只松鼠已从电商企业发展成为一家供应链平台企业，作为制造型自有品牌、多业态零售商，三只松鼠的定位是全面向制造端渗透，实现零售与制造一体化，从而提升整个供应链渠道的效率。三只松鼠首次提出建设工厂，也是国内首家休闲零食企业第一次提出这一概念。

（2）创新多品类。全品类布局是三只松鼠的重要策略之一。自2015年起，三只松鼠逐渐跳出“卖坚果”的限制，将产品覆盖到坚果、面包、肉干、饮料等全品类零食。目前，三只松鼠已经完成从坚果品牌到全品类零食品牌的转变，构建了以坚果、面包烘焙、肉制品为核心品类的休闲食品产品体系。

通过供应链的反向定制，三只松鼠具备了40天完成自用户洞察到产品上线流程的能力，能够快速向用户提供更丰富的产品。同时，三只松鼠不断致力于产品的创新，强化“造货+造体验”的核心能力，通过“风味”“鲜味”和“趣味”构建起独特的“松鼠味”。如在三只松鼠供应商年会上，其推出了11款创新产品，包括每日坚果、速食汤面、烤肉、烘焙等多个品类。基于消费者反馈的数据，三只松鼠持续进行新品研发，推出了混合坚果复合蛋白饮料产品和小瓶装坚果等新品。不断丰富的产品品类为三只松鼠实现“去坚果化”，打造多元化品牌奠定了坚实的基础。

（3）深耕产品品质。完成了全品类布局的三只松鼠，试图改造供应链，使其更加聚焦产品体验，从风味、新鲜度和趣味性上实现差异化竞争，从而在人们的消费观念不断升级，从注重零食味道到关注零食的营养价值，在坚果品类上更愿意追求高品质产品的背景下，获得新的竞争优势。在消费大趋势的推动下，三只松鼠推出了“3次方每日坚果”“90天精挑坚果”和“能量果仁”等产品，主打健康零食概念，以独立小包装形态，成功切入零食食用场合。三只松鼠对外发布每日坚果消费大数据报告，其旗下每日坚果产品成为天猫零食销售额最高单品，这款升级版每日坚果产品自2018年9月上线以来，累计卖出超过一亿袋，成为全网每日坚果销量冠军，销量超过第二、第三名之和。

高额业绩的背后，是三只松鼠研发团队花了一年多的时间对原有产品进行改善和提升。三只松鼠研发人员首先对每日坚果的产品搭配进行改进，通过大量调配试验，对产品口感、观感和营养进行研究，最终确定了6种高端坚果和3种果干的搭配，使营养更充分、更均衡。这也是这款每日坚果产品区别于市面上其他混合坚果的最佳搭配。在此基础上，研发人员还梳理了每日坚果的产品标准，对颗粒大小、饱满程度、含水量等都提出了远高于行业水平的要求。以每日坚果使用的核桃仁为例，其表面有一层薄皮会带来苦涩的口感，为了解决这个痛点，三只松鼠的研发人员进行反复试验，最终实现核桃的去皮，使得产品的口感更佳。在包装上，三只松鼠还与合作伙伴共同发明了一种干湿分离的包装设计，使用分区锁鲜的技术，将坚果和果干分开包装，防止坚果和果干相互影响，食用前扯开中缝，轻摇混合后就可以获得上佳口感。三只松鼠对品质始终延续不变的苛求，是包括每日坚果在内的诸多产品真正受到用户喜爱的关键。

2. 场景升级：布局线下消费场景

与过去单纯的线上或线下消费不同，新零售时代消费者更加关注线上与线下结合的多维体验，因此，如何实现线上线下整合，为消费者提供更加丰富的消费体验成为促进企业发展的关键。对类似三只松鼠这类零食企业而言，需要打破渠道边界，从口味、趣味、颜值等多方面着手，为消费者打造多元化消费体验。三只松鼠顺应新零售浪潮，开始布局线下消费场景，倾力打造了“线下投食店+零售通+松鼠小店”多渠道销售方式，形成线上线下联动的发展布局。

从2016年在芜湖开设第一家投食店开始，三只松鼠便大力布局线下实体店，从而实现企业由单纯的线上业务向线上线下联动的成功转型。三只松鼠实体店主要包括松鼠投食店和松鼠联盟小店，其中投食店是目前三只松鼠的线下核心业务，成为三只松鼠在新零售浪潮下的重要布局。松鼠投食店是三只松鼠与消费者直接接触的场所，是消费者对品牌直观体验的物理空间。三只松鼠投食店多集中在三四线城市，在这些以松鼠形象和森林设计为基础的小店里，除各类坚果产品外，还有许多种果干、零食、玩偶、抱枕等衍生产品，同时还设有提供饮品和糕点、供主人休憩的休闲区域。此外，自助投食机、社区便利店、抓娃娃机等多种终端形式，可以用各种趣味性产品满足消费者多方面的消费需求，相对于纯线上平台能够极大地增强消费体验。得益于前期深厚的品牌积累，松鼠投食店推出后便受到消费者的青睐，取得了开业一周销售额突破百万元的良好成绩。随后，三只松鼠又推出了松鼠联盟小店，这类实体店不同于松鼠投食店统一的风格，而是通过店主个人IP与松鼠品牌IP的联盟，打造特色各异的零食便利店，从而探索创新型的线下经营模式，助力消费体验提升和三只松鼠品牌推广。

通过布局线下实体店，三只松鼠形成了“一主两翼三侧”的立体全渠道覆盖格局，有效打通了内容、品牌、消费者之间的联系，以线下体验店丰富的消费场景和不断升级更新的互动式体验，更好地吸引不同年龄段、不同消费水平的消费者，为品牌发展积蓄后劲。

3. IP打造：多元化“松鼠”品牌

2019年7月12日，三只松鼠终于迎来了创业板上市这一历史性时刻。在极富意义的历史性时刻，三只松鼠并没有采用常见的企业高管出席“敲钟”的形式，而是交由三只萌态松鼠人偶上台完成，首开国内上市无人敲钟的先河。这一举动无疑体现出三只松鼠公司对其超级“松鼠IP”的重视，表现出实现“以IP化促进品牌多元发展”使命的决心。三只松鼠的IP化发展道路立足于未来新消费主义，包括了大健康、大娱乐、大品类和大消费等四大战略领域，试图将消费者身边的吃、住、玩、买等多元消费需求纳入其中，提供快乐的解决方案，给每一个人在生活当中带来不一样的娱乐体验，给予“主人”更多的爱与关怀。

（1）松鼠动漫。为了拉近品牌和消费者的距离，传递品牌理念，三只松鼠将品牌布局指向IP化，迎合80后、90后主要受众群体，把打造的重心放在动漫、游戏、主题商业的运营上，实现从食品行业跨界到其他行业的多元化纵深发展。其中，三只松鼠的松鼠动漫在打造强势“松鼠IP”中发挥了重要作用。

2014年安徽松鼠萌工场动漫文化有限公司正式成立，标志着三只松鼠正式开始布局动漫产业。松鼠动漫（见图2-8）以“为消费者带来快乐”为核心价值追求，创作出了一系列动画片、动漫集、儿童读物等，对提升“松鼠IP”的影响力有着极为重要的作用。其中，《三只松鼠》《三只松鼠之松鼠小镇》《三只松鼠之松鼠小镇2》，以及三只松鼠都市系列动漫《松鼠唠嗑课》和《奋斗吧！松鼠小贱》等动画的创作和推出，用覆盖儿童、青少年等群体的动画片扩大品牌影响力，给消费者留下了积极、健康、快乐的直观印象，拉近和消费者之间的距离，对“松鼠IP”的打造具有重要作用。以动画为支点，持续性的内容输出帮助三只松鼠建立了纵深的产品线，形成了立体式产业经营平台，构建起为消费者提供全方位快乐体验的产品体系。而这正是三只松鼠“泛娱乐化”战略中的关键步骤之一。

图 2–8 《三只松鼠》动画片场景

图片来源：三只松鼠官网。

（2）松鼠小镇。三只松鼠强势打造“松鼠IP”并成功变现的另一个重要渠道，是即将建成的松鼠小镇。松鼠小镇项目启动于2018年，是三只松鼠在其重要战略根据地——无为县打造的一个含住宿、娱乐、健康、餐饮，吃住玩、游养娱于一体的特色小镇。2019年，经安徽省特色小镇建设领导小组会议审议通过，松鼠小镇获批为安徽省第二批省级特色小镇。

松鼠小镇颠覆传统商业模式，充分融合森林元素及三只松鼠IP，以数字化推动主人游乐体验升级，以IP化绽放品牌文化势能，致力于为主人创造一个松鼠王国，是集产业、文化、旅游、商业为一体的跨界型主题娱乐综合体。松鼠小镇共设有三大核心功能区——松鼠星球馆、森林奇幻地和松鼠欢乐街。松鼠星球馆主要汇集众多尖端的VR科技设备，其形象突出森林自然景观，呼应森林主题、象征自然魅力；森林奇幻地定位为“游乐+体验+观光+度假”，拥有各色游乐设备，以及烧烤园、采摘园等特色区域，满足各年龄段休闲需求；松鼠欢乐街定位为“餐饮+住宿+购物+娱乐”，能够满足消费者“玩乐吃购嗨”全方位需求，突出松鼠小镇的大消费功能，为消费者提供快乐的游乐经历。

4. 快乐文化——“让天下主人爽起来”

追求快乐是人的本性和权利，每一个消费者都有逃避现实世界、释放过度压力、寻求另类自我的需求。随着新兴消费群体的崛起，人们的消费特征发生变化，注重自我愉悦，追求个性独特，用特别、有趣、好玩的小东西来更轻松、随意、频繁地展现自我成为重要的消费追求。因此，消费者越来越期待能够获得愉悦体验和自我满足的场所。这种场所可以是以迪士尼为代表的主题公园为个体带来的梦幻般的满足与超脱，也可以是互联网虚拟中来自三只松鼠“萌”“酷”“贱”的关怀、温暖和放松，所带来的消弭互联网区隔形成的畅爽体验。三只松鼠的成功源自其创新的互联网推广方式和策略，源自其准确的市场洞察力与探索，但从更深层次来看，三只松鼠所倡导和奉行的快乐文化发挥着更为本质的作用，是其紧紧抓住消费者，实现品牌塑造巨大成功的关键。

（1）营造“爽”体验。品牌建立独特定位的核心举措是挖掘自身具备的独特价值，进而调配一切资源达成与消费者的有效沟通，从而建立品牌与消费者之间的联系。三只松鼠能够打造坚果电商“神话”，就是因为凭借其独特的“萌”文化和“慢食快活”的文化理念塑造出了独有的品牌影响力。IP主导发展时代，三只松鼠超越了简单的品类定位，不再将自身局限于互联网坚果品牌，而是将核心使命确定为“让天下主人爽起来”，把“赋予愉悦、传播快乐”作为企业使命的核心价值观，引领品牌实现升级。

作为最先注意到品牌文化重要性，并将品牌文化传播做到极致的电商企业之一，三只松鼠通过创新产品、创意包装、极致服务等方式，为消费者制造惊喜式体验，同时其开创独特在线服务模式，通过构建松鼠形象，将消费者当作“主人”，构建出全新的主客关系和主客互动方式，在可能的接触环节为消费者带来畅爽体验。作为最早迈入电商行业的坚果销售品牌，三只松鼠迎合甚至引领了互联网时代消费者体验的特点，形成了独特的消费文化。正如英国学者迈克·费斯通所说：“消费文化使用的是影像、记号和符号商品，它体现了梦想、欲望和离奇的幻想；暗示着让自我而不是他人感到满足时，表现的是那份罗曼蒂克式的纯真和情感实现。”三只松鼠“让天下主人爽起来”的价值主张，正是满足了消费者在互联网中对快乐的理解与希冀。三只松鼠从品牌文化方面突出品牌特性，契合目标受众的情感，运用多种传播手段进行品牌传播，从而得以在短时间内迅速实现品牌塑造和传播。

（2）关怀与温暖。互联网零售时代，极大提升了消费者获取购物信息的能力，赋予消费者更多的权利，以快速信息流动沟通消费者与生产者、销售者之间的关系。但相较于实体销售方式，互联网缺乏对商品的直接感知和主客面对面互动，存在消费者购买体验不足、信任风险较大等固有缺陷，显示出互联网科技发展带来的冷漠与疏离，使得消费者对快乐、温暖的需求难以得到有效满足。

而三只松鼠正是运用接触过程中的极致体验以及独特的品牌形象和拟人化主客互动关系等，减轻了互联网带来的冷漠和区隔，消除了现实社会中存在的社会约束和制度束缚，使消费者没有身份、等级、价值观、年龄的差别，而以“主人”理念赋予消费者以温暖和关怀。三只松鼠的品牌亲和度使得顾客对三只松鼠的好感度全面提升。三只松鼠“主人与松鼠亲切沟通”的背后，是互联网时代贴心关怀、个性化服务诉求的表征，是对消费者对互联网“温暖”渴求的回应。三只松鼠营造亲切、温馨的氛围消除互联网时代线上消费的无形性带来的影响，在每个细节以独特的创意，精准地传递出电商给予顾客的诚意，全方位地给顾客送去超出预期的惊喜，最终在愉快和谐的氛围中促成交易。

“快乐”潮牌：从传递快乐出发

三只松鼠从初创时期的互联网坚果零售“网红”品牌，到“互联网坚果第一品牌”，成为坚果销售行业的领军品牌，再到新零售背景下的品牌“去坚果化”和IP打造之路，其品牌不断升级的过程，是为适应宏观环境变化而对企业定位进行的转换，更是对消费者和消费市场理解的不断深化。虽然面临诸多变化和不确定性，但是作为新时代赋予消费者愉悦体验的“快乐”潮牌，三只松鼠始终坚持品牌核心文化——为用户和消费者提供“快乐文化”。

三只松鼠以消费者为导向，以传递快乐为根本，依托产品和服务，不断为用户带来娱乐化的体验，给用户更多快乐。三只松鼠运用数字化技术提升对消费者的洞察能力，不断推动产品迭代和品类创新，以满足消费者细致的消费体验，为消费者带来温暖和贴心的关怀，让消费者在极致的消费体验中真正获得快乐。同时，三只松鼠不断提升赋予消费者快乐的能力。从坚果到“大零食”，再到松鼠动漫和松鼠小镇等泛娱乐领域，三只松鼠不断丰富产品类型，以“松鼠”品牌为引领，打造“快乐”生态，形成符合消费者大娱乐需求的综合性能力，为消费者带来“玩乐吃购嗨”等一体化的快乐满足，实现了从互联网消费环境下对消费者“快乐”需求的有效满足，到新零售时代以“松鼠IP”为引领的消费者快乐的全方位满足。

正如党对我国社会基本矛盾转变的判断，人们对美好生活的向往是新时代最深刻的特征之一。消费升级背景下，人们的消费需求迅速发生变化，超越对物质产品本身的关注，转而重视产品或品牌所蕴含的情感和体验价值。其中最基本、最重要的情感满足，无疑是快乐和愉悦。我们不能否认，快乐虽然不是美好生活的全部，但是美好生活一定是快乐的。因此，能否“打造快乐生活、传递快乐价值”是品牌成功的关键所在。三只松鼠从传递快乐这一大处着眼，又从零食这一小处着手，运用创新的产品和服务让零食带给消费者更多快乐，实现了品牌的迅速成长，无疑为企业的品牌创新战略选择提供了良好范本。

泡泡玛特

小盒子里的大世界

但凡购买过一个泡泡玛特的Molly玩具，迟早会购买第二个，这是很多泡泡玛特顾客内心的真实独白。2016年，泡泡玛特打造了Molly形象的系列玩具，其标志性特点为拥有一双淡绿色的大眼睛、一头金黄鬈发、微微嘟起的嘴巴。Molly玩具颜值超高、制作精巧且造型风格多样，吸引了许多年轻人的注意，促使其不断为Molly系列玩具买单。一个系列的Molly玩具娃娃有12个，每个娃娃定价为59元，相比于许多玩具手办而言，这样的定价不算很高，但泡泡玛特以“盲盒”的形式出售，即通过随机抽取获得，因此，消费者往往要花费不少的成本才能集齐一个完整的系列。在泡泡玛特零售店里总会看到络绎不绝的年轻人在不同展柜面前踱来踱去，希望得到喜爱的玩具。更有甚者，为了收集到完整的系列仅一个月便豪掷上万元。让人不禁好奇这个品牌到底具备怎样的魅力，会对消费者产生如此庞大持久的吸引力。

在纪录片《纪实72小时》中，曾有一期以泡泡玛特举办的玩具展作为主线。故事发生在2019年4月，泡泡玛特国际潮流玩具展在上海世博展览馆举办，镜头记录了一张张不同的泡泡玛特玩家面孔——有人不远千里只为同喜欢的玩具角色合影，有人彻夜排队以求得到限量玩具的抽签购买资格，有人一开门便以百米冲刺的速度奔向购买区。这些行为看似疯狂甚至荒诞，却并不是毫无道理可言。随着时代的进步和发展以及90后、00后逐渐步入社会，当下的消费趋势已经发生很大变化，消费的主力逐渐变成年青的一代。但由于成长环境的大不相同，这一代人和上一代人在消费心理上存在着巨大的差异。相比于上一代人，今天的年青一代更加崇尚个性、渴望追求自我，这类潮流玩具产品就是反映他们的消费心理和特色的典型。也正因如此，泡泡玛特才有了契机成为年青一代的“新宠”。泡泡玛特瞄准了这类年轻人的特殊情感，着力将泡泡玛特打造成受年轻人喜爱的玩具潮牌。当下，众多企业都在追求贴合年轻人的消费习惯，不断为年轻人带来更加良好的消费体验。作为这类企业的代表，泡泡玛特通过不断洞察并贴近年轻人的心理特点，激活并满足年轻人的心理需求，完善年轻人的购物体验，打造出一个更加适应其喜好的潮流玩具品牌。

玩具界的时尚新宠：泡泡玛特

泡泡玛特（POP MART）玩具公司于2010年成立，是集潮流商品销售、艺术家经纪、衍生品开发与授权、互动娱乐和潮流展会主办于一体的潮流文化娱乐公司。目前，泡泡玛特的线下直营门店已经突破了150家，拥有超900家机器人商店，深度覆盖全国63个城市，并入驻中国港台、欧美、东南亚和澳大利亚等22个地区和国家，全球布局不断扩展，泡泡玛特也因此成为目前国内最大且增长速度最快的潮流玩具品牌。而真正让泡泡玛特走进大众视野获得广泛关注的，是其在2019年推出的潮玩盲盒产品，一经推出便成为现象级产品。在泡泡玛特玩具的购买上，95后成为最主要的消费者，并展现出令人惊叹的巨大消费能力。数据显示，2017—2019年，泡泡玛特营收分别为1.58亿元、5.14亿元、16.83亿元，增幅分别达225.4%及227.2%。其净利润也从2017年的156万元暴涨至2019年的4.51亿元，盈利能力不容小觑。不仅如此，产品随机售卖的购买方式使产品被赋予了社交属性，玩家和玩家之间也产生了高频次的互动，以至于二手盲盒也成为一个千万级市场。2019年，有超过30万的盲盒爱好者在二手平台上进行了交易，甚至有些特殊款式的玩具二手售价达到2000多元，和购买原价相比几乎上涨了近40倍，玩家对泡泡玛特的着迷程度实在让人惊叹。

与玩具反斗城等传统的玩具品牌不同，泡泡玛特的品牌成长带有独特的时尚气息，将自己的玩具品牌定位从玩具集合零售店过渡到具有时尚特色的潮流玩具品牌，主要的目标消费者也从儿童变成了具有消费能力的年青一代。近些年来，一些带有年轻感的词汇如“少女心”“萌治愈”等逐渐流行，年轻化的消费也成为一种趋势。许多品牌都开始拓展面向年轻消费者的业务，使品牌形象更加年轻化，甚至不少大牌都推出了具有玩具性质的单品，许多传统经典的企业也偶尔以诙谐俏皮的形象出现在公众面前，这样的趋势让人们开始逐渐领悟到：童真和美好并不是儿童独有的品质，成年人同样可以追求，精致可爱的小产品也不仅仅是儿童的特权。随着这种趋势的流行，泡泡玛特作为具备玩具性质但目标人群定位为成年人的潮流玩具，开始越来越多地出现在人们的面前，并受到成年人的热烈追捧。

事实上，所谓的潮流玩具并不是新兴产物，潮流玩具文化在几十年前的东京、纽约、香港便开始发展和流行，也让这些地方成了潮流玩具文化的根据地。与我们熟知的将现有卡通形象制作成的玩具不同，潮流玩具没有完整的故事背景，是艺术家们为了表达自己的艺术创作而采用PVC材料或（和）搪胶材料制作出来的模型，这些模型的形象往往天马行空、各具特色。故潮流玩具最初被称作Art toy或Designer toy，即艺术品玩具或者设计师玩具，这类玩具强烈地表达了设计师的个人特色和艺术理解，逐渐形成了特有的小众文化圈子，每个产品及其设计师都有粉丝和追随者。最初潮流玩具的商业模式，就是一个艺术家手工制作玩具，每次做100~200个，通过网络或者线下渠道出售给喜爱这些玩具形象的消费者，因此属于比较小众的市场。多年以来，潮流玩具文化通过这样的方式缓慢地运行和扩张，不断积累粉丝和玩家，到泡泡玛特出现时，许多艺术家都有了很大规模的追随者，不少潮玩形象也有了数量庞大的粉丝群体，但艺术家手工制作效率较低且售价不菲，难以形成规模化运转。而此时在中国内地，潮流玩具文化仍然属于小众圈子，正当大部分人对此处于一知半解甚至完全不了解的状态时，泡泡玛特便开展了潮流玩具“出圈”的工作，让艺术家的玩具能批量、标准化生产，并形成稳定的规模化运转，成功地推动了潮流玩具的大众化，让更多人得以接触潮流玩具，爱上潮流玩具。目前，泡泡玛特的最核心商业模式就是与设计师以及IP资源签约合作，将其变为装在盒子里的玩具进行售卖，同时也衍生了一系列的IP经纪和周边业务。

与泡泡玛特合作的艺术家见图2-9。

图 2–9 泡泡玛特合作艺术家一览

图片来源：泡泡玛特官网，https://www.popmart.com/home/cooperation。

泡泡玛特的商业经营范围不仅仅局限于此，还合作签约了全球众多玩具形象及设计师，以“创造潮流，传递美好”作为其品牌文化，并加强品牌的影响力，努力成为国内潮流玩具的引领者。泡泡玛特已经在北京、上海等地成功举办了四届国际潮流玩具展，其规模堪称亚洲最大潮流玩具展。潮流玩具展一方面推动了潮流玩具在中国内地的发展，另一方面也提升了泡泡玛特品牌的影响力，使泡泡玛特逐渐成为玩家心目中潮流玩具的代名词。与此同时，泡泡玛特自主开发了国内最大的潮流玩具社交APP——葩趣，让潮玩爱好者能够在平台上自由地沟通以及交易。泡泡玛特正在以玩具为核心扩展自己的经营范围，打造年轻人喜爱的潮流玩具品牌。

小玩具的大魅力：泡泡玛特的品牌内容

泡泡玛特的品牌内容主要体现在三个方面：其品牌内容的基础当属其标志性的产品设计，泡泡玛特的产品小巧精致，原创色彩鲜明，多样的风格组成套系出售；在产品的基础上，泡泡玛特以多种方式形成与消费者的互动，保持与消费者同频共振；多年的探索最终形成了泡泡玛特的品牌核心——IP（Intellectual Property），IP的打造和运营可以说是泡泡玛特的核心品牌价值以及泡泡玛特在市场中的核心竞争力，泡泡玛特也在积极围绕IP发展更多元的业务。

1. 产品设计

在最初签约潮玩形象时，泡泡玛特曾对消费者喜好的潮玩形象做了一次调查，最终得知香港设计师Kenny Wong设计的Molly娃娃最受玩家们的喜爱。于是泡泡玛特果断买下了Molly娃娃的版权，开始系列玩具的生产和销售，而Molly这一形象也的确收获了很大的成功，一时成为泡泡玛特玩具中最炙手可热的产品，广受消费者的喜爱。2018年，泡泡玛特Molly娃娃的营收甚至占到了全年总营收的41.6%。泡泡玛特围绕这一形象打造出许多不同风格的系列玩具。Molly的精巧和可爱是刺激消费者购买的最直接原因，一双淡绿色的大眼睛、一头金黄鬈发以及一张微微嘟起的嘴巴，配上不同系列的不同造型，有的一身白裙、头戴花环，有的像只蝴蝶头顶触角、背生翅膀，Molly系列娃娃始终保持着超高的人气和销量（见图2-10、图2-11）。设计师在设计Molly时，并没有赋予其独特的背景和价值观等，也就是说，这一卡通人物形象并没有什么故事和固定的性格，但这却成为Molly受到热捧的一个重要原因：泡泡玛特主张不给玩具形象设定情绪和性格，这使得不同人的眼里可以有不一样的Molly，同一个人也会在不同的时间产生不同的理解，她嘟起的嘴巴有人看来是在微笑，有人看来是在生气，消费者会将自己的情绪和价值观带给玩具，产生对玩具的特殊感情。

图 2-10 Molly 昆虫系列娃娃玩具

图 2-11 毕奇甜点系列玩具

图片来源：泡泡玛特官网，http：//www.popmart.com/index.php/Index/products。

Molly的成功坚定了泡泡玛特走潮流玩具IP的路线，并不断扩充丰富旗下的潮流玩具，除Molly以外，泡泡玛特还陆续签约了许多系列的IP形象，并将其制作成精致的玩具，例如香港设计师设计的毕奇，与Molly不同的是，虽然毕奇也是出自设计师的作品，但毕奇有着更鲜明的故事背景，毕奇的创作灵感来自莎士比亚《仲夏夜之梦》中的一个精灵PUCK，圆圆的脑袋，胖胖的身体，呆萌的表情，受到了许多玩家的喜爱。伴随着这些新IP形象的不断加入，泡泡玛特逐渐发展成为一个庞大的家族，每个形象都有自己的忠实粉丝，同时这些粉丝也成为泡泡玛特品牌的坚定拥护者，使泡泡玛特有了坚实的消费者基础。除了签约设计师IP的新鲜面孔外，泡泡玛特也合作了许多消费者耳熟能详的IP形象，如迪士尼的米奇、火影忍者、Hello Ketty等，产品内容得到了极大的丰富。

这些动漫形象都被设计成不同的系列，每个系列有12款，风格统一，每个玩具虽然仅有8~9厘米高，但却十分精致生动，神态各异，即使是同一个系列，每一个玩具也都具有自己的独特之处，或装束各异，或神情不同，堪称精致。小而美的产品设计也逐渐成为泡泡玛特的品牌设计方针，不追求大或全，仅在有限的玩具体积内将产品做得精致、美观。这样的益处在于，既让产品有了清晰的分布，又刺激到消费者的收集欲望，也赋予了一套玩具更多的故事性和收藏价值。同时，玩具应尽可能设计得精巧，也使得消费者购买玩具的门槛降低，将购买一个玩具变成一件不需要刻意计算，路过门店或贩卖机时随手就能完成的事情。

无论是哪种卡通形象，泡泡玛特产品设计的一个重要源泉就是原创性，除原创设计师产出的自有玩具形象以外，即使是合作迪士尼这样家喻户晓的大IP，在制作成泡泡玛特玩具时也不是原样产出，而是加上了具有区别性的二次设计：既保持原有卡通形象的特点和标志性特征，又添加上独特的元素或是符合该套系风格的特质。原创设计让每一个卡通形象最终都能以最受消费者欢迎的形象出现在市场上，随着品牌的逐渐发展，原创性的设计成为泡泡玛特的核心品牌竞争力之一。尽管在2020年初，泡泡玛特推出的产品也曾经历过与其他产品雷同的风波，让消费者产生了极大的不满情绪并对品牌形象产生了不小的负面影响，但在处理此事件过程中值得肯定的是，泡泡玛特及时明确了立场，向消费者致歉并召回已经售出的该系列产品，并公开设计师创作的手稿和灵感来源，及时挽回了在消费者心目中的形象。但事件的发生对于品牌声誉来说仍是一个沉痛的教训，泡泡玛特由此更坚定了对原创把关容不得一丝一毫懈怠的理念，如果产品设计存在抄袭、盗版行为，再精致的玩具消费者也不会买账。在玩具领域，设计是一个玩具的灵魂所在，也是消费者能不能接受并购买的重要标准，自有IP形象需要原创设计获得更高的大众接受程度，知名的IP形象也需要添加原创设计给大众以新鲜感，设计的原创性是泡泡玛特产品的灵魂，也是泡泡玛特在玩具潮牌领域巩固竞争地位的核心竞争力之一。

2. 品牌互动

（1）花样出新。作为面向年轻消费者的品牌，除了打造精巧的产品之外，泡泡玛特也在用户体验上下功夫，与消费者积极互动，虽利用各种方式不断刺激消费者，却从不给消费者完全的满足。泡泡玛特采用盲盒这种随机出售的方式销售玩具，因此，消费者要想完整收集同一个系列的玩具便有了极大的难度；同时泡泡玛特还进行跨界合作、多IP联合，利用知名IP形象的庞大粉丝群体，引发全国爆抢现象；其高频次的产品迭代和更新也是一个重要手段。设计师始终保持高产量，为自己的玩具形象设计不同的主题，让泡泡玛特始终有新品可以发售。通常情况下，现有的玩具系列消费者还没有收集完整，下一个主题系列的设计图又开始官宣，每逢圣诞节、春节、七夕节等特殊时间点，也都有符合节日主题的系列玩具发售，让玩家的期待永远不会落空。据整理，Molly系列玩具从2016年起仅3年间就发售了生肖系列、宫廷系列等22个系列。如此高频率的更新让泡泡玛特牢牢把握住了玩家的心理和钱包，也给消费者带来了不同的体验感和极大的满足感。

此外，泡泡玛特还会定期开展大型的潮流玩具会展，在会展中邀请设计师亲自到场介绍玩具形象和设计灵感，还在会展时限量发售体积较大的潮流玩具产品，有玩家甚至为此彻夜排队，只为了能够参与购买资格的抽取。泡泡玛特通过产品的不断更新迭代与消费者产生高频的互动，刺激消费者的购买欲望，使消费者对品牌形成追逐感。

（2）多渠道触点。作为年轻的玩具零售品牌，泡泡玛特为实现与消费者群体更高频率的互动，无论是购买渠道还是沟通传播渠道，都力争建立多触点的渠道体系，既创造出消费者在不同情境下购买玩具的机会，也使得消费者随时处于泡泡玛特各种信息的笼罩之下。

在购买渠道上，泡泡玛特以玩具零售店起家，以实体店面为主要阵地，从门店的色调、布局、装修风格到橱窗内的玩具展览，泡泡玛特着力将门店打造成一个小型的潮流玩具展览馆，凸显鲜明的品牌特色。除了零售门店外，泡泡玛特还在各大商场等人流密集的地方提供了玩具贩卖机，一方面拉动玩具销量，另一方面也为泡泡玛特提供了该地区的品牌认知和购买情况，成为门店开设的“先锋”。除了贩卖机，泡泡玛特还开设了微信小程序抽盒、微博抽盒机、天猫抽盒机等网络售卖渠道。与传统网店的售卖模式不同，泡泡玛特对网上销售进行了游戏化的改革，最大限度保留了实体抽盲盒的方式和乐趣，在线上购买时同样将玩具放在盒子里，使消费者可以在获得每个盒子的线索后进行选择，这也保留了盲盒模式的神秘感。同时，泡泡玛特还采用无人店和快闪店形式，作为对线下市场的补充。

在沟通渠道上，泡泡玛特将微信公众号作为信息发布的第一渠道，微博作为与消费者产生持续互动的社交平台，另外玩家和玩家之间也会按照地区建立交流群方便沟通。除了企业与消费者的沟通，泡泡玛特还建立了设计师和消费者的沟通渠道，在特殊节日或其他时间节点，都会创作IP形象的新画作，向消费者传递祝福等。如在春节时创作IP人物的拜年形象，在新冠肺炎疫情期间通过IP人物向大家介绍口罩的正确佩戴流程，等等。通过这种方式与顾客交流互动，原本存在于玩具上的角色仿佛真的以可爱治愈的形象陪伴在消费者的生活当中，也成为让消费者认同品牌、喜爱品牌的一个重要手段。通过高频次多渠道的互动体系，泡泡玛特逐渐将品牌渗进消费者的生活，让看到品牌、接触品牌、与品牌互动成为消费者生活的一部分，通过IP形象和消费者沟通的方式也增大了IP的曝光率，为持续的IP建设打造和运营创造了基础。

3. 品牌核心：IP运作

IP运作建立在产品设计和品牌互动的基础上，逐渐成了泡泡玛特品牌的核心价值所在，可以说优秀的IP是泡泡玛特品牌保持生命活力的源泉，泡泡玛特的IP运作如图2–12所示。

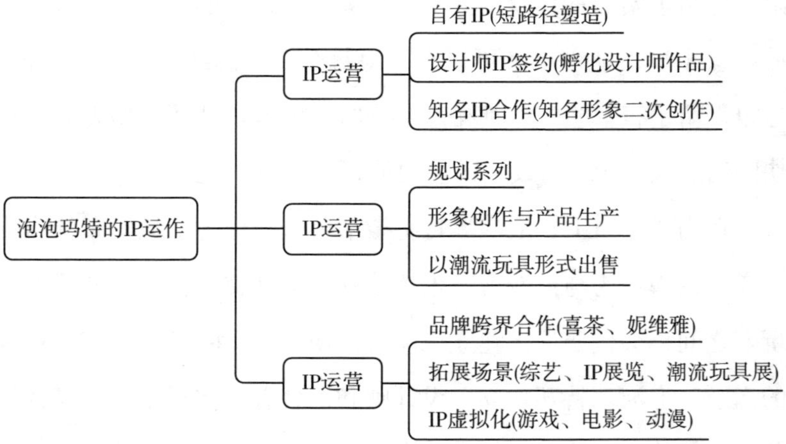

图 2–12　泡泡玛特的 IP 运作

（1）打造有价值IP。提到IP形象时，脑海中第一时间闪过的更多是一些影视、动漫中出现的人物角色。这些角色通过其特定的故事或剧情为人们所熟知，都有着固定的性格和故事背景，比如迪士尼的公主、唐老鸭等。与传统IP不同的是，Molly这类潮流玩具IP形象往往没有固定的性格和故事背景，仅仅因为其外形俏皮可爱、制作精良迅速地为消费者所追捧，并使其愿意为之买单。对于新一代年轻人来说，当今时代是一个“倍速时代”，时间对于年轻人来说变得更加宝贵，与其花费大量的时间在影视剧、动漫、小说上去追逐一个完整的IP形象，不如仅以形象作为标准，将故事认同和对角色性格的认同转化为对形象的认同，这样更节约时间。因此，与传统IP形象相比，潮流玩具IP大多是这种短路径的塑造。

有魅力的IP对玩具销售以及品牌的塑造起到决定性作用：有IP加持的玩具不仅产生更高的溢价，也更受消费者喜爱和追捧。目前，泡泡玛特已经签约运营众多知名潮流艺术IP，包括Molly、Pucky、Dimoo、Labubu等，创始人王宁说：“每个艺术家背后都是一个IP，然后诞生了以艺术家IP为核心的市场。我们相当于在这个市场上搭建基础设施和生态，通过工业化和商业化的改造，让它走到了面向更多人的主流文化面前。”对于这些IP而言，泡泡玛特起着经纪公司的作用，艺术家们只需要负责形象的设计，而泡泡玛特负责玩具的生产营销等活动，将设计师的作品呈现给消费者。泡泡玛特已经逐渐摸索出孵化艺术家作品的完整产业模式，能让作品以稳定的节奏出现在大众面前，也让IP以最符合大众期待的形象展现。

IP的打造和运营在激烈的竞争环境下助力了泡泡玛特品牌地位的形成。泡泡玛特把盲盒玩法推向市场后，市场上涌现了大量的盲盒性质产品，竞争也愈演愈烈，而泡泡玛特依靠对设计师及其IP的深度“垄断”筑造了一道壁垒，与其他盲盒产品形成了极高的区分度，其对优质IP资源的把控也让消费者对泡泡玛特的品牌地位产生认同，泡泡玛特和消费者都能从中获益。天猫盲盒销售额占比的分析结果显示，2018—2019年其他无IP加持的盲盒销售额下降迅速，无IP玩具产品的生存空间越来越小。

（2）拓展IP边界。除了和艺术家签约合作运营潮流玩具IP外，泡泡玛特同样注重来自知名影视、动漫、游戏等长路径塑造的IP，如米奇、唐老鸭、迪士尼公主等，正逐步推出Hello Kitty、火影忍者等粉丝基础广的知名IP形象玩具。随着泡泡玛特IP家族的不断庞大，也更容易获得这些大IP的授权，这让产品有了持续更新换代的动力，给消费者带来持续的新鲜感。如泡泡玛特与迪士尼合作推出“米奇坐坐”系列、“米奇甜品”系列，玩具中的米奇形象既保持了原有的可爱，又具有泡泡玛特的显著特色，不仅使泡泡玛特的IP业务得到了拓展，也为品牌注入了更加蓬勃的生命活力。

与这些知名IP的合作，一方面，让原有的IP形象有了更新鲜、更丰富的面貌，使其焕发新的生命力；另一方面，对于泡泡玛特来说，能够获取这些知名IP的授权不仅大幅提升了其品牌形象和价值，获得消费者对品牌的认可，而且无形中将原有IP的粉丝受众纳入麾下，促使原有IP的粉丝群体也成为泡泡玛特的消费者和追随者。

与泡泡玛特合作的IP品牌见图2-13。

图 2–13 泡泡玛特合作的 IP 品牌一览

图片来源：泡泡玛特官网，http：//www.popmart.com/index.php/Index。

此外，泡泡玛特也在不断拓展IP业务的消费场景，与妮维雅、喜茶等众多品牌合作，让潮玩形象有了更多表现的空间，同时与综艺节目《明日之子》等合作推出限定款玩具产品，实现了1+1>2的效果。此外，泡泡玛特还在“大悦城”“万象城”等大型购物中心开展IP主题形象展览，在购物中心修建大型展区，为IP形象创造更多展示的机会。不仅如此，泡泡玛特还在2017年举办了第一届北京国际潮流玩具展，自此，泡泡玛特每年都会举办规模堪称亚洲最大的潮流玩具展会，尽最大的努力把品牌推向公众视野。

泡泡玛特正在尝试通过互联网突破IP形象的使用边界，例如，一款以泡泡玛特自有IP为主角的小游戏目前已经进入内测阶段，围绕各个IP形象打造的短视频、动画片甚至电影也正在筹备中，实体游乐园也在计划当中。泡泡玛特渴望以IP为核心，不断丰富IP的应用场景，使之从玩具领域走进文化、娱乐等多个领域，突破原有的IP应用边界，构筑泡泡玛特的IP生态，让IP形象的魅力不仅在玩具中体现，还能够多角度地散发活力。

抓住顾客心理特点：泡泡玛特的潮流秘籍

泡泡玛特在潮流玩具领域的成功并非偶然，重要的成功之处在于采取了正确的策略，这些策略精准地洞察了年青一代的心理和消费习惯。身处新时代的年轻人消费观念与上一辈人有很大的差异，特殊的成长环境和时代背景赋予了他们对消费不同的逻辑，而泡泡玛特正是顺应了他们的新消费逻辑，契合了年轻人的心理特点，最终成长为玩具领域的潮流品牌，其通往潮流的路径如图2-14所示。

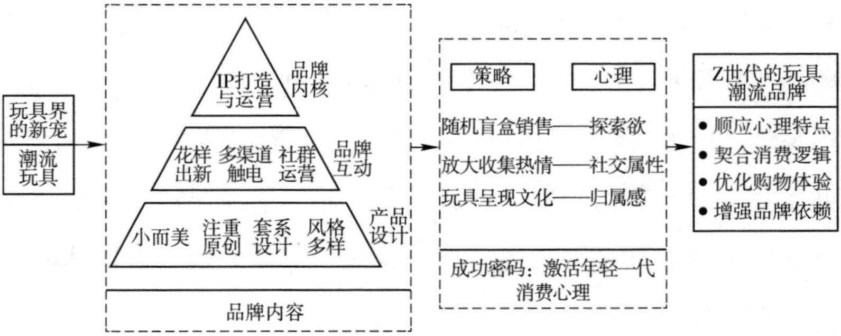

图2–14 泡泡玛特潮流路径

1. 探索欲：将玩具装进盒子

《阿甘正传》中有一句话："人生就像一盒各式各样的巧克力，你永远不知道下一块将会是什么味道。"泡泡玛特采用的盲盒策略也是如此，将不同的玩具装进相同的纸盒中，只有在购买到玩具后，才能拆开包装一探究竟。区别于普通玩具在橱窗展架的售卖形式，将玩具以盲盒形式售卖给消费者带来了更多的乐趣。消费者购买泡泡玛特玩具的过程变成了一个既满足探索欲，又饱含惊喜和神秘的经历。

2019年，“盲盒”玩法真正迎来春天，一时间在社交网络上、朋友圈里、微博上，大家都在介绍自己买了哪个系列盲盒，获得了哪款玩具。闲鱼官方数据显示，即便二手盲盒也已经形成千万级市场，仅在2019 年就有 30 多万人在闲鱼上进行过二手盲盒交易，每月的盲盒类宝贝发布数量均较上年同期增长 320% 以上。实际上，盲盒玩法只是一种营销手段，其如此火爆的市场背后实际上是泡泡玛特对消费者探索欲和好奇心的挖掘。

泡泡玛特的盲盒形式，事实上是贩卖充满不确定的“探索欲”。每个盲盒系列有12个常规款，除常规款外还有第13个“隐藏款”，抽到的概率仅为1/144。由于其稀有性，隐藏款的价格甚至超过整个系列全部常规款价格的总和。因此，消费者抽取盲盒时都会暗自期待能购买到隐藏款，即便明白隐藏款出现的概率很低，也依旧会抱有期待并反复购买。在这个过程中，消费者的赌徒心理被激活，期待自己能成为那个幸运儿，渴望打开盲盒一探究竟。

事实上，很多人购买盲盒的原因不在于玩具本身，而在于购买盲盒的购物体验，消费者正是喜欢购买盲盒的那种不确定性以及打开包装后的那种惊喜、刺激的感觉。泡泡玛特就是抓住了当代年轻人的心理消费需求——好奇心与探索欲。类似盲盒形式的营销手段并不是泡泡玛特首创的，这种营销方式最早来自日本的福袋和扭蛋，与十几年前的方便面卡片、连环画有很大的相似性，甚至如今中国春节时期的支付宝集五福活动，都显示出相似的营销基因，它们的核心玩法都是通过利用不确定的产品贩卖一种惊喜和神秘，并不断满足消费者的好奇心与探索欲。

在泡泡玛特尝到甜头之后，各行各业都掀起了一股“盲盒风”。例如，瑞幸咖啡和潮玩IP推出联名盲盒，旺仔牛奶设计了56个不同的民族旺仔形象，激起消费者收集全套“民族罐”的兴趣。至于这种“盲盒风”能否始终让消费者买账，结果不得而知，但可以明确的是，盲盒策略的成功是因为瞄准了新时代消费者充满好奇、热爱探索的心理特点，使消费者在探索过程中不断获得满足，而满足感又继续推动消费者进行新的探索，达到了“一入盲盒深似海，一盒接着一盒买”的效果。

2. 社交属性：放大玩具的收集欲

泡泡玛特将玩具按系列进行划分，极大地提升了消费者的收集欲望，而盲盒随机抽取的方式，又增加了收集完整的难度。泡泡玛特挖掘到，如今消费者的收集热情就像上一辈人对邮票、烟盒、铜钱、糖纸等的收集热情一样，只不过收集的内容变得越来越多元和新颖，而泡泡玛特的玩具就像年轻人的“邮票”，使其通过收集潮玩来满足内心的收集欲。随着互联网的发展让信息的共享更加便捷，这种收集的热情被互联网放大，进而产生了社交属性。

为了收集完整系列的盲盒，互联网上产生了各种各样的社群供玩家们进行交流和交易，这些社群的建立有些是基于地理位置，有些是基于某个潮玩形象，这就使得玩家和玩家之间有了高频次的互动和交流。如此一来，由收集欲催生的社交属性就诞生了，玩具的交换也被年轻人们赋予了一个亲切的名字——“换娃”。

泡泡玛特察觉到玩家这种社交需求后，以实体门店作为媒介，将玩家聚集到一起，建立官方社群，打通了线上、线下的一体化渠道。每个门店都有两三百人的群，能够让相同区域的消费者互动交流。粉丝们在群里互相交换潮玩，或是进行二手买卖，促进了消费者的社交活跃。

除此之外，泡泡玛特自建的社交平台葩趣APP更使潮玩爱好者们有了正式的互联网栖息地。在葩趣上，依据不同的IP形象划分成不同的板块，既有泡泡玛特自家的IP，也有其他的IP，玩家可以自由选择加入哪些板块。在这些板块中，玩家能够自由便捷地分享自己获得的玩具，可以交流改造玩具的经验和心得，也可以参与玩具的购买和交换。泡泡玛特还会定期组织一些其他活动，保证玩家的社交需求被充分满足，给玩家提供一个可以相互交流沟通的互联网世界。在葩趣上，许多玩家都分享了自己玩具的照片、抽玩具时的体验，这些都加强了消费者对于“盲盒玩家”这一身份的认同感。泡泡玛特邀请了许多深度潮流玩具的消费者入驻葩趣并定期发表文章，这些玩家往往对潮流玩具圈有很深的了解，愿意担当普通玩家的意见领袖。通过这些头部玩家对粉丝群体产生影响，泡泡玛特最终形成完善的社群运营体系。除了葩趣以外，在二手交易平台闲鱼上，也有玩家每天在进行二手玩具的交换和交易。泡泡玛特通过多渠道进行活跃的线上线下社交，赋予了潮流玩具独特的社交属性。

3. 归属感：Z世代的文化呈现

Z世代是泡泡玛特最主要的目标客户。所谓Z世代是指95后、00后人群，相比于上一辈人，他们成长的环境更加优越，教育条件也更良好，他们对文化生活和精神世界都有着自己独特的个性追求和精神主张。1994年，中国正式接入国际互联网，Z世代成为真正意义上的中国第一代互联网原住民。他们的诞生成长与互联网的兴起繁荣刚好契合，是真正的网生少年/少女。成长在信息爆炸的时代，Z世代接触的文化和观念都更加多元，随着时代的发展和消费的升级，他们也逐渐成为消费的主力军之一，并且有着明显的消费主张和文化认同。泡泡玛特正是顺应了Z世代的成长背景，使这群年轻人在潮流玩具中找到归属。

由于独特的互联网化成长环境，Z世代热衷于“宅文化”“二次元”。所谓“宅”人群指的是深度爱好游戏、动漫、小说等内容，追求这类内容带来的精神享受超过对户外爱好的人群，而宅文化的表现包括玩手机游戏、看动漫、逛弹幕视频网站等，可以说他们将爱好放置于二维的屏幕或纸质世界里，在其中追求自己所爱的动漫形象，而潮流玩具则是将其喜爱的形象从二维的世界升级到立体的世界，因此他们愿意对潮流玩具付出更深的情感。泡泡玛特的潮流玩具，就是这类独特文化的一种呈现方式，将Z世代喜爱的动漫形象以玩具的形式展示给消费者，并通过不断地更新持续产生魅力，迎合年轻人变化的品位，无论是产品、购买方式，还是购买行为背后的标签，都让Z世代在潮流玩具上找到文化归属感和认同感。泡泡玛特特有的情感属性符合年轻人的消费逻辑——为归属感买单。潮流玩具形象本身可能并不携带某种情感，但能够让年轻人把自己的情感和认知复制到玩具上，满足年轻人寄托情感、释放压力的需求。

欲罢不能：年轻人的玩具潮牌

大量年轻人通过泡泡玛特彰显自己的个性，证明自己对潮玩文化的认同。无论是抽盲盒，还是收集玩具产生的社交，或是对文化环境的认同，都是泡泡玛特洞察年轻人心理和消费特点的结果，使泡泡玛特这一品牌不断融入玩家生活，使玩家的身份认同感得到进一步加强，可以说这是泡泡玛特潮流密码的核心所在，在消费升级时代，对打造面向年轻群体的潮牌有很大的借鉴价值。

“全球企业研究者先锋”之一托马斯·科洛波洛斯认为，Z世代消费的观念上存在三个显著的逻辑：追求个性化、追求丰富完整的购物体验以及在意购买决策背后的用户标签。这一代年轻人成长条件优越，眼界开阔，他们更加看重商品的情感价值，即便有些产品并不具有很大的实用价值，但只要能给他们带来精神上的愉悦和享受，他们仍然愿意购买。泡泡玛特正是激活了年青一代这种心理特点，让潮流玩具产品从设计到销售都与年轻人的消费逻辑相契合，让年轻人愿意去了解品牌并为之买单。

同样地，年轻人的这种心理特点和消费逻辑也能在其他行业品牌的塑造中发挥价值，尤其是主流消费群体为Z世代人群的行业，除了精心打磨产品本身之外，应该更多地了解年轻人的心理变化和消费特点，并利用其去改造产品和营销方式，这样才能打造出备受年轻人喜爱的品牌。除了心理需求和消费逻辑外，购物体验也是重要的建设因素，年轻人追求的早已不只是产品本身，而是购买过程带来的刺激和快感，甚至是购买行为背后的标签价值，因此，不断丰富购物体验，让购买过程更加有趣和惊喜才是年轻消费者愿意买单的关键，悦己的购物体验逐渐成为年轻人消费的主题。

新一代95后、00后的消费逻辑很大程度上影响了整个消费市场的走向，对于Z世代而言，经济水平、教育水平、互联网技术的提高，与之相应的是对生活质量要求、审美水平的提高以及对个性和精神世界的追求。在这样的变化下，泡泡玛特成功的密码是值得思考和借鉴的，许多行业可以借鉴这样的方式去获得创新。一方面，随着人们对消费品要求的提高，仅具备实用功能而没有任何情感价值的产品将处于淘汰的边缘；另一方面，一些带有显著特色的、符合年轻人消费逻辑的产品将更受消费者的青睐。让产品附带更多符合年轻人心理需求的特征，从某种程度上来说也是为产品增添了品牌价值。可以大胆预测，在新的消费场景下，将有越来越多顺应消费者心理特点和消费逻辑的品牌活跃在公众视野中。

CHAPTER 3

乐享生活——营造全新品牌体验

小熊电器

“萌”化生活

美食纪录片《舌尖上的中国》中说到，在几乎所有的传统手工食品都已经被放到了工业化流水线上进行复制的今天，中国人，这个全世界最重视家庭观念的群体，依然在一年又一年地重复着同样的故事。而这个故事所发生的地点就是家庭的核心——“厨房”。随着消费升级，人们更加重视生活品质，对饮食的追求也不再停留在饱腹的层面，而是追求营养健康、凸显个性。即使是独身在外的年轻人，也会在厨房燃起拥有一片乐土的热情。人们对饮食不变的热情和对品质生活的追求使其对料理工具的要求越来越高，如功能复合、使用便利、设计美观等，催生了一批优质、智能、个性的小家电品牌，而小熊电器就是其中的代表之一。

2006年3月，小熊电器在佛山正式成立，并且从成立之初就一头扎进了细分市场，深耕那些小巧、精致、美好而有趣的产品，也是家电行业中较早由互联网孵化出的小家电品牌。小熊电器将自己定位于“萌”家电，其通过产品、品牌所传递出的“萌”气质在小家电行业独树一帜，赢得了年轻消费群体和一些年轻家庭的喜爱。2019年，小熊电器在深交所挂牌上市，成为“创意小家电第一股”。相较于家电行业头部品牌，小熊电器成立时间并不长，其品牌成长却十分迅速，且品牌特征鲜明。因此本部分将从品牌新定位、多元化的产品、完善的分销渠道和立体化的品牌体验等方面分析小熊电器是如何为消费者的生活带来奇思妙想的。

图3-1为小熊电器品牌运营模式。

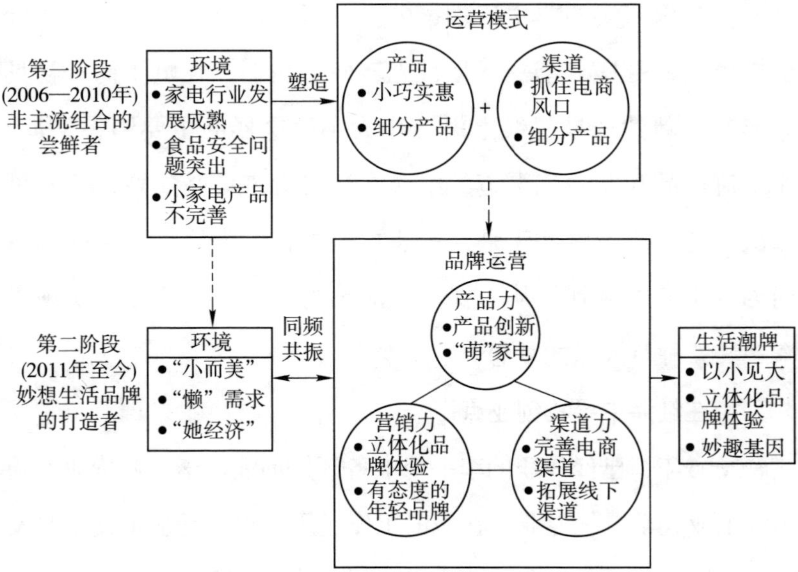

图 3-1 小熊电器品牌运营模式

非主流组合的尝鲜者

2004年，中国出现第一个进入千亿阵营的家电集团——海尔，同时美的并购了荣事达和小天鹅，国美和苏宁也成功上市。不仅如此，以飞利浦、东芝为代表的外资品牌也开始了新一轮的“跑马圈地”，中国家电市场正在快速发展，似乎没有留下任何可进入的空白区域。当时的李一峰（“小熊电器”创始人）依然决定进入家电行业，却不是想要在传统家电中分一杯羹，而是瞄准小家电市场，以小巧型产品——酸奶机开启了小熊电器的创意之路。酸奶机在2006年还是一款充满新鲜感的产品，换句话说，大多数家庭的家电清单中都不会有酸奶机的身影，它是一款名副其实的非主流小家电。小熊电器成立后，由于在传统销售渠道受挫，李一峰将目光转向了线上，在电子商务初具雏形时，毅然选择了线上渠道作为小熊电器的主要销售渠道。非主流产品和非主流渠道的组合在当时看来备受质疑，但不可否认的是，小熊电器正是这种非主流组合的尝鲜者，从酸奶机到创意小家电品牌，从一棵小草成长为一片青青草原，实现了李一峰“种草人”的梦想。

1. 在红海中寻找创业点

2005年，已经辞职的李一峰准备开始创业。李一峰毕业于哈尔滨工业大学电气专业，在他的工作经历中也多是从事技术开发工作，因此，技术开发出身的李一峰在创业时选择了电器行业。李一峰接受采访时提到，其实对行业的选择并没有考虑太多，但他对产品的选择却是深思熟虑的。在当时，虽然家电行业竞争激烈，但都集中在冰箱、彩电、洗衣机等大家电领域。小家电领域依旧以国外品牌为主，价格昂贵，国内即使有涉足的小家电领域的企业，产品设计也不尽如人意，还没有一个能够占领消费者心智的品牌。因此，2006年李一峰在广东省佛山市成立了定位于创意小家电的小熊电器。

酸奶机是小熊电器的第一款产品，产品的设计遵循简约的原则，没有添加多余的装饰，整体的产品由内胆、外壁和机盖组成，形态小巧，并且价格实惠。在成本限制下，酸奶机的原材料使用了塑料，但很快便升级为食用不锈钢，再之后则使用玻璃、陶瓷等质量更高的材料。酸奶机从创意到成型存在很多质疑，这样的非主流产品是否真的有市场？2006年，80后的消费者正处于20多岁的年纪，有强烈的消费欲望，并且具备一定消费能力，他们也正像当下的90后一样，追求个性与新潮，因此，酸奶机与当时年轻消费群体的消费需求高度契合。2008年，“毒奶粉”事件掀起轩然大波。随后各种食品安全问题被曝光，不仅引起食品行业的震荡，也使消费者对食品健康更加关注。消费者开始自己在家制作一些既能满足营养需要，又能保证健康的简单食品，因此，在家DIY甜品、饮品、奶制品等逐渐成为一种潮流。此时，小熊电器的酸奶机快速成为当时满足人们健康需求的细分产品之一，这也让本就小有名气的小熊电器开始得到人们的广泛关注。在“明星产品”酸奶机之后，小熊电器继续深耕细分市场，开发出更多创意产品，如煮蛋器、炖盅等满足人们生活“小”需求的小家电。

2. 在曙光中开拓新渠道

2006年，成立不久的小熊电器生产出第一批酸奶机，但当时的李一峰没有多余的精力去考虑如何塑造一个家电品牌，只要产品能够有销路，就达到了目标。起初他们选择线下商超作为主要渠道，但由于成本较高，效果并不尽如人意。在误打误撞下，小熊电器第一次与互联网有了连接，那就是阿里巴巴的B2B工具——诚信通。诚信通是阿里巴巴旗下的B2B电商平台。在平台上，企业可以通过第三方机构进行资质认证，并且其信用会被平台长期记载和积累。最重要的是，当时阿里巴巴占据B2B市场近90%的份额，覆盖多个行业，拥有上百万注册买家，为平台企业提供了强大的品牌背书与产品展示渠道，产品及买卖信息能够以更低的成本得到传播。小熊电器在诚信通开通网上店铺后，以微波炉为主营业务的家电品牌格兰仕是第一位买家，而这笔订单也成了小熊电器销售渠道的突破口。格兰仕预订了10万台酸奶机作为顾客礼品，并且保留了小熊电器的品牌。

第一次“触网”为小熊电器带来了不错的效果，因此李一峰开始将目光投向线上渠道，进一步打开产品销路。2008年阿里巴巴上线B2C平台——淘宝商城，电商平台的快速发展为细分市场提供了更多可能性，让许多小众产品能够接触到更多消费者，同时年轻消费群体的个性化需求也通过电商平台得到满足。在线下小有名气的小熊电器发现线上出现了山寨产品。因此，借电商风口，小熊电器开始布局线上渠道，发展网络经销商。为避免线上渠道出现鱼目混珠的现象，小熊电器规定了网络经销商的信用等级，即只有具有良好信用的店铺才能够成为小熊电器的代理分销渠道，并且为每个店铺都颁发了线上防伪证书。消费者可通过小熊电器官网查询分销店铺的相关信息，不断挤占线上山寨产品份额。2009年，小熊电器进驻天猫商城开设官方旗舰店。

小熊电器在线上打开知名度的另一个契机则是与阿里妈妈的合作。阿里妈妈是阿里巴巴旗下的大数据营销平台，拥有绝对的用户数据优势和数字营销技术。2008年阿里巴巴集团宣布淘宝网与阿里妈妈合并发展，打造全球最大的电子商务生态体系。2009年，小熊电器与阿里妈妈展开深度合作，通过阿里妈妈平台获得更多与品牌契合的推广资源，例如广告联盟、博客等，更加系统和有效的推广极大地提高了小熊电器的营销转化率。小熊电器对线上渠道的全面发力使销售额实现了质的飞跃，2007—2009年，小熊电器销售额平均增速超过100%。

“萌家电”品牌的打造者

伴随小熊电器成长的是不断变化的市场环境。小熊电器第一款产品酸奶机的目标人群是当时的80后消费群体，因此，从一开始就是一场与年轻人的交流，做的是年轻人的生意。然而，年轻消费主力跟随时间变迁而转变，从80后逐渐转变为90后，甚至是00后，新一代年轻消费群体的需求也发生了变化。如今，他们依然引领潮流，敏锐地感知着世界上的变化，但他们也变得越来越“懒”了。他们是互联网原住民，正是因为拥有敏锐的感知力，他们也享受着技术变革所带来的一切便利，省时省力、智能化是他们在寻找产品时的关键词。因此“懒”需求是对智能化的需求，也是对一站式、无缝衔接式服务的需求。

著名国际营销大师菲利普·科特勒的著作《营销革命4.0：从传统到数字》中提到，品牌需要征服年轻人，占据思想份额，同时也要过女性这一关，占据市场份额。在小家电市场中更是如此。女性消费群体无论是从设计、功能，还是情感上，对产品都有更全面的考虑，同时会更多地关注品牌。对于年轻女性群体来说，高颜值的产品、精致小资的生活方式具有极强的吸引力。除年轻女性群体外，另一部分女性担任着家庭管家、采购员的角色，因此对于小家电市场来说，女性消费群体至关重要。

在不断变化的市场环境下，已经打开销路的小熊电器逐渐开始重视品牌塑造。2011年，小熊电器提出“妙想生活”的品牌理念，希望为用户提供真实可触的愉悦生活体验；在2018年，则正式确立了“萌家电”的品牌定位，进一步聚焦年轻及女性消费群体。在对目标消费群体的深入了解下，小熊电器以智能化、高颜价比的产品作为品牌支撑，结合完善的电商渠道，不断发展线下渠道和立体化、有温度的营销策略，成为与年轻消费群体紧密相连的创意小家电品牌。

1. 产品力：用创新“萌”化生活

2019年末，吴晓波提出了一个新的概念，叫作“颜价比”，颜价比的公式为“颜价比=90%的颜值+10%的创新”。在现今的消费环境下，颜价比正在逐渐取代性价比，成为年轻消费群体进行购买决策的新标准，通过90%的颜值奠定购买基础，10%的创新促成购买转化。小熊电器也正是通过颜值和微创新的有机结合，构成品牌运营中最重要的产品力。

（1）产品创新。在高速发展的市场中，消费者的刚需缺口已经几乎不存在，取而代之的是藏匿在市场深处的“小”需求。“小”需求的一层含义是指对小体积产品的需求。2010年最新一次人口普查数据显示，中国家庭规模平均为3.1人，并且在近5年人口抽样调查结果中，三人户占比最大，三人户与两人户的数量之和占比达到近50%。随着家庭规模不断缩小，相比大体积家电产品，人们对小分量、得心应手的小型家电更加青睐。除了家庭用户之外，单身人群对“一人食”的偏爱也刺激了小型厨电产品需求上涨。而“小”需求的另一层含义则是指细分场景下的需求。对小熊电器所处的家电市场来说，消费者基本的功能性需求已经得到了极大满足，取而代之的是多样化、个性化的需求，通过细分场景下需求的满足为生活增添仪式感，提升生活品质。

这样的环境下更容易孕育出一批满足人们“小”需求的微创新企业，小熊电器就是其中之一。它从成立之初就切入了家电细分市场，以创新的产品满足不同场景下人们对家电的“小”需求。例如小熊电器的第一款产品——酸奶机是在消费者对个性家电和健康食品的需求下诞生的，2006—2020年，酸奶机也随着年轻消费群体特征的不断变化进行了迭代。酸奶机不仅具有制作酸奶的功能，还集合了制作米酒、纳豆、酵素和葡萄酒等多种功能，集合化的功能让使用者充分享受到将饮食创意变成现实的乐趣。而年轻消费群体的社交欲和分享欲也因为酸奶机内胆数量的增加获得了满足。除酸奶机外，小熊电器也在不断开发新的产品品类，例如早餐系列、轻食养生系列、电饭盒系列、加湿器系列等，每一系列都有4种以上的细分产品。如轻食养生系列根据不同的使用场景分为家用养生壶、办公室小型养生壶、泡饮煮饮一体式养生壶等近10类产品。截至2020年，小熊电器已经拥有400多款产品，产品迭代周期为3~4天，酸奶机、多士炉销量均为家电品类第一。从其产品系列可以看出，小熊电器的产品创新不在于“大”，而在于“微”。它的创新并不具有划时代意义，而是针对细分市场的微创新，充分抓住长尾市场增长空间，并且从生活细节处提升用户生活质量，是对消费者新生活方式的探索。

小熊电器通过对研发投入的不断加大和对用户数据的跟踪及深入挖掘实现大量的微创新，并在与用户的深度互动中吸收更多产品创意。在2020年公布的最新一年财报中，小熊电器研发投入增加了60%。研发人员增加了70%，而在近三年，研发投入的复合增长率也达到了60%。目前已有240多名研发人员，分属7个研究团队，对不同产品系列进行研究创新，逐步壮大的研发团队为其产品创新打造了坚实的基础。2017年，为了能够更有效地利用数据，小熊电器建立了用户研究与体验中心，作为聚焦用户数据，研究用户使用习惯和挖掘市场需求的专职部门，平均每年都能够收集上百个创意概念，并且和研发中心进行良性互动，及时反馈用户体验，在研发过程中不断测试和优化产品，寻找最优方案。

（2）“萌”家电。小熊电器的创始人李一峰曾在采访中提到，小熊这个名字源自他儿子的灵感，虽然这是一个小孩天真的思考，但却戳中了李一峰的心思。小熊是一个可爱的名字，而他也正是要做能够为消费者带来轻松和愉悦感受的产品，所以小熊的可爱与他的愿景刚好契合，也为“萌”家电的品牌定位埋下了伏笔。

2007年，“她经济”作为新汉语名词被提出，指围绕女性群体展开的一系列消费行为与经济现象。随着女性受教育水平的提升，越来越多女性积极参与就业，推动了女性消费的升级，女性在促进经济发展中的地位越来越重要。艾媒网《2019中国互联网群体经济用户与消费行为研究报告》数据显示，2020年中国女性消费市场规模将达到4.8万亿元。女性在消费中更注重自身的愉悦和新鲜感，所以，对精致、仪式感的产品更有好感，并且愿意尝试新产品和新品牌，决策门槛较低。2018年，小熊电器正式确定了“萌”家电的品牌定位，以女性消费者为目标群体，通过

"萌"产品打造轻松、愉悦、可分享的生活。从满足用户需求、解决生活痛点，过渡到为用户提供品质生活，甚至是在精神层面建立联系的阶段。

实现"萌"的第一步就是体现小而精致的特点，而这也是最为重要的一部分。为此，小熊电器成立了负责设计创新与美学传达的部门，自建设计团队，并投入高成本与韩国专业团队合作，设计集功能、时尚于一体的产品。一方面，在产品颜色上，小熊电器大都采用了低饱和的马卡龙色，这就像在明丽的色彩中倒入了一杯牛奶，用低饱和度给人一种软萌甜的视觉感受。产品形态以没有棱角的圆弧形为主，圆润的形状设计带来了更强的亲和力。另一方面，小熊电器还会根据不同的功能来改变产品外形，例如一款多功能料理机，不仅可以发酵酸奶，还能够制作泡菜，因此，为突出这款料理机制作泡菜的功能，其产品就设计成一个泡菜坛的形状，而另一款米酒酸奶机则被设计成了蜜罐的形状。在产品原料上，小熊电器则充分运用通透感较强的材料、不锈钢、陶瓷、紫砂等以提升产品品质和精致度。但小而精致却不仅仅体现在以上这些方面，还包括"萌"家电带给人们的生活仪式感。对于年轻消费群体来说，用小巧精致的家电完成一顿早餐，或DIY一款只属于自己的饮品就能够让生活具有仪式感，获得一份小确幸，而这也是小熊电器想要通过产品来实现的与用户之间的精神连接。

图3–2、图3–3为小熊电器部分产品。

图 3–2 小熊电器酸奶机

图片来源：小熊电器官方旗舰店。

图 3–3 小熊电器多功能烤箱

图片来源：小熊电器官方旗舰店。

2. 渠道力：线上线下全面触达

零售业态已经发生改变。传统零售业态依靠地理位置优势获得大量客流，但人力、租金、管理等成本的不断上涨却进一步压缩了传统零售业态的利润空间，使薄利多销成为传统商超的生存法则。随着互联网技术的发展，线上零售解决了传统零售业态面临的问题，电商平台为企业提供无限货架和比传统商超更低的经营成本，并且能够通过数据捕捉消费者行为，通过消费者画像为目标群体提供更加个性化的产品推荐。因此，电商渠道也成功孵化了一批像小熊电器一样的网生品牌。而电商渠道红利逐渐消失和消费者的需求变化让零售业态又一次产生了转变。主流电商平台获客成本优势渐失，同时新中产阶级更喜好体验消费、定制化服务，从而促使线上线下消费渠道加速融合。一方面，移动支付等技术为线下渠道赋能；另一方面，线下渠道通过体验和服务增加顾客黏性。因此，随着消费环境和零售业态的变化，依靠自身线上渠道优势，小熊电器不断拓展线下渠道，逐步构筑起渠道力。

（1）完善电商渠道。小熊电器是最早发展线上经销商模式的企业之一，其在创业早期获得的电商红利使其赢得了生存空间，并在创意小家电市场占有一席之地。如果说2008年中国的电子商务市场只是初具雏形，那么在那之后电商行业则迎来了新一轮的快速增长。小熊电器也迅速跟上，继续布局线上渠道。2013年，小熊电器提出了“线上经销代发货”模式，这种模式与“线上经销”模式不同的是，小熊电器可以通过订单系统获得消费者在各线上经销商处的订单，并根据订单信息直接发货给消费者。一方面，通过这种线上销售的模式，小熊电器不仅能够直接获得用户数据，抓取用户需求，还能够对产品进行统筹管理，解决小众产品推广不足的问题。另一方面，在天猫旗舰店的运营获得成效后，小熊电器也入驻京东、苏宁易购、唯品会等主流电商平台，根据平台特征调整上线产品，并且采用了线上直销和电商平台入仓的方式，建立起完善的线上渠道体系。

除主流电商平台外，电商渠道也在融入许多新元素。近年来，社交电商和内容电商等电商新模式的发展速度越来越快。内容电商通过图文、短视频、直播等形式为用户构建起消费场景，传递产品价值，从而降低决策门槛，提升用户决策效率，实现更高的销售转化率。而社交电商则是通过人与人之间的社交信任降低用户决策成本，提升零售效率。因此小熊电器除布局主流电商平台外，也在进一步完善线上渠道网络，加在小红书、拼多多等平台上都有小熊电器的身影。

2020年，全球性的新冠肺炎疫情让人们更加注重健康问题，无论是食品健康还是医疗健康，都成为人们最关心的话题，因此，医疗健康平台也得到更多关注和曝光。而以健康、创意、智能为核心理念的小熊电器早在2016年就对医疗电商平台进行了布局。根据小熊电器公布的相关数据，2016—2018年，互联网医疗平台——平安好医生连续三年成为其电商平台入仓模式下的五大客户之一，并且收入呈上升趋势。小熊电器通过对医疗电商平台的布局建立起与注重健康、养生人群的触点，通过发展该渠道进一步明确健康、智能的品牌特点。

（2）拓展线下渠道。《中国网络零售市场数据监测报告》表明，2016—2019年，中国网络零售市场交易规模分别为5.33万亿元、7.17万亿元、8.56万亿元和10.63万亿元，增速分别为39.1%、39.1%、19.3%和16.5%。虽然中国网络零售市场交易额在不断增长，并且大幅高于同期社会消费品零售整体增速，但是网络零售自身的增速却逐年下降。电商红利的逐渐消失对以线上渠道为主的小熊电器来说有着很大风险，因此小熊电器开始逐步开拓线下渠道。小熊电器成立之初就以礼品的形式进入大众视野，如今以创意小家电为主要产品的小熊电器，凭借精致外观、智能操作和较低的产品价格受到航空公司、银行、通信、地产等大型行业的喜爱，被用作礼品或积分兑换产品，从而进一步触达线下消费者。另外，与线上渠道布局相似，小熊电器在线下也开拓了一些特色行业销售渠道，例如母婴、医药等行业的连锁渠道，家用煎药壶、幼儿辅食棒等产品通过垂直化渠道得到了充分的展示。

在传统线下经销渠道，一方面，小熊电器通过区域授权的方式进入商超、电器专营店、百货等线下渠道，进行线下展示和销售，并且与新零售业态如盒马鲜生、永辉超市等建立合作。另一方面，小熊电器借助线上渠道优势，通过参与京东、苏宁等电商平台的渠道下沉项目逐步提升在乡镇级市场的曝光率，推动线下渠道网络的延伸。如今，无论是实体零售企业还是电商企业，都在积极进行自身渠道体系的完善，由单一渠道向全渠道零售体系转变。在新零售背景下，线下渠道依靠体验优势再次受到关注，单一渠道的劣势越发明显，线上线下相融合成为企业渠道布局的重点方向。因此，小熊电器也尝试在一二线城市布局展示店，通过展示店进一步强化消费体验感，从而更好地传递品牌理念。

然而，如此的线下布局依然不足以支撑小熊电器在传统市场的发展。根据小熊电器提供的数据，2015—2019年，线上渠道收入占总收入的90%，说明线上渠道依然是小熊电器渠道力构建中最重要的部分，即使对线下渠道布局采取了一定措施，其收入也仅占10%的比例，其中还有一部分来自海外销售。因此，在渠道力构建方面，小熊电器经过多年运营拥有了较为丰富的线上运营经验，其线上渠道在小家电领域具有很强的优势。未来还需要继续加强对传统渠道的布局，从而降低渠道过于集中带来的风险。

3. 营销力：用“萌”创造情感连接

在人际交往中需要讲究人情。人情是一种能够让人的行为产生压力和义务感的情感，在人情的驱动下，许多行为会变得自然而然。相应地，在品牌塑造中，也需要重视品牌情感，这种情感会使消费者产生信赖和忠诚，从而影响消费者行为。小熊电器就是在营销活动中，通过“萌”来增强消费者的喜爱，通过对生活态度的表达进一步拉近与消费者之间的情感距离，让小熊电器成为年轻消费者心中有爱、有童心、有态度的生活潮牌。

（1）立体化品牌体验。作为植根于互联网的创意小家电品牌，小熊电器对线上营销方式更为敏感，例如，通过微博、小红书等社会化媒体平台打造热门话题及活动，联合京东等平台推出创意H五、社交互动游戏，收获了不少的关注。虽然线上互动的覆盖面广、传播速度快，但对消费者来说缺乏感官刺激，消费者的社交和娱乐需求也无法得到极大满足。因此，小熊电器也在利用线下showroom和以“萌”为核心的主题不一的体验活动，为消费者带来娱乐、审美、教育和逃避等立体化的品牌体验。

每一个人可能都想过“从哪一刻起我长大了”的问题，似乎随着年龄的增长和生活环境的改变，内心会失去孩童的纯真，取而代之的是漠然和坚强。小熊电器在洞察成人世界的“小确丧”后，与知乎联手打造“不知道诊所体检科”，希望能够通过小熊天然的亲和力和萌气质唤醒人们心中的童真。小熊电器运用白云、独角兽、星空、彩虹等元素搭建了一个梦幻的乐园，通过现场的创意互动装置，让人们用童心看世界。例如，在一个由多个三棱柱组成的墙面上有一幅画，从上面看表达的是对雨淋湿衣服的抱怨，而从下面看则表达的是看见一只小舟漂浮在水面上的快乐。在这个创意互动中，小熊电器用娱乐的方式告诉人们，有时从孩子的视角可以发现别样的快乐。小熊电器也用这样一个乐园帮助人们暂时逃离“小确丧”的世界。从娃娃机中夹出一只小熊，用可爱的小熊电器煎一个太阳蛋，品尝一下有着明丽色彩的彩蔬汁，保持童心就能获得快乐。

除了主题体验活动外，小熊电器逐步发展起来的线下

showroom也成为品牌体验的重要一环。小熊电器的终端门店以年轻消费群体关注的养生、便捷为重点，向消费者展示产品，并且消费者可以通过美食厨房、美食公开课学习烹饪知识，通过门店有形展示、服务与小熊电器产生更紧密的情感连接。线下门店体验成为线上渠道的一个重要补充，体验后消费者可以选择在门店购买，也可以选择在线上支付订单，完成品牌体验的无缝衔接。

（2）有态度的年轻品牌。小熊电器将目标消费群体定位于25~35岁的白领，他们对生活有很多奇思妙想，同时也有许多烦恼，麻木、迎合、妥协则是这些烦恼的关键词，甚至还有更多。但他们依然对生活充满新鲜感和探索欲。因此，小熊电器向年轻消费者提供的也不仅仅是产品，而是生活的另一种可能，通过“萌”家电向消费者表明敢想敢做的生活态度。

2012年，小熊电器推出以妙想熊为主题的创意短片，表达了对妙想生活的态度。短片中出现了三种匪夷所思的电器——神奇瘦脸机、无敌吵架机和疯狂做菜机。不难看出，这三种电器契合了年轻消费群体的三种需求：因为爱美而想快速瘦脸；因为与人发生矛盾而寻求发泄；因为缺乏时间而想有做好的饭菜。但这些“神奇”的机器是如何操作的呢？通过扇巴掌瘦脸，通过不堪入耳的言语发泄怒气，通过一张字条就能做出菜肴。人们正在使用它们时，妙想熊眨着眼睛出现了，摧毁了这些不靠谱的电器。

妙想熊在短片中展现了小熊电器的“萌”气质，逗趣的情节和画面拉近了与消费者之间的距离，但更重要的是，小熊电器向消费者传递了对生活的态度，那就是：妙想可以存在，但是不靠谱的电器不能存在。而小熊电器可以通过真实的创意电器实现年轻消费者对生活的奇思妙想。

小熊电器不仅表达了对生活“敢想”的态度，更表达了对生活“敢做”的态度。例如，在2019年发布的《生活复兴，肆意年轻》的创意短片中，小熊电器通过独居、社交、运动等生活场景传达出对生活的态度：不在意别人定义的标签，趁年轻去探索生活中的所有可能，让生活复兴。这无疑是一次与年轻人的情感共鸣，也是一次与他们在生活态度和生活方式上的正面沟通。

小熊电器改变的是策略，不变的是用“萌”创造与消费者之间的情感连接。无论是线上互动还是线下体验，小熊电器都在通过一次次的营销活动来为自己与消费者牵起一条无形的线，让“萌”家电从一种工具变为一种对生活充满向往的情感，从而使品牌影响力到达消费者的精神层面。

妙想生活潮牌

小熊电器的出现让厨房家电这一品类变得更具亲和力。家电“萌”化打破了人们对传统家电“非黑即白”的印象，为生活增添了更多想象和乐趣。从“家电还可以这么好看”到“烹饪还可以这么有趣”，小熊电器通过“萌”家电助力生活方式变革，满足了消费者对生活品质的追求，也实现了人们对生活的各种奇思妙想。各种各样的小家电产品开始走进人们的生活，而小熊电器就像小家电行业的缩影，体现着小家电品牌的一些共同特点。

首先是产品层面的以小见大。除小熊电器外，小家电市场中还有小狗电器、纯米、北鼎等品牌，小狗电器以清洁电器作为主要产品，北鼎、纯米则与小熊电器相似，聚焦于厨房小家电市场。它们通过细分产品满足人们日常生活中的小需求，例如，小狗电器推出了不同吸力的吸尘器，纯米则在“米饭烹饪”这一场景下，根据家庭结构、口感需求、烹饪时间等因素，推出了7款不同容量、不同功能的电饭煲，将电饭煲这一品类细分到极致。其次是营销层面的立体化品牌体验。小家电品牌大都从线上起步，随着人们对体验式消费的重视，通过线下展示和全渠道营销的方式为消费者提供立体化、无缝隙的品牌体验。最后是企业层面的妙趣基因。创意小家电品牌赋予了小家电更强的社交属性和娱乐属性，通过轻松、有趣的体验为生活增添愉悦感，激发人们对生活的热情。例如，纯米在智能烤箱中嵌入了摄像头和温度传感器，可以将食物在烤箱内的变化过程录制成视频并直接上传至云端，方便用户分享。因此，最底层的妙趣基因是增加小家电吸引力的重要条件。

除了新兴小家电品牌外，传统家电企业如美的、苏泊尔、九阳等也已经开始向小家电市场进军。传统家电品牌凭借品牌背书、强大的研发创新能力和丰厚的资本挤占新兴小家电品牌市场。因此小家电仅靠颜值还远远不够，未来需要向更细分、更智能的方向发展。同时，小家电品牌还需要从功能性品牌向情感性品牌转变，用幸福感、愉悦感来增强消费者黏性。

言几又

现代人的精神角落

书店曾承载着几代人的记忆，在文化传承中肩负着重大的责任。但是近年来，在电子书、网上书店的冲击下，实体书店面临着较为尴尬的局面，正渐渐淡出现代人的生活。第九次全国国民阅读调查结果显示，中国人均读书4.3本，国民阅读普遍缺失。不少实体书店经营者认为，不久之后实体书店或将成为一个历史中的名字。在传统模式举步维艰的情况下，书店推陈出新，大批文化书店潮牌显现，其中言几又凭借着独特的品牌定位，将文化带入生活，构建以书为核心的文化空间，将情怀与时代相结合，打造现代人的精神角落。

“书店+咖啡”模式的前世今生

1. 传统渠道遭遇发展瓶颈

作为文化传播以及文明延续的载体之一，图书自古就与民族的延续休戚与共，承担图书交易流通乃至出版刊刻功能的书肆、书坊、书店便是传承文化的驿站。在这里，精神得以休憩，见识得以广阔，同好得以结识。

书店一名，最早见于清乾隆年间。在中国近代史上，书店也叫书局。从书肆，到书坊，再到书局，虽然名称在不断变化，但其实质内涵并没有发生本质改变，所肩负的使命非但不曾削减，反而有所增益。尤其是自改革开放以来，1982年，中宣部颁发《关于图书发行体制改革问题的报告》，提倡建立以新华书店为主的大型书店；1988年，新华书店大规模改革，开启了开架售书模式，并在各地对小型书店进行整合升级，解决了之前购书不方便、书籍种类少等问题，传统的实体书店模式由此形成。自此之后，图书市场经历了2004—2014年的黄金十年，对于当时大多数人来说，实体书店便意味着书香。每逢周末看看自己喜欢的小说，约上三两好友谈天说地是人们对书店的印象。

随着时代的变迁，书店开始加快现代化的步伐，电子商务的发展使网上书店得以壮大。对于传统书店而言，不仅在价格上与网上书店相比没有优势，书籍种类也远远不及网络书店，而且，一旦实体书店选进的图书得不到读者的欢迎，往往面临滞销风险。与此同时，伴随着互联网、视频、游戏等娱乐产业的发展，人们的休闲娱乐方式也变得越来越多样。书店所代表的细心阅读、思考以及观察世界的方式已经逐渐被掌上阅读、“快餐式”阅读等方式取代。这些方式所提供的内容往往难逃公式化、去逻辑化以及平庸化等通病。因此，在这样的氛围下，作为承载内容、供人阅读的书籍，自然也会成为一种“需要思考”的存在，而对于很多人来说，他们即使相约在书店，真正地阅读以及购买图书的意愿也不强烈。长此以往，传统以书为中心的实体书店将面临无人问津，无法单纯依靠书本存活下去的窘境。

图书在当代生活中扮演着重要角色，但其重要作用在新兴娱乐模式辈出的大背景下被冲淡。面对环境的改变，实体书店纷纷寻求转变以维持经营。有的书店寻求差异化经营，采取了“一站式”经营战略，但这样的转变也是举步维艰。有的书店主打教辅书籍的转型路线，力求图书销售专业化、细致化，将教辅书籍精确到各学校不同学科的不同版本，以满足每一位顾客的需要。但由于教辅书籍的销售量有明显的季节性，冷淡期经营状况不佳。有的书店增加文具、体育用品、办公用品等销售种类，引进商家，在店内销售学习机等电子学习设备，以此“拉上补下”，维持经营。部分书店除尝试改变传统“只卖图书”的经营模式之外，还多次举办会员户外活动、“心连心”图书义卖等活动。有的小型书店甚至有意拓展线上业务，通过亚马逊和淘宝网等平台转变经营模式，但因资金、推广力度等问题而无奈暂停。实体书店在电商经济发展的浪潮中急切寻求着出路，但无论是差异化的经营模式，还是“拉上补下”、电商模式都难以使实体书店焕发生机。

2. 商业化发展——“书店+咖啡”初现

即便如此，与线上书店相比，实体书店的优势依然存在。由于各类碎片化娱乐模式的发展，短平快的阅读让文化更加成为可望而不可即的概念。然而，那些翻阅书本的声音和触感所形成的真实文化体验是电子书的冰冷屏幕无法传递的。在书店安静读书时所感受到的文化氛围是读书爱好者在短时间内无法割舍的。顾客走进书店，不仅是寻找书所代表的阅读与思考，亦是寻找在生活中所缺失的文化情怀。

从十年前举步维艰的“关门潮”到十年后的复兴回暖，实体书店开始寻求商业化的转型。既保留实体书店的文化体验，又将咖啡等休闲化生活元素引入书店。现在，绝大多数书店都开展了非书业务，咖啡、茶饮和文具、文创产品等成为书店的标配。“书店+咖啡”模式正在逐渐贴近现代人的文化生活。

“书店+咖啡”的模式最早来源于日本的有邻堂。1894年前后，大野贞造以《论语》中的“德不孤，必有邻”为名，在横滨市吉田町开设首家有邻堂。这家门店虽为书店，但设有咖啡厅，店内还有一个用来举办各式活动的小舞台。在有邻堂的发展历史中，除了卖书和咖啡以外，还提供体育用品、绘图用品、家居用品甚至美容美甲服务等。有邻堂通过加入美容美甲、咖啡店的方式，一方面让原有的消费者定期前往理容店；另一方面也吸引新用户来此小酌。

如果说有邻堂的模式是书店逐渐向文化交流空间转变的雏

形，那么诚品书店则是使这种模式成为风尚的发扬光大者。消费者一踏进诚品书店的大门，就可以嗅到书店内附设雅座所飘逸的浓浓咖啡香，伴随着书香，两种香气在空气中奇妙结合，散发出迷人的气息。到处都是拿着书本的人，他们或三两聚会低声讨论，或单独沉浸在字里行间。不需要吵闹的音乐、刺激的酒精，他们一样在黑夜找到自己的空间。诚品书店是传统书店成功转型的典型案例，其存活已久的原因离不开融入血液里的商业化。2004年以前的诚品书店一直在亏本经营，直到打破了传统经营模式：采取以书为基础打品牌，再带动零售的“复合式经营”策略，即将画廊、文艺空间、咖啡馆、品牌家具、瓷器等都划入经营范围，降低卖书部分占营业额的比例。

潮流显现：新型书店开疆辟土

除诚品书店外，还有许多广为人知的书店品牌。虽然都以“书店+咖啡”模式出名且发展过程相似，但仍呈现出不同的特色。以诚品书店和西西弗书店为例，作为国内较早的转型者，诚品书店所代表的是新型书店的文化认同感。由于阅读模式的改变，传统书店爱好者对于认同感的需求进一步提升。因此，诚品书店将认同感融入书店的构造中。诚品书店不是单纯打造书店，而是打造一个让原有书店爱好者感受到特殊的亲和力与安全感的环境。西西弗书店作为后起之秀，在原有书店爱好者的基础上拓展了更多的消费群体，在营造场景、弱化思想交流空间的同时塑造更广泛的交易空间。西西弗书店将门店设计成阅读体验店的形式，通过独特的书籍陈列、店面设计、灯光布置等塑造独特的品牌风格。

言几又诞生于2006年，前身为今日阅读社区书店，以精准定位与独特选址吸引了众多消费者，成为“书店+咖啡”模式中备受瞩目的一个品牌。回顾其品牌发展路径可以看出，言几又在发展历程中一方面营造着吸引小众消费者的认同感，另一方面又以适度的商业化吸引着大众消费者。言几又将书店作为整个文化商业中的一部分，通过房地产、文创等产业组合实现盈利。这种模式成为实体书店的一种相对实用且可复制的生存形态。如果说诚品书店是文艺青年需求认同感的一隅之地，具有一定的门槛，那么言几又书店则是打破门槛，使“书店+咖啡”模式进入每个人的生活，真正形成一种社会潮流。言几又仍以文化认同感为基础，但将“书店+咖啡”模式融入现代人生活习惯，赋予书店更多社会化内涵。

在品牌构建方面，言几又从“书店+咖啡”模式起步，先是以商业化模式呈现出潮牌的迹象，而后塑造出广为人知的品牌形象，最终真正将品牌定位为文化空间，引领一类潮文化生活方式。言几又将传统的书店文化升级，将书店文化以一种全新的面貌融入了现代人的生活中，引领了一代人的潮文化生活方式，将情怀与时代相结合，为现代人提供栖息的精神角落。

在言几又品牌创建伊始，“书店+咖啡”模式已逐渐显示出其商业化、大众化的特征，因此在潮牌显现阶段，言几又通过入驻商业综合体、扩大曝光度以及精准定位吸引目标人群，成功地让自身品牌从一众书店品牌中脱颖而出。而后又通过文化感的店面设计和场景氛围营造，一方面为品牌注入先锋精神和美学设计，另一方面利用复合业态提升互动体验，提高品牌的核心能力，凸显差异性，塑造独具一格的潮牌。最后，引进文化沙龙并丰富产品线，使言几又真正成为一个连接人与文化、人与生活、人与人的城市空间。言几又从危在旦夕发展至今，既是书店，也是城市文化中心，更是城市文化地标（见图3–4）。

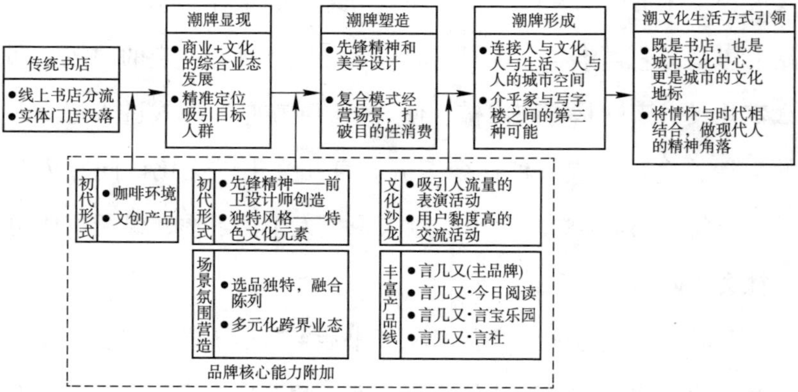

图 3–4　言几又潮牌成长路径

1.“商业 + 文化”的综合业态发展

入驻商业综合体是言几又将自身品牌潮流化的首要途径。商业综合体将城市中商业、办公、居住、旅店、展览、餐饮、会议、文娱等城市生活空间的三项以上功能进行组合，从而形成多功能、高效率、复杂而统一的综合体。城市商业综合体是城市生活、城市活力、城市功能集约化需求的产物。商业综合体的高度集约拓展了线下消费的场景，适应了顾客碎片化、个性化的消费需求，同时促进多方资源整合。

伴随经济环境改变与消费升级现状，商业综合体的形成已然成为现代人必不可少的城市空间。言几又将书店带入商业综合体的举措使书店代表的传统业态与商业综合体代表的新型业态相互碰撞：一方面将新型书店模式带入更广大消费者群体的视野，另一方面也将消费者带到一种新颖的城市空间中。进入商业综合体是将文化产业以商城的方式进行整合，使书店在整体功能、经营方式和业态整合上更加适应当前新零售和新消费带来的变化，是一种新型、以文化产业为主的跨行业商业业态，是文化与生活方式的有机结合。具体而言，以大型连锁书店为主导的文化中心关键在于以图书为核心，以文化为立足点，覆盖全生活方式领域，展示人文、创意、艺术、生活的精神之美，满足消费者全方位的文化消费需求。大型连锁书店的引入给各类地产商带来强大的引流能力：被书店吸引而来的消费者，即使没有购买书籍，也会在商场产生其他消费行为。此时的书店成为“流量担当”，地产商也愿意为书店减免租金，甚至有些位置偏僻的商场会为书店提供装潢资金。因此，以言几又为代表的名牌书店被“请”入大型商场、城市地标，这也暗示了商业化模式的成功。综上所述，入驻商业综合体不仅没有增加言几又的运营成本，反而使言几又这一新型文化品牌展现在更为广大的消费者群体面前，为言几又后续培育消费者生活方式奠定了基础。

2. 精准定位吸引目标人群

言几又选择入驻商业综合体后，对目标人群也有了更清晰的认知，并精心配置了初期的氛围营造、店面设计、业态选择等。以言几又在成都来福士广场的店面为例，该广场是一座由凯德置地开发管理并汇集了国际甲级写字楼、购物中心、国际高端服务公寓、酒店的现代商业中心。考虑到高端商务人士多偏爱在文化气息浓郁、设计典雅以及气氛安静环境下就餐，言几又在成都来福士广场以阅读主题餐厅为主，定位在相对比较有文化气质的商务西餐厅。由于其定位精准，运营不到半年的时间餐厅便实现盈利。除了零散的消费者，很多公司还会采取包场的形式来言几又做商务活动。在以家庭为单位的年轻消费群体中，85后、95后的父母不太喜欢小孩子过多地使用电子产品，于是言几又在儿童板块提供高端绘本阅读，加上充满童趣、益智的周边产品，既提升了孩子们的学习能力和认知水平，又在很大程度上受到家长和孩子们的欢迎。

事实上，以言几又为代表的书店品牌已经涵盖了更广阔的含义，一方面延续着实体书店文化空间、思想空间的特点；另一方面随着生活化元素的加入，带领着以书为代表的文化生活逐步走进大众视野，通过构建多场景的城市空间，把生活味带入书店。书店从此不再仅扮演“卖书”的角色，更是通过图书连接各类业态，连接生活方式，真正成为一个文化产业的综合消费空间，一个现代人繁忙生活之外的精神角落。自此，品牌也超越了其原本简单的“书店”的定义，开始成为更具时代感与文化感的潮流品牌。

潮牌塑造：不只是书店的言几又

言几又的品牌理念在品牌名中可见一斑：言几又三个字是将设计的“设”字拆开而形成，象征着传统的设计被突破，同时新的空间、新的场景和新的体验将成为主体的理念。为了塑造独具一格的文化潮牌，与其他品牌形成差异性，言几又致力于给消费者提供更好的场景与体验，在店面设计与场景营造上都花费了大量功夫。从诞生至今，言几又以书为主体和媒介，不仅仅止步于做一家书店，而是不断改变着设计风格和环境体验，决不用相同的模式去规划不同的店面，从而营造出新文化消费的体验场景。

言几又的1.0时代是典型的“书店+咖啡”形式，类似于大多数生存下来的书店品牌，在原有书店经营的基础上增添咖啡文化、社交生活以及文创产品等模块，将书店延展到生活中去。言几又2.0时代形成了公共空间概念，除了书店、咖啡馆，还加入文化文创生活概念，包括文创生活产品、主题餐厅、设计品的产品区、儿童娱乐图书等。同时，每个店都设置专用的活动区，引入文化沙龙模式。在这一阶段，言几又选择了入驻商业综合体以及尝试多元化，加上互动体验，吸引了更多的消费者。步入3.0时代的言几又进一步融入生活：通过扩展从生活到线下实体店所需的相关产品，包括进口超市、健身房、精品酒店等业态，书店拥有了更多样的生活元素，内容也更为丰富。文化与生活真正得以实现深度融合。历经三个阶段，言几又正在一步步找到契合自身品牌的发展路径，成为文化品牌中的潮流引领者（见图3–5）。

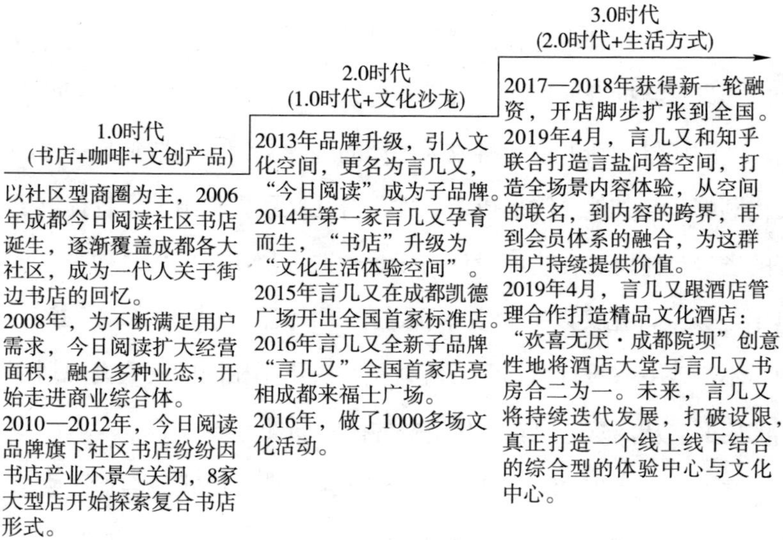

图 3–5　言几又发展阶段

1. 文化感的店面设计

文化感的店面设计是言几又致力于打造的品牌差异化特色。言几又坚信，如果展开线下与线上的竞争，取胜关键在于独特场景的打造。如果每一家书店的展示完全一样，消费者很快就会失去兴趣。言几又在每一个店面设计中都融入“连锁化，不复制”的理念，将先锋精神与独特风格具体体现在店面设计上。一方面，连锁化让言几又有着独立于其他品牌的风格调性，对言几又来说，先锋精神是其店面设计的核心，往往借助于前卫设计师进行理念的阐述；另一方面，不复制的方式使言几又的每个店面在“先锋”的设计理念下呈现出独特的调性，因地制宜地呈现出独具特色文化元素的主题表达方式。

（1）先锋精神——前卫设计师创作。用先锋设计精神和美学来改变传统书店的氛围，使言几又成为书店领域的商业创新代表，而每一个极具文化感店面的背后，都有着多位能够将言几又“有温度的人文空间”理念传达出来的设计师。

言几又位于西安的迈科中心旗舰店由日本著名设计师池贝知子设计，这也是池贝知子在中国的处女作。按照池贝知子“就算待上一整天也不会厌倦的日常风景”的空间设计理念，言几又迈科中心旗舰店主题包括艺术之美、生活之美、哲思之美、文学之美。言几又建业凯旋广场店则由日本一级建筑师新谷典彦以及森下悠也与YUHISTUDIO工作室联手打造，以村落为主题，凌乱有致，恰似一个依山而建的民居村落。由WYDF世界青年设计师全球总冠军陈峻佳（Kyle Chan）操刀设计的言几又王府中环店，以“艺术策展”为主旨，在有限的空间之中，创造无数种可待捕捉的场景。

（2）独特风格——特色文化元素。以“设计力”为核心价值理念，秉承“连锁不复刻”的运营理念，言几又因地制宜运用特色文化元素，不断挖掘当地历史民俗、文化历史，再以空间设计的形式加以呈现，让每个店面都如同艺术品般独一无二。

以杭州来福士店为例，它的设计灵感始于对自然光影的捕捉。以“种子”这一极具中国农耕文化意象的符号为概念缘起，延续对设计与城市关系的探索。设计师在强化品牌终端设计与杭州这一区域文化联系的同时，将自然中的元素设计变形运用于空间，赋予其动态的生命感。湖面、麦浪、梯田等自然元素成为空间中天花板与地面设计的灵感，寓意自然与城市共生。为定义统一的空间格调，在装饰与陈列上亦与设计概念保持一致。

以“岛屿”作为设计主题的360度演讲台，白色铁网天花板如空中云端，有层次的几何座位是对“梯田”的创意演化。通过协调中间讲台与周围观众席的位置，整个空间在使用上实现共享的最大化。远看，又如一棵旺盛生长的树，落在空间之中，整体呈现出协调又富有生机的气息（见图3-6）。

而位于西安的迈科中心店更是将历史文化发挥得淋漓尽致，店面设计以“书籍宫殿”为主题，大明宫宫殿建筑为灵感来源。数个房间连接成一个广大空间，没有走廊为主导线与既定路线，全部以大大小小的“礼品盒”组成，因此，顾客可依据喜好不同自由游览。每一个“礼品盒”都是一个惊喜，每一个“礼品盒”都拥有一份独特的被隐藏的风格之美。除此之外，包含书墙、旋转楼梯在内的整个大厅呈现出一种若隐若现的镂空通透感，可谓是“留白”这一传统美学表现手法的立体展现。巨大的书页造型吊灯，轻巧灵动，给人无限遐想。以兵马俑、铜车马等为意象的金属装饰墙则展现了“长安自古帝王都”的文化底蕴（见图3–7）。

图 3–6 杭州来福士店

图片来源：https：//www.sohu.com/a/312356482_769557。

图 3–7 西安迈科中心店

图片来源：https：//www.sohu.com/a/281784305_351305。

言几又为了给消费者营造舒适的环境，提供更好的场景与体验，投入了大量资源，这样的做法也颇有成效。每每有言几又的新店落地，都必定会吸引大量的客流，并且成为当地的文化坐标。文化感的店面设计，使言几又本身的品牌形象更充满设计美感——不仅设计书店，更设计城市空间、生活方式。而无论空间的外在形态如何变化，不变的是品质感与给读者的舒适体验，这是言几又店面设计的原则。

2. 空间场景营造

场景吸引消费者的核心是触发消费冲动和需求。大多数人线下消费的购买意愿往往由场景引发，因此，场景营造对线下零售至关重要。言几又在场景营造方面，通过独特选品，将图书与产品融合搭配，引入多元业态，希望用更多的创意语言搭建言几又式的场景空间。

（1）选品独特，融合陈列。言几又致力于通过重构书店的编辑模式，创造性地提供阅读解决方案。大部分传统书店仍采取着图书馆的陈列方式，按照图书的类别、作家的姓氏排名来排序，虽然这种形式可以使读者很轻易地找到想要的图书，但是却掩盖了实体书店最核心的内容：连接和推荐的能力。对于消费者而言，线上书店替代实体书店成为更优选择。相比之下，实体书店被赋予了更新的意义。基于此种模式，言几又在重构书的排列组合方式及陈列方式的基础上，又赋予了场景概念，具象化实现书本与其他文化生活产品和生活方式的连接。

例如，一般而言，畅销书往往占据实体书店的重要陈列位置，在言几又中却很少看到这种情况。言几又并不会把畅销书放在最核心的位置，而是会有的放矢地推荐符合自己理念与风格的书籍，推荐认为值得读者发现和阅读的图书，进行有质感的陈列，尽显店面的风格。对于消费者而言，实体书店更重要的是了解未知的东西，因此，言几又也在不断提升自己的推荐和编辑能力。

新一代消费者往往更愿意为服务的溢价空间付费，因而逛书店不再是传统意义上的主观消费行为，而是一种情感激发行为。针对这一特点，言几又不再单一地划分产品类别，而是进一步把图书和产品进行融合搭配以及交互陈列，让图书与产品产生连接。例如，当消费者在书店里看到一本《厨房里的人类学家》，并被书中描述的烹饪场景和精致的食物摆盘所吸引，此时若一抬头就看到旁边陈列着的做工精美的厨具，消费者会联想到在家做饭的场景，从而激发其购买欲望。言几又在陈列中也会加入互动性的元素，例如，在瓷器相关书籍处陈列各式瓷器，为顾客营造艺术氛围；加入可参与制作的手工台，不仅让顾客亲身体验手工乐趣，同时也促进了连带销售的增长率。具有认同感的“所见即所得”的购物模式以及“你理想的美好生活可能就缺这件小物”的暗示，营造了消费者对特定场景的向往，这种陈列场景化的方式增加了环境对于消费者的吸引力，让消费行为在场景体验中自然而然地产生。

（2）多元化跨界业态。言几又在塑造自己的品牌特色时，更注重以文化为中心发散出来的其他商业模式与书店本身的文化空间相结合，因此，对于言几又来说，图书并非重心，把书店做成平台，以图书为纽带构建新潮、时尚的文化空间才是重点。

言几又在引入多元业态时不乏跨界创新元素的运用。其中，最具代表性的门店案例是成都的IFS店。占地面积4000多平方米的整体店面中有11个店中店。除了标配的咖啡馆、儿童体验馆、专用活动区板块外，还有各种人气门店，例如Eataly超市、网红蜂巢冰淇淋Softree、人气港式茶餐厅、各种各样的手工体验店、文创造型工作室等。这样的门店设置，打破了消费者目的性消费的界限，言几又与其他业态的边界越来越模糊，而与其他业态的连接却越来越紧密。

言几又在逐渐转型成为复合型城市公共空间的过程中，给自己的定位离不开“文化”，相比商业化，其更愿意成为一个文艺院线。在言几又的店面里，传递美学精神的店面设计、营造文化氛围的场景布局，独特的选品策略以及多样的互动体验，一方面共同呈现出言几又倡导的美学生活方式，打破目的性消费，实现了言几又对构建文化空间的设想；另一方面也提供了时代稀缺的真实感。处在言几又这样一个充满艺术感的文化空间，消费者可以摸到书本、嗅到书香，从而体会到强烈的真实感。这些真实感形成了消费者心中对言几又独一无二的品牌印象，构建出言几又独树一帜的文化潮牌形象。

潮牌形成：城市文化地标

在引入多元化业态后，言几又构建文化感城市空间的概念也更加凸显，文化类活动的引入更让言几又变成生活的空间。一方面，许多消费者去言几又的目的并不是买书，而是把言几又看成一个更有文化感的消费空间或社交空间。因为多元化业态的存在，消费者去言几又或是阅读，或是与朋友见面，或是参加各种各样的活动，买书只是顺便的行为，而不是主要目的。至此，言几又已经形成了其对空间升级的想法。另一方面，言几又在布局跨界融合的文化发展战略，落地多元产品线，覆盖多个年龄段与人群，从各方面渗透现代人生活以及为培育新型生活方式蓄力。

1. 文化沙龙——城市活动空间构造

言几又在其官方网站中的品牌愿景中写道："言几又的未来空间，是人与文化、人与生活、人与人的连接。"对于言几又而言，文化沙龙的举办并不仅仅代表着提供场地，而是意在通过差异化的内容传递自己的价值观，增强读者及粉丝的黏性，更是在引领大众的一种思想潮流和生活方式。于是你会看到，文学爱好者到书店听讲座，逛街的人来书店买咖啡，游客来这里带走几份明信片做伴手礼，让无数商家垂涎不已的消费者在这些书店里流连忘返。

言几又定期开展演讲、签售、读书分享会、电影沙龙等以文化为核心的主题活动。书店里定期组织读书会、签售会、音乐艺术电影沙龙等线下社群活动，使读者及粉丝的黏性极高，互动性极强。言几又给人们提供除电影院、剧场之外又一个美感文化空间，连接人和文化，连接人和生活，最终连接人和人，提供各种各样全新的美学生活方式（见图3–8）。

图 3–8　听流沙河老师讲诗经

图片来源：言几又官网。

2. 丰富产品线

早在2013年，言几又就开始进行品牌升级，原先的“今日阅读”成为言几又的子品牌。在此之后，言几又不断丰富产品线，成立子品牌，包括言几又·见、言宝乐园YJY KIDS、言·café等各具特色的子品牌，其选址、店面设计、业态丰富度上都略有不同。

以言几又·今日阅读为例，与言几又母品牌定位不同，言几又·今日阅读定位为一个可以在各个社区连锁化经营的书店+咖啡的复合业态，更强调社区性。言几又和今日阅读是两个不同的产品线，在面积体量和业态丰富度上都有所区别。今日阅读的面积在500～1000平方米，从门店设计到业态布局，都以标准化操作为主，而言几又面积在3000～5000平方米，强调个性化设计；言几又一般选址在城市的核心商圈或热点商业位置，今日阅读则会选择进入一些成熟的社区型商业项目、区域性商业项目。

在言几又的子品牌中，言几又·今日阅读因为其标准化的扩张模式，发展最为迅速。言几又·言宝乐园延续了言几又城市创新文化生活一体店的概念，以书店为主题构建儿童创意空间。言几又·见则延续主品牌言几又的巧思，“又见”即重现和再次相见，意在强调品牌的城市文化空间功能，摒弃了复合式书店的定位，致力打造文化社交空间、文化精英圈层和高端文化平台（见表3–1）。

表 3–1 言几又旗下品牌

品牌名称	发展侧重点
言几又	主品牌言几又旗下复合式书店，入驻商圈，强调个性化，致力于：实体书店、咖啡文化、文创产品
言几又·今日阅读	言几又旗下复合式书店，入驻社区，强调标准化，致力于：实体书店、咖啡文化、文创产品
言几又·言宝乐园	言几又旗下儿童空间，致力于：儿童体验课程、儿童书籍阅读、儿童互动空间
言几又·言社	言几又旗下创客空间，致力于：创意领域、创业团队、项目孵化
言几又·见	言几又旗下高端文化平台，强调品牌的城市文化空间功能，即社交性，致力于：实体书店、咖啡文化、文创产品

文化沙龙给言几又带来了持续的曝光度和人流量，高品质沙龙的成功举办，帮助言几又实现了城市文化空间与生活空间的构建，使言几又在消费者心中形成稳定的文化潮牌形象。丰富产品线的构建使言几又能有的放矢地发展，并且为3.0时代的到来做好充分的战略准备。借助举办文化沙龙与构建丰富产品线，言几又成功连接了人与文化、人与生活、人与人的城市空间，为现代人提供了一个介乎家与写字楼之间的第三种可能。

潮文化生活方式风向标

书籍，既是一种通信工具，又是思想交流的载体。早期的人们便将自己的思想记录在龟壳、石碑、羊皮、纸张等物体上，传递给远方的亲人或后辈，书籍不仅将同时代的人类思想跨越空间连接在一起，更让思想穿越时间的桎梏实现互联。如果说书籍是思想的封装包，书店则是思想的中转站。当你打开五彩缤纷的图书，你便在知识的海洋中遨游，产生一种归属感，让你不再孤独，这也是新型书店致力于发展的方向：将书店真正融入生活。

在3.0模式品牌发展方向上，言几又致力于为消费者提供更优质的生活产品、更丰富的体验场景。言几又在原有的模式上进一步融入更多的生活元素，以精品文化酒店作为第一个切入口。在成都，言几又与“欢喜无厌·成都院坝”旅宿合二为一，将书房打造成一座具有“斯卡帕”和“康”式风格的文化空间。这样的合作将言几又的“生活方式提案力”与欢喜无厌“不卖房间，卖时间”的品牌理念结合，展示言几又对文化生活的洞察。除了原有的业态以及新扩展的酒店领域外，言几又将与电影院、办公领域融合，致力建成文化艺术与商业交汇的集合体。言几又的管理者计划将工作与生活、娱乐与创造、科技与生态、当下与未来奇妙连接在一起，把言几又打造成未来城市生活中，消费者“闲下来”就想去的地方。这些消费场景的背后意味着以言几又为代表的新型书店已不再是传统意义上的书店，而是一个包含书籍等丰富内容的消费空间，在这里，书只是增添了它的文化气息、增加了它获取流量的触点。由此可见，言几又并不止步于做一家书店，更是希望成为一个新生活方式的平台。

对于选择商业化的实体书店来说，如何在商业和文化间寻找恰当的平衡是一个需要持续关注的问题。作为一个文化空间、思想空间，传统的实体书店已经逐渐被新型的娱乐方式解构；而书店的商业化运作，也是更多地强调交易环节，而非原来的交流环节。如果一个书店品牌过度注重商业化而不对文化空间进行拓展，则难免走上同质化的道路：都有咖啡馆、都摆满文创产品、都强调购买。虽然商业化让实体书店得以产生，但如何在商业与文化间寻找恰当的平衡却是一个难题。

书籍是人类的精神食粮，因而书店的作用绝不仅仅在于卖书，更是传播文化信息、引领文化潮流、构建文化生态的重要场所。自党的十八大召开以来，国家更加注重文化领域的发展，国民经济水平不断提高，第三产业得以蓬勃发展。这些政治经济的变化标志着我国文化产业迈入了新时代。因此，书店行业也迎来了前所未有的重大战略发展机遇期。以言几又为代表的新兴书店品牌的出现，重新定义了书店的价值，引领着一种文化生活的潮流风向——在这些书店，读者通过阅读与非阅读的形式，感受书籍带来的文化内涵。这些品牌也在努力地提高主动权，让书店更好地发挥文化空间、思想空间的作用，增强自己的辨识度。新型书店在对于未来模式的探索中逐步发展，无论是与咖啡、餐饮或者是酒店、电影院等各行业的跨界融合，还是“体验+”“文创+”“互联网+”等运营模式，都体现了商业化时代下文化产业对人文回归的尝试。在这样的尝试下，新型书店的产业前景和发展空间将持续向好，有着更多的可能性，真正引领一代潮流文化生活方式。

CHAPTER 4

极致产品——凸显品牌理念

优衣库

从衣橱中探寻自我

“快时尚”的前世今生

随着当今时代发展节奏不断加快，消费者的时尚观念产生了相当大的变化，对穿衣俨然有了更高的要求。这也给予快时尚在市场萌芽阶段发展的契机，使快时尚服饰逐渐成为众多消费者的穿衣选择。快与慢本不是对时尚服饰的形容，快时尚的“快”是指服饰生产节奏迅速、对消费者的需求反应及时，服饰销售灵活快捷，于是便有了快时尚这一描述。快时尚衣物极大程度满足了消费者对于穿衣不断变化的需求，让时尚从T台秀场走进了普通消费者的生活，时尚潮流的服饰不再是名模的专属，而是成为消费者触手可及的日常穿衣选择，也让快时尚在变化的市场环境中得到了良好的发展。

在20世纪90年代，快时尚在美国萌芽，最初是一种产品导向的服装模式，既要求各个环节节奏快速，又要满足消费者对时尚的要求。英国《卫报》将快时尚服装的生产和销售类比成麦当劳销售的快餐，并取麦当劳英文McDonald的前缀将快时尚命名为“McFashion”，充分体现了快时尚服饰高效、快速的产销节奏，逐渐形成一种时尚风潮。越来越多的快时尚服装品牌占领了市场，如美国的GAP、英国的M&S、瑞典的H&M、西班牙的ZARA等。这些品牌各有特点，但也不乏诸多共性。首先是品牌设计师能够精准地把握时尚趋势和消费者动向，设计出既时尚新颖又符合市场需求的产品；此外，产品从设计到生产再到店面的速度快，产品更新频率高也是这些品牌的显著特征。快时尚服装品牌目光独特，能够精准地把握消费市场对于服装的需求，将时装周中的流行元素融入寻常消费者的日常穿衣选择中。因此，在数十年中飞速地发展扩张，成为服装行业的一股新浪潮。

在众多快时尚服装品牌中，更低的成本和更快的产品迭代速度是绝大多数企业所追求的目标，如此一来服装质量便失去了保障，成为盲目求快过程中的牺牲品。一些品牌的服装虽在外表上充满设计气息，饱含时尚元素，但所采用的面料却质量一般，线迹歪斜等做工问题也时有发生，降低了消费者的穿衣体验。而在众多快时尚企业中，优衣库却像是一个逆行者，不讲求对时尚元素的过分追求，而是着眼于服装的品质和舒适性，以独特的人本理念在全球快时尚服装市场上取胜。

理念至上的领航者：第三代快时尚服装的代表

作为日本知名的快时尚服装品牌，优衣库是在全球服饰零售业排名前列的日本迅销集团旗下的实力核心品牌，全称为Unique Clothing Warehouse，含义是独一无二的服装仓库。优衣库坚持将简约现代、质优价廉的基本款服饰提供给消费者，奉行衣服是配角，穿衣服的人才是主角的价值观，将穿衣回归到最本质的需求上。创始人柳井正这样形容自己对服装的理解：衣服是服装的零件，组合是消费者的自由。即使看似简单的基本款，只要经过精心的搭配也能够展现自我个性。

从快时尚服装品牌的发展来看，数十年来快时尚主要经历了三个阶段，而优衣库正是第三代快时尚服装企业的典型品牌。第一代快时尚企业以GAP、Limited为代表，发展于1985年，这类企业的核心特点在于服饰品类较少，以某几样单品服饰为主，采用少品种大库存的经营方式，这时快时尚的“快”还未得到明显体现，产品的更新迭代比较缓慢，消费者可供选择的种类也比较少；自1995年起，以ZARA、H&M为代表的第二代服装企业开始崛起，更多地向消费者传递了“流行时尚”这一概念，同时经营模式也过渡为多品种小库存的形式，这类市场融入型企业的产品更新速度很快，能迅速抓住时尚的脉搏。

2005年10月，优衣库在决算说明会上发表了“第三代服装企业宣言”，这一概念的提出同样以优衣库独特的服饰理念为出发点，认为在未来的市场环境下，消费者决定购买的关键并不在于商品本身所具有的吸引力，而在于品牌的形象或各种信息理念的价值，也主张要想打造新一代的快时尚服装企业，最关键的便是思考品牌要向顾客传递怎样的信息。

第三代快时尚时期尚未出现赢家，而优衣库正逐渐成为第三代快时尚的代表性企业。与其他服装企业不同的是，优衣库并不认为服装等于时尚，人们购买服装的标准还应该包括服装传递出的功能、舒适度信息，甚至是产品设计生产所携带的理念。因此，优衣库认为新一代的快时尚服装零售业不仅要制造、销售商品，还要凭借快速响应的供应模式，将产品以更好、更快的节奏呈现给顾客。最重要的是要通过多种方式向顾客传递信息，向顾客表达自己的品牌个性和价值，以此创造出新的价值。

无异于其他时尚类产品，服装产品所带来的价值只有经过顾客认知这一环节，才能转变为顾客效用。消费者更好地了解、认同品牌的理念和价值主张，是消费者对品牌产生良性认知的关键。

高效运营的探索：优衣库的SPA模式

作为快时尚品牌，“快”是建立品牌优势的基础，从设计生产到运输销售，每一环节的效率都至关重要，优衣库通过SPA（Specially retailer of Private label Apparel）经营模式加强对全流程的把控以提高运营效率。SPA模式即自有品牌专业零售商经营模式，最初是由美国快时尚服装品牌GAP公司提出并加以应用的，是一种企业全程参与设计、生产、销售等各个环节的一体化企业运营模式。SPA模式的一大优势在于能够让顾客和生产企业进行直接沟通，让企业在最短的时间内了解顾客的最新需求；该模式下对供应链的管理也得到大幅的简化，极大地降低了物流运输的时间和成本；除此之外，当品牌遭遇突发事件或公关危机时，全流程的把控也使企业有了更好的应对能力。优衣库借鉴GAP的成功之处，效仿其运营模式并加以调整和优化，最终形成了优衣库独特的SPA模式。

SPA模式使优衣库在品牌竞争中获得了很大的优势，也成为形成品牌理念的基础。总体而言，优衣库的SPA模式由设计、生产、销售三大模块组成。通过对这三大维度的把控，优衣库能够实现在设计端精准捕捉消费者的最新动向和时尚偏好；在生产运输环节优化生产体系，提高运输效率；在销售上采取更加灵活的销售策略。如图4-1所示，优衣库的SPA模式可以被简单归纳为：快、稳、精。具体来说，“快”指的是优衣库的生产和运输体系，“稳”指的是优衣库的经营节奏，“精”则侧重表现为优衣库在设计上对消费者需求的精准体察。

在设计端，优衣库利用这种经营模式能够更快速地捕捉消费者的需求，调整和更新产品的设计。对于快时尚企业来说，能否在短时间内获取消费者的需求并以此作为设计依据十分关键。得益于对销售环节的把控，优衣库能够从多方面建立顾客接触点，如线下实体店、掌上APP等。优衣库总部通过这些途径获取顾客基本信息和时尚敏感度等，再根据反馈的信息对设计生产环节进行调整。例如，优衣库通过购物信息得知，一款小码男性毛衣的购买群体大部分是女性，便会据此生产出同样的女性毛衣并以最快的速度呈现给消费者。从生产端来看，SPA模式保证优衣库可以从原材料采购到产品生产都进行严格把关，参与原料的筛选和研发等过程，保证了服装的舒适性，让产品质量有所保障，深度的参与也有利于建立和供应商的良好合作关系。从运输端来看，优衣库利用这种模式，直接参与物流分配体系，无论是原料的配送还是产品的发送都得到了效率上的保障。从销售端来看，优衣库门店和GAP商店的运作模式类似，顾客在商店中自由选择商品，而店员的主要职责是清点产品和补货并在必要时向顾客提供帮助，这种仓储式的经营让产品销售节奏得到了稳定的保证。

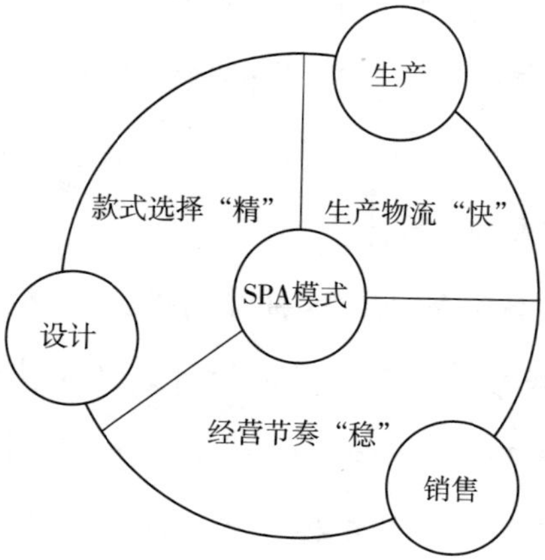

图 4–1 优衣库的 SPA 模式

优衣库的服饰产品从设计到销售都以SPA模式作为坚实的基础保障，建立了优衣库在行业内的独特的竞争优势，也成为优衣库建设品牌、升级品牌的基石。与此同时，优衣库的品牌理念也日臻完善并逐渐渗透进SPA模式的每一个环节，二者相互作用，最终形成独特的“优衣库模式”。

优衣库的品牌构建

在SPA模式基础上，优衣库的品牌得到构建，逐渐塑造了以穿衣者为核心的品牌理念，以人为本，从穿衣者最基本的需求出发。这种理念也逐渐成为优衣库区别于其他快时尚企业的鲜明特色，在很大程度上影响着优衣库的定位与设计甚至是品牌的传播，最终促使优衣库自定义时尚，成为简约时尚的引领者。优衣库的品牌构建路径如图4–2所示。

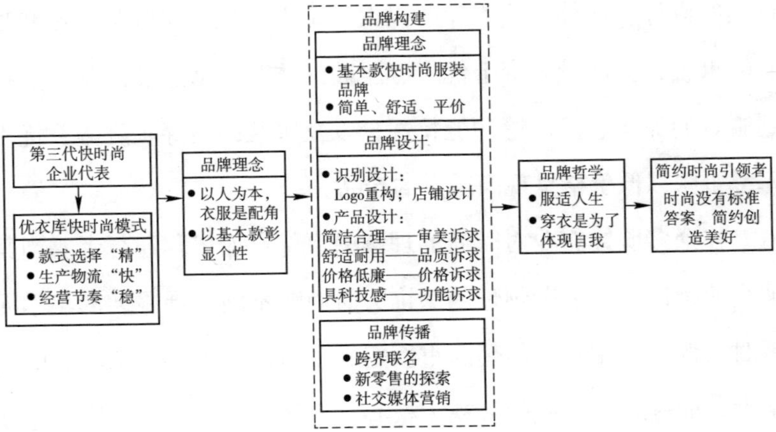

图 4–2 优衣库的品牌构建路径

1. 品牌理念

在独特运作模式的基础上，优衣库的品牌理念逐步完善并得到发展，从“造服于人”到“服适人生”，优衣库始终追求以人为本，将穿衣服的人视作服饰穿搭的核心，而衣服仅是人的配角和零件。

最简单的基本款服饰，通过巧妙的搭配同样能彰显出穿衣者的个性和魅力。优衣库认为，真正的时尚不是在服装上添加多余的设计，而是更多地用服装去表现穿衣者本身的形象和特质。这一理念打破了服装行业对于时尚的传统看法，在快时尚服装行业中，服装企业对于时尚的追求往往是当今最流行的设计和配色，或是时装周新出现的流行元素，并将这些时尚的元素和设计以最快速的方式呈现到生产的服装中。而优衣库却以自己的方式给时尚下了新的定义：时尚可以是最简洁的设计，也是最体现穿衣者特质的设计。此外，优衣库的以人为本也体现在对服装质量和功能的重视，关注顾客穿上优衣库服装的体验，从服装的材料选择到服装的保暖、防水等功能特性，以及服装的耐穿程度等，优衣库都主张以低价格呈现高质量的产品。

在众多服饰企业对时尚的理解中，优衣库堪称逆行者。当其他企业都以追求复杂烦琐的缀饰为时尚，不断拓展服装的美学元素时，优衣库用自己的理念重新定义了时尚，不再追求服装的复杂度，而是将穿衣服的人视为核心，主张简约的基本服饰。这使优衣库在市场中变得特征鲜明，与其他快时尚服装产生了很大的区分度，也让消费者对为什么穿衣这个问题产生了深入思考，促使优衣库引领简约穿搭的潮流。如此的品牌理念渗透进优衣库品牌构建的各个环节当中，使优衣库品牌更加具有鲜明特征。

2. 品牌定位

只有对市场、对消费者、对人们生活和人性不断地进行深刻洞察，才能挖掘和遇见消费者最新、最真的需求。在优衣库走向市场之前，消费者对于时尚服装的理解停留在时尚服装就是年轻人专属的、别具一格的潮流服装，因此以 ZARA、H&M 为代表的快时尚品牌所生产的就是传统认识上的时尚服装。而优衣库摒弃了所谓的潮流和年轻的既定标签，将时尚服饰理解为最贴近日常生活的服饰，跳脱出时尚原有的定义，创造更广阔的市场。

放眼当下消费者对于服装的理解，许多人认同时尚服装就是日常生活所穿的服装，这种理解与一直以来优衣库对其理念的倡导有着密切关系。在以人为本的品牌理念的辐射下，优衣库将自己的品牌定位在基于基本款的快时尚服装品牌，致力于向消费者提供时尚、优质、平价及百搭的服饰产品。所生产的服装大多也是满足日常需求的基本款式，服装设计简约，并没有太多的修饰和复杂的时尚元素，但却十分注重服装的舒适性和品质，甚至采用一些新技术以增强服饰的功能，满足消费者对于穿衣的基本需要。这样的市场定位也决定了优衣库所生产的服装针对性较弱，少有个性和特征，也没有固定的目标人群，与盲目的差异化竞争划清界限，生产无论男女、各年龄层次都适用的基本服装样式。

这也成为优衣库在定位上的一个优势所在。

3. 品牌设计

（1）识别设计。优衣库将理念融入品牌的设计当中，首先就是对优衣库的Logo进行优化，在更契合品牌主张的同时增强了品牌的识别性。品牌标识采用红色为底色，配以白色文字，其设计师认为“优衣库是成衣界的日本代表，所以用上日本国旗‘日之丸’的红色，以彰显优衣库的存在价值”。此外，优衣库将原有标志的字体也做了一定优化，将笔画由粗变细，赋予了标志更多的现代化气息。

红色的方形底色和白色文字形成了鲜明的对比，让整个标志给人以醒目的初次印象。文字的设计简洁大气，传递给消费者简单也是一种力量和美的理念，与优衣库“以人为本”的服饰设计理念不谋而合，加深消费者记忆点。

此外，优衣库在门店设计上也体现出较强的识别性。优衣库的门店环境和其他门店有很强的区分度，着力将门店设计成一个消费者能够自由选购的空间。从店面布局来看，优衣库的布局围绕着效率展开设计，采用“长通道+小格子”的方式进行店铺分区，使店铺的空间得到了最大限度的利用。同时产品的位置分类也更加明确清晰，极大地方便了货品的整理和提取，同时提高了消费者的购物效率。墙面的低处用以陈列商品，高处则设计成仓储式的陈列货架，既在视觉上得到丰富，同时也提高了空间利用率，强化了消费者到店的“自助感”，和其他服装品牌门店产生较大差异；从店面氛围来看，优衣库的门店多以简洁明亮的白色为主，并没有其他复杂的装饰，打造清新明亮、简单干净的店面环境，也与优衣库的简洁理念契合。

由于高识别性的设计，即便是没有在优衣库消费过的人，也会在脑海中有了更多的记忆点，这也彰显了优衣库的品牌理念和主张——简单也是一种力量和美。

（2）产品设计。第一，简洁合理——审美诉求。在服装行业，人们的审美诉求被各式各样的新鲜时尚元素倍速转换，时尚元素更新速度更是快得让人应接不暇，众品牌在同一条赛道上你追我赶，但优衣库却选择了另辟蹊径——不盲目追逐流行和新潮，仅仅是随着消费者的需求对经典款进行调整，这也是优衣库独特的审美诉求。

优衣库很少设计五花八门的服饰，而是将简洁合理作为设计的主要原则，款式上大部分都为经典款，如纯色的T恤、简单衬衫、没有修饰的外套、经典的牛仔裤等，配色上以单色为主，且色调多采用素雅的颜色，简单纯净是给消费者最直接的感觉。巧妙的设计搭配经典的款式，并精确到每一个细节的设计，即使低调内敛，依然给人以不露声色的美感。

潮流每时每刻都在变化，任何品牌都没有办法与不断更迭的潮流完全保持一致，而往往在追求与潮流同步的过程中忽视了对基本需求的满足，与其追求不断变化的潮流，不如将简单和经典做到极致，这不仅是一种风格、一种理念，更是一种生活美学。

伴随着简约合理的设计理念逐渐被越来越多的消费者所认可，简约经典的审美诉求也逐渐从小众扩展到大众视野，服装的时尚是轮回和更迭的，每种时尚都有其生命周期，但简约的经典款却不会随着潮流退去而消逝，而优衣库正是推动这种简约审美走向大众的引领者，向消费者传达经典和时尚并不是对立的，经典也能成为一种受大众喜爱的审美诉求。

第二，舒适耐用——品质诉求。优衣库认为，时尚的意义并不仅仅在于通过服装提升自己的外在形象，而是以合适的穿衣体验带来精神上的愉悦，因此服装的舒适性是其核心属性，舒适的穿衣体验既能改善精神面貌，又能在潜移默化中带来更好的心理状态和更高的工作效率，在无形之中提升了生活的幸福感，这便是时尚赋予生活的意义。

优衣库以消费者的穿衣需求为导向，不断调整面料、优化板型等，将每一个细节完善到最佳，使衣物饱含美感的同时大大提高舒适性，改善穿衣体验以演绎服适人生的理念，让舒适和美感同生共存。失去了舒适性，服饰也如同失去了灵魂。为了提升舒适性，优衣库对服装面料严苛挑选。例如，优衣库圆领T恤仅面料开发就经过了多次打磨，黏纤面料既容易缩水，又不好缝制，优衣库使用特别加工的纱线才使其易于打理，最终呈现出耐人寻味的经典产品；优衣库的袜类，也采用了特殊的面料，舒适美观的同时又结实耐穿。

提升服装品质，让消费者感受到服装的舒适性，这也是优衣库以人为本品牌理念的体现，优越的品质也成就了优衣库的经典。

第三，价格低廉——价格诉求。由于优衣库独特的SPA模式，拥有强大产品研发能力和供应链把控能力是优衣库实现成本最小化的利器，使优衣库从原料供应、生产设计到物流运输都极大地缩减了成本，不追求时尚元素，只专注于基本款的生产理念也使得优衣库每一件基本款服装的设计和生产成本都得到了缩减，于是便成就了质优价廉的优衣库产品。

在优衣库走进市场之前，服装市场的价格呈现两极化的分布，一种是质量上乘但价格高昂的名牌服装，另一种则是廉价低质的服装，而优衣库着力打破这样的局面，打造价格亲民且质量优良、兼具美感的服装品牌。优衣库定价原则以成本为导向，产品定价普遍较低，且不过分强调产品的品牌溢价，从不将品牌Logo印在服饰上，也是优衣库淡化其他因素、专注简洁合理的体现。

第四，具科技感——功能诉求。优衣库在服装功能属性上的创新也始终走在行业的前列，从穿衣需求出发对服装进行技术上的革新，每一件创新服装背后，都在诠释着以人为本的科技诉求。优衣库以消费者的穿衣需求为导向，探讨如何将新技术应用于服装，满足消费者不断提高的穿衣需求。技术的融入使优衣库成为服装创新的引领者，从创新“HEATTECH技术”到高级轻型羽绒服再到防晒衣，优衣库不断用技术力量改善消费者的穿衣体验，用创新的力量实现优衣库对服装功能的追求。

技术创新能够赋予服装巨大的生命力，而优衣库的技术创新在面料革新、服装属性等方面多有体现，体现出优衣库在服装功能上的不懈追求。例如，2009年优衣库研制出具备良好防寒属性的“HEATTECH功能内衣”，一经推出便好评如潮，当季便售出约5000万件，服装的防寒属性主要来自其特殊的面料，这种面料是优衣库联合其他企业共同开发的新型面料，并成为共享的知识产权；优衣库推出具备速干功能的“快干POLO衫”，其纱线采用空气压力纺织而成，空气压力将纱线表面的细纤维牢牢纺卷入纱线内部，不仅不起球，还在一定程度上起到速干的作用；“优衣库防晒衣”系列紫外线防护系数UPF>40，日光紫外线UVA透射比<5%，能够较好地起到隔离紫外线的防护效果。在技术和创新上，优衣库并没有将自己视为服装企业，而是对标苹果公司将自己视作一个创新型的研发公司，前沿科技的融入赋予了服装诸多的想象力和创造力，让服装对于生活的作用更加凸显，用功能性的服装去打破环境对穿衣的限制，用技术的革新改良原有服装的弊端，追求更好的穿衣体验，这是优衣库孜孜追求服装科技感的结果，同时也是优衣库以人为本理念的一种表现形式。

4. 品牌传播

在品牌传播方面，优衣库不再是向消费者一味地灌输产品的优良属性，而是善于将互动性与娱乐化发挥到极致，从而获得更具深度和广度的传播，并且借助数字工具让消费者参与进来，获得更多表达个人价值观的机会。

（1）跨界联名。简洁合理、时尚百搭是优衣库服饰的主要特征。由于优衣库的服装大多是基础款，没有过多装饰，给合作品牌很大的发挥空间，同时不断打磨的经典款兼具时尚性与舒适性，也是联名合作的不二选择。在与其他品牌或IP联名设计时，优衣库强调在保持产品原有简洁特色的同时，很好地跳脱出原有的设计思路，让联名产品既有优衣库的品牌个性，又能通过新设计为产品注入新鲜元素。

在选择联名品牌时，兼具流量和颜值的IP往往更受到优衣库的青睐，所选品牌既有故事，又不与自身的品牌形象和价值主张相悖，还能增加服装的时尚感和新鲜感。联名合作的IP既有漫威、迪士尼、机器猫等家喻户晓的顶级IP，也有具备潮流气息的潮流IP，如Nigo 、Kaws 、村上隆等小众圈子。优衣库联名产品中最多的便是T恤，由于T恤的售价比较亲民，创作空间较大，联名款也时常有着不错的反响，甚至在一夜之间成为“爆款”。2019年6月3日，优衣库正式开售艺术家Kaws联名款，凌晨发布的瞬间互联网平台即刻售罄，线下门店也排起拥挤的长队，店内顾客疯抢联名产品，甚至一些顾客出现为争抢联名产品而打架斗殴、破门闯入等荒诞行径。“优衣库+艺术家潮牌”的组合被消费者广泛认可，频频成为社交媒体的热门话题。

优衣库的跨界联名，填补了优衣库只有基本款不够迎合潮流品位的空白，在保持产品风格不做大幅改变的前提下，也为优衣库增添了许多新鲜元素和血液，让优衣库总能以符合消费者品位的形象出现。

（2）新零售的探索。在技术革新和研发创新上，优衣库将对标苹果公司，不断尝试突破技术边界，应用最新的技术以优化消费者的购买和使用体验，不仅体现在服装功能上的科技感，更是对销售和顾客购买体验的一种创新。早在O2O浪潮初兴之际，优衣库就开始了扫码购物的实践，并率先进行了O2O2O闭环式销售的探索，如今新零售成为行业热点，优衣库正在加紧完善人、货、场的重构方式，借助新零售浪潮实现品牌数字化发展的目标。

掌上旗舰店是优衣库线上新零售的探索起点。2018年，优衣库发布掌上旗舰店，覆盖了多个入口，不仅包括官方网站、APP、小程序，消费者还可以通过在门店内扫描商品的二维码进入。通过此举将线上线下融合，消费者可以使用掌上APP随时查看产品信息、库存情况、优惠活动并随时下单购买。在线下扫描产品条码后，消费者还可以获得附近门店产品尺码、颜色等详细的库存情况和实时销量，并能够通过自助服务来得到精确的产品信息和购买信息，实现线上线下的融合和互通。此外，优衣库也在探索线上线下如何进行互补，打造最优的消费体验，用线上的方式弥补门店内库存不足、款式不全等缺陷，也用线下的有形展示来增强顾客对产品的体验。

除了掌上旗舰店，优衣库也开始尝试下单后异地取货的模式，以及网上订购门店取货、门店消费网上付款等形式，力争将顾客的需求和仓储物流能力、线上线下协同能力有效整合。此外，网上平台推出虚拟的衣柜功能，用户录入性别、身高等个人信息后，系统会根据购买记录匹配穿衣风格，并结合当地的气候信息为消费者精准推荐最适合自己的衣物，努力在用户体验方面升级，贴合用户的穿衣需求，以穿衣者的需求为出发点，捕捉穿衣者不同场景的消费习惯和穿衣偏好，效劳用户的每一个场景。

优衣库努力提供最便捷的消费渠道，配合数字电商的同时，让消费者从选择产品到使用产品的每一个环节都达到最便捷。诚然，优衣库在新零售的尝试上仍然存在着很多缺陷，例如，自助购买功能存在一些限制，商品配送范围也仅覆盖了一小部分城市，但其具有的科技感和新技术的尝试仍然是支撑品牌传播的一大动力。

（3）社交媒体营销。在当今时代，人们的社交和购物之间正在进一步实现深度融合。微博、微信等社交平台的口碑影响力逐渐变大，新兴短视频平台等自媒体平台上巨大的流量也不断凝聚着庞大的购买力，“社交电商”“直播带货”等全新的购买方式给了品牌和消费者更多的接触点，消费者身处社交媒体平台的各种品牌信息暴露之中，很容易产生购买行为。基于这一点，优衣库在社交媒体上持续发力，不断扩大品牌的网络影响力。

自媒体及社交媒体是优衣库社交媒体生态的传播核心。优衣库通过微博、微信、KOL 等媒体渠道，对活动和产品进行宣传和报道，并和粉丝产生高频互动，进一步扩大媒体影响力。2015年下半年，优衣库对其媒体宣传渠道进行整合，并联合粉丝和400+家线下零售店举办了一场以宣传优衣库品牌价值观为核心的大型社交媒体活动，这次活动让许多消费者深深地认可和理解了“LifeWear服适人生”的品牌理念。在活动过程中，优衣库在官方APP上推出数次热门活动，包括“27000个着装组合，足够74年搭配不重复”，以及“懂你身体的牛仔裤”“你和好友的默契指数”“Fleece摇粒绒”“热力觉醒”等创意互动H5，分拨进行品牌和产品推广，全面沟通品牌和产品理念，并和线下门店产生互动，扩大活动的覆盖和传播范围。

通过高频次的社交媒体传播，优衣库希望打造全方位的传播途径，使优衣库成为消费者生活的一部分，这不仅仅是对于产品的营销，更是对于优衣库理念以及优衣库穿衣哲学的传播。

“服适人生”的穿衣哲学

无论是优衣库的产品设计还是营销传播，在快时尚企业中都是最为独特的存在，优衣库的品牌围绕其独特的品牌理念而建设，逐渐成为简约穿搭、服饰回归本我的倡导者，进而产生了优衣库的穿衣哲学。

优衣库希望通过价值的传递引发人们对于穿衣态度与追求的思考，探讨穿衣的本质与目的，重新定义服装和美好生活的关系。人们究竟为什么而穿衣？穿衣的本质又是什么？优衣库认为答案是回归本我，用简约优质的产品创造生活的美好。在优衣库看来，人们穿衣应该是为自己而穿，而不是去迎合所谓的时尚浪潮。穿衣是为了让自己更加舒服、自在。正如优衣库的衣服，从板型设计到面料选择都回归到穿衣者自身，一切都以穿衣者的穿着体验为主。当产生舒适和美观的取舍时，优衣库会毫不犹豫地选择前者，让穿衣者感受到舒适和自由，给穿衣者提供一个解放自我的机会。优衣库无限放大舒适的价值，“服适人生”，首先做到“我要穿，我为自己穿，穿得舒服”，然后才是彰显给别人。

这种品牌哲学已经逐渐融入优衣库粉丝的生活方式，使穿衣回归到最初的需要上，重视服饰的舒适和自在。衣食住行是人们最基本的需求，如今，服装却已经被赋予越来越多的意义，而优衣库要做的，正是将纷繁意义剔除，还原人对于服装最基本的需求。

优衣库虽然以生产基本款为主，却也给消费者提供了多样的穿衣选择，让消费者先从衣橱里找到自己，然后再从生活方式上找到自己，而穿衣恰恰就是找到自我、发现自我、表达自我的方式，也是在表达每个消费者对生活的态度。正因如此，优衣库的穿衣理念逐渐变成了一种生活态度，穿衣哲学表达的内涵也不仅仅局限在穿衣，更体现在生活的许多方面。优衣库的穿衣哲学教给人们，在面临诸多生活的取舍权衡时，打破纠结的最佳方式就是将问题回归到本质和目的，将人作为核心，将纷繁复杂的表象层层拨开，回归到最本质的需求，将最本质的需求作为决策的理由去看待问题和解决问题。

从品牌理念到穿衣哲学，优衣库的品牌文化缔造成为优衣库与其他快时尚服装品牌最大的区别之一，也逐渐成为优衣库品牌文化的价值体现，是消费者选择优衣库、追随优衣库的重要原因。

简约时尚引领者

优衣库倡导的穿衣哲学，也使得优衣库这一品牌成了简约穿搭、“服适人生”的代名词，优衣库不断追寻服装意义的本质，以服装为媒介，打造更加丰富的生活体验，赋予穿衣更多的意义，从穿衣态度升级到对生活、对人生的态度。目前，优衣库能否从服饰走向生活或许无法预测，但“服适人生”、简约优质创美好的理念却是值得人们思考的。这也是优衣库在真正实现走向世界、塑造品牌感召力进程中的重要一步。

如果提到时尚，过去的审美经验告诉我们，一款很经典的产品，一件很特别的服装，一个很特立独行的人，都是有个性的、前卫的。但是，随着时代的变迁，我们发现以个体差异化为代表的个性其实无足轻重。就像服装的个性并非源于服装本身的差异，而是在于生活场景和穿着的人的差异。真正以人为本，则无往而不胜。若以服装作为标注某一个时代的符号，我们更能直观地发现，个性不是执着于稀有，而是大众的创造。

个性潮流的前卫固然是好的，但简约经典同样能够为生活增添美好色彩。

优衣库带给我们的，是关于以人为本的思考，尤其是在当下五彩斑斓的倍速时代中，也许不断顺应时代潮流不是一件错事，但另辟蹊径仍然可以创造不一样的价值，品牌之林大多是寻常者，而优衣库的成功则说明，逆行者和创新者同样有其存在的价值。

无印良品

无品牌的好物品

在当今的都市生活中，人们的生活圈被打上各种各样的标签，品牌背后所包含的基于社会阶层以及虚荣心理的消费价值观，常常掩盖了人们真实的感受，误导人们为这些无谓的表象奔波劳累而忽略内心的真实需求，在纷繁复杂的物质世界中迷失了自我。

面对城市的喧嚣和污染，忙碌紧张的生活、激烈的竞争所带来的巨大压力，快节奏、高频率、满负荷的“996”“007”[①]工作节奏，人们越来越渴求“采菊东篱下，悠然见南山”的桃花源

① “996”工作制是指工作时间从早9点到晚9点，一周上6天班；“007”工作制是指工作时间从零点到次日零点，一周7天上班。

式、简约朴素的生活，渴望卸下沉重的铠甲，重拾舒适恬淡，回归最纯真朴实的原始状态。这种心理在消费上则表现为人们越来越青睐简约、质朴、更贴近于天然的实用主义产品，倾向于简单透明、直抵需求的消费体验，期望从商品中感受自然、轻松的气息，以舒缓长期紧绷压抑的心情。

而一直主张为消费者提供简约舒适生活方式的无印良品（以下简称“MUJI”），则以“舒适生活”为概念，以“收纳”为主轴，摆脱所谓的品牌光环，以最大限度去除产品无用附属物的同时努力呈现产品本真状态，以最简单的方式满足人们日常生活的基本需要。这恰巧契合消费社会发展到成熟阶段，消费者趋于理性、追求低调和产品本质，追求简约舒适的心理。因而，MUJI开始进入消费者的视野，获得了人们对其独特理念的认同，并逐渐占据消费者追求极简生活的心智。

在品牌代表消费者审美喜好以及社会阶层的时代，多数企业深陷于品牌竞争激烈、想方设法提高品牌附加价值和溢价水平的泥沼中不能自拔。而MUJI所确立的极简主义设计风格，摆脱了所谓的品牌光环，大胆地拿掉商标，去掉无用的装饰，以还原生活本质的“产品本位主义”为设计原则，简单朴实地反映了产品本真状况。它尝试去碰触消费者的本质需求，为其提供一种简约舒适的生活方式。其品牌成长路径如图4-3所示。

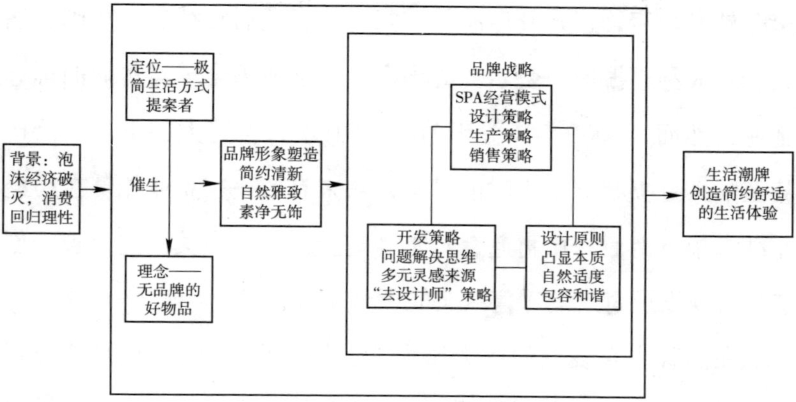

图 4–3 无印良品品牌成长路径

品牌诞生：时代背景与经营理念的合力

在20世纪80年代日本经济形势低迷、消费观念趋于理性的背景下，1980年MUJI作为西友百货公司的子品牌正式成立，向市场推出第一批包装简洁、物有所值的无品牌产品。MUJI从一开始便坚持着其品牌的基本理念——"有理由的便宜"，提供品质和百货店一样的产品，但是价格却只有百货店的70%，以此获得众多消费者的青睐，这一行为也引起了不小的市场反响。

三年后，MUJI的第一家独立店铺——MUJI青山店开张，由于很受消费者喜爱，很快便以此店为模板快速扩张，几年内便在日本国内拥有上百家专卖店，商品种类也从以前的仅40多种扩增到1000多种，并以其所倡导的简约生活方式影响着越来越多的消费者。

1989年MUJI开始独立运营，并于1991年在伦敦开设了第一家海外专卖店，正式开启海外扩张之旅，此后陆续进入法国、瑞典、意大利、挪威、爱尔兰等国家，一度成为全球零售业的标杆企业。然而，2000年风头正劲的MUJI增长态势大幅下滑，公司甚至陷入亏损状态。当时的日本，从未有过一家企业能够在历经业绩大幅下滑后东山再起，日本乃至全世界都在关注这个曾经创造过行业发展奇迹的零售巨头能否重振雄风。

在品牌生存发展的巨大压力下，松井忠三接过MUJI的经营权，他在上任后深刻地分析了MUJI利润下滑的内在原因。松井忠三发现，为获得更高的销售量，实现更大的销售额增长，MUJI逐渐远离其最初“有理由的好物品”的理念，开始用简单粗暴的态度和方法开发商品，使得自身与消费者之间的距离越来越远，进而导致了销量下滑、顾客大量流失的经营状况。为改变现状，重振业绩，MUJI开始重新审视自身品牌理念和产品定位，在回归本源的基础上对“有理由的便宜”理念进一步升级，提出“World MUJI”“Found MUJI”以及“这样就好”的新设计理念，并采取一系列举措回归初心，以重新拉近与消费者之间的距离。

如今的MUJI产品种类已有7000余种，曾被冠以“全球最佳中型企业”之名，成为全球知名的连锁零售企业之一，其创造的显著业绩令人艳羡，品牌的经营哲学受人追捧。纵观其发展历程，它的成功并非单一因素作用的结果，而是消费者逐渐回归理性的时代机遇以及企业自身对商品开发与运营的独特理解共同作用的结果。

“无牌胜有牌”

1. 品牌定位——极简生活方式提案者

在当今物欲横流的都市生活中，人们受物质消费主义和炫耀经济的影响，生活变得越来越被动，循着外界对生活和消费的评价在所谓的“高端”与“大牌”中迷失初心，努力用消费的商品来实现期望中“延伸的自我”，为自己打上各式各样的标签。由于虚荣心、存在感等消费观念作祟，人们内心最本质的需求逐渐变得模糊，开始迷失自我，为非必要的需求而奔波忙碌，甚至会感到生活疲惫奔劳而失去意义。

而MUJI的生活理念恰恰与之相反，倡导简单舒适的生活理念，不过分强调外在的奢侈华丽，追求生活与物品本真的美好。它将自己定位为舒适生活方式的提案者，向世界各地追求简约自然的消费者售卖自身历经多年沉淀感悟而形成的极简舒适的生活方式，追求优质低价，强调“无品牌”“这样就好”和“极简主义”，提醒人们去欣赏未经装饰、朴素自然的产品本身，让商品少一分多余装饰，生活多一分恬淡雅适。它所有的产品都舍弃了复杂包装，省去了不必要的复杂设计，除去了一切非必要的加工和颜色，简单到只剩下素材和功能本身。

在消费至上、普遍崇尚奢华炫丽的消费时代，MUJI将注意力重新回归到产品本身，聚焦产品解决顾客真实需求、创造舒适生活的核心功能，追求产品价格最低化和功能最优化，成为无数品牌进军奢靡豪华浪潮中的逆行者，也成为消费者回归初心、追求本真过程中的一抔净土。正如堤清二所述，“MUJI是具备思想性（反潮流的产品）、品牌形象形成力（色彩、设计、包装等的一贯性）和经济性（有理由的便宜）的产品，缺少这三个元素中的任何一个，MUJI都不成立”。反潮流的“极简朴素”、“性冷淡”的品牌调性、极富性价比的产品本身，正是这三个元素，驱动着MUJI极简生活方式提案者的定位得以实现。

2. 品牌理念——无品牌的好物品

在日本经济低迷，消费者逐渐趋于理性，从追求商品奢侈华丽的外在装饰回归到看重产品的价格、品质和功能统一的背景下，MUJI从品牌成立伊始就坚持低价且质优的原则，满足消费者的基本生活需求。

在以“无品牌的好物品”为品牌最原始理念的引导下，MUJI注重去掉产品非必要的装饰，直抵产品本质，坚持在原材料选择、制作工艺流程以及商品包装上不断改进调整，以精益化生产思维追求产品的高品质和低成本，努力为消费者提供与百货商场同样品质，但价格却显著低于百货商场的“低价且质优”的好物品。这在当时日本经济低迷、收入紧缩、产品过剩的情况下，契合了日本国民追求商品性价比的消费诉求，即使在各大商场纷纷倒闭关门的经济萧条期，MUJI依然保持持续高速增长的显著业绩，迅速成长为日本当时零售界的标杆企业，并凭借其符合世界各地消费者不断成熟理性的消费追求的独特理念快速发展为受众多消费者追捧的“无品牌”的品牌，实现了在全球范围内的增长扩张。

品牌理念必须与时俱进，紧追消费变化才能保证品牌的持久发展，确保自身不被瞬息万变的潮流所抛弃。MUJI自创立以来，始终遵循着“眼光向前，脚步向后”的原则，既坚守为消费者提供价廉质优的好物的核心理念，又在时代的发展变化中不断引入新的潮流趋势，结合全球各地的市场趋势发展出新的理念，保持品牌的活力。三十多年的品牌发展历程中，MUJI始终目视前方，与时俱进，结合新的时代趋势和消费者诉求，持续地深入探索和深化品牌理念，不断增加“简约”“功能性”“经济合理性”“素”“创造性省略”“Found MUJI”“World MUJI”等始终回归商品本质的创新理念。

例如，“Found MUJI”“World MUJI”的理念就是在MUJI最初的品牌理念已无法满足消费者当代需求的背景下对原有理念的逐渐更新与进化。

“Found MUJI”是指为获得更多更好的创意，丰富MUJI的产品品类，MUJI的设计师和研发者会前往世界各地，从本土居民所喜爱和长期使用的物品中提炼元素，寻求灵感，然后将之与MUJI的设计理念和设计风格融合，以实现商品对品牌自身理念的突破创新，呈现出更多新颖奇妙的可能。借此让全世界了解MUJI，了解MUJI的理念和价值观。例如，MUJI设计的中国长条凳、中国青白瓷、印度咖喱壶等，都是在世界各地捕捉到设计灵感并将之与品牌风格结合所设计的，一度赢得了诸多消费者的青睐。

“World MUJI”则是MUJI在思考其产品呈现到各地消费者面

前的不同感觉时提出的。它使MUJI的产品设计和开发视角扩大到全球范围，用世界各地不同的文化构思MUJI的商品呈现方式，赋予其品牌在地化气息，以适应当地居民现代生活习惯，实现品牌在各地的本土化发展。在这一理念的引领下，MUJI积极寻求与世界各地具有时代性和权威性的时尚设计师合作，充分吸收来自世界各地、拥有不同风格的设计师的卓越灵感，以达到紧跟各地文化和消费趋势、使品牌更加本土化和时尚化的目的。

3. 品牌形象塑造——清新素雅的品牌形象

（1）品牌元素。MUJI的品牌元素由品牌标识和包装组成，整体呈现了MUJI所倡导的极简主义和产品本位主义理念，体现出品牌所蕴含的日本禅意美学和万物皆空的品牌哲学。

MUJI的品牌名称传达出“无印”和“良品”两种含义，“无印”指没有花纹和印记，取其产品设计简约之意，引申为无商标、无品牌；“良品”则是对其产品品质的承诺，组合之后即为“无品牌的优质产品”。正如其名，MUJI始终坚持精选素材、严控工序、简化包装三个基本原则，弱化品牌和标签，专注于制造生活中真正必需的、物有所值的好物品。

另外，与其所主张的极简主义风格一致，MUJI的品牌标志以低饱和度的暗红色打底平铺，象征自由、活力、幸福。以代表纯真、自然的白色字母“MUJI”在上，“无印良品”四个字在下。没有繁复华丽的图案装饰和色彩搭配，也没有各种诸如渐变、叠加等花哨烦琐的过渡变化，简单平实而不失素雅，简洁朴素却醒目大气，以此寓示MUJI除去非必要的外在装饰束缚，发掘原料最本真美感的产品设计主张。

每每提到MUJI，首先在人们脑海中浮现的便是黑白灰的简朴色调，给人一种清爽舒适的视觉体验。MUJI的商品包装设计与其产品本身设计一样，都秉承极致简约的原则，尽量精简设计，不做不必要的装饰，只留下包装最基本的防护功能。选材坚持无污染、可循环利用的原则，尽量不对原材料进行过多的加工处理，使包装整体呈现出简约大气、清新自然的视觉效果。

总之，除简单的字母和文字之外，MUJI的所有标识便是大面积的留白，去呈现"空"与"白"的理念，为需求多样的消费者预留出更深层次的自由想象空间。在各种信息冗余、注意力稀缺的现代社会中，其"素""雅""舒适"和令人眼前一亮的视觉体验更容易被人发觉和记忆，激发受众的购买欲。

（2）广告宣传。原研哉曾提到，"MUJI的产品，自然而然地形成一种基调，营造出广告与照片的氛围。服装是这样，图片和广告亦是如此，MUJI与流行保持着距离，越接近流行，过时得越快"。

与其他品牌追求炫丽闪耀的视觉特效不同，MUJI的广告与产品一样，以最简单直接的方式突出产品的本质属性，传递极简主义和追求天然与本质的生活理念，并且从第一则广告开始，它就是这样做的。以MUJI标准的牛皮纸色品牌色调，采用日本历史剧中惯用的强调显示"正确结论"时的典型画面，简单地用举着牌子的方式强调MUJI的品牌特点。而这种风格也一直延续到现在。例如，MUJI的最新广告——地平线海报中，素净无饰的构图恰巧诠释了MUJI“空”的理念，极简的风格可以容纳所有人的奇妙想象，激发人们对品牌与自我的无限联想，以“自然而然”的方式去发觉产品的本质与实际功能，即“通过高度聚焦某个目的，排除一切无需之物之后，自然而然地形成的”。

（3）品牌商品。MUJI向外界输出其品牌形象的方式，不仅有可视化的品牌标识以及独具风格的广告宣传，其“性冷淡”风的商品的推出也成为塑造品牌独特形象、占据消费者心智的关键途径。

MUJI的产品设计将日本禅意与美学所提倡的克制与“空”的理念发挥得淋漓尽致。所有的产品几乎都呈现出黑、白、灰的原料本色，以原材料本身的形式呈现出产品最天然的形态，并去掉了所有商品的标识物，仅以标有产品说明的纸质标签传达信息。这种简约清新的“去标签化”消费体验，令厌倦了追求品牌与奢华生活的现代都市人耳目一新，使其得以从消费时代所谓的品牌与标签的外在束缚中释放出来，回归简洁与舒适，发现自己内心最纯粹的需求，达到一种更接近于自然和本我的境界。

4. 品牌战略——秉承理念，回归本质

在三十多年间的品牌发展过程中，MUJI以“无品牌的好物”品牌理念取得了瞩目的成就，曾一度成为世界零售业界教科书般的经典案例。究其本质，是依赖于其独特的品牌设计理念、商品开发策略以及成功的SPA模式。

（1）商品开发策略。MUJI的产品之所以能够受到来自世界各地、文化背景不同的消费者的广泛认同，并且紧随潮流推出独具个性和时尚感的新产品，有赖于其成功的商品开发策略。

商品的高接受度首先在于品牌直抵需求本身的问题解决思维。MUJI产品开发坚持“MUJI是连接消费者和生产者的桥梁”的理念，相信消费者能够为MUJI提供各种与商品开发息息相关的信息，坚信好的创意来自他们日常生活的细枝末节和生活痛点。因此，它定位于生活方式提案者，希望能够通过解决人们的生活痛点来为其提供一种简约便捷的生活方式。为实现这一目标，MUJI从2003年开始实施名为“观察”的开发计划，让团队开发者亲自登门拜访消费者，深入消费者日常生活的具体场景，近距离观察消费者的生活习惯，以真实还原顾客的生活方式，发现顾客最真实的消费需求。简约时尚，又极富设计感的好物品，使其逐渐成为消费者心目中名副其实的生活大师。例如，MUJI的一款底座向中间凹陷的床头灯，便是其设计师在观察消费者日常生活方式后设计的。设计师发现多数人睡前阅读的最后一个动作是摘下眼镜、关闭床头灯，而第二天早上的第一个动作便是用手摸索着找眼镜。于是，为顺应生活习惯，便利消费者生活，MUJI便在床头灯上设计了一个方便架取眼镜的凹陷专供眼镜架放，让商品实实在在地成为消费者的实用助手，真正做到了让商品解决生活问题、习惯于消费者的设计主张。除此之外，MUJI还设立了生活研究所和顾客室，鼓励顾客发表意见、提供创意，并认真对待顾客的建议和投诉，不断地改进完善。

再者，以问题解决思维来开发商品，最大化地丰富了灵感的来源渠道，使得MUJI所生产的商品完美地平衡了艺术性与功能性，既符合人们的审美标准，又能真正发挥其实用功能，切实地解决人们的需求痛点，深受消费者的喜爱和推崇。

MUJI的商品开发灵感，除了设计师的个人创意、各种展览会和对社会媒介的信息搜集外，还积极鼓励各方参与，使商品开发的创意来源多样化。例如，MUJI鼓励自己的员工思考自己在日常生活中的需求，寻找尚未满足的需求或需要改进的产品，以此作为商品开发的切入点。同时，通过设计师观察消费者的日常生活，分析顾客的心理活动和消费诉求，根据需求痛点去解决其生活中的烦恼和不便。MUJI还通过与制造商沟通交流和深入造访商品生产现场，获取业界最新动态趋势。这些来自各方的意见建议汇集成为MUJI商品开发设计的灵感来源，是MUJI产品始终能够贴合用户需求、深受消费者喜爱的重要原因。

MUJI也在致力于成为“世界的MUJI”，MUJI深知作为一个产品品类尤其丰富的品牌，自身所拥有的设计师无法全面、精准地把握世界各地不同类型消费者的消费诉求和偏好趋势。因此，它一直以来都在找寻与世界各地优秀卓越、有个性和创造力的设计师合作的机会，期望借此追随各地消费者的消费趋势，将MUJI的产品策划从日本放大到全世界。但特殊的是，MUJI与各知名设计师的合作并不像传统品牌那样公之于众，而是通过自己的设计师做中介，即“不设计的设计师”，来架构品牌与世界各地知名设计师之间的沟通桥梁。在汲取这些卓越设计师设计灵感的同时，将之与自身的理念追求融合内化，发展成新的、富有创意又符合自身理念的卓越灵感，进而使商品既具有大牌设计师水准，又不失品牌自身特色，同时又摆脱所谓大牌和知名设计师光环对消费者的诱导，确保了自身对于“无品牌”的坚守，成为MUJI迅速成长为广受世界消费者喜爱的国际品牌的强大推力。

（2）产品设计理念。MUJI倡导极简主义产品观，以产品最本质的功能为主导，不过度追加其他附属功能，旨在以最简单、最直接、最原始的形式去呈现产品最本真的状态，也不希望用过度的设计元素掩盖商品的本质属性，期望消费者所买到的产品解决其最本质的需求。为此，MUJI专注生活痛点，用朴实无华的方法去解决它们，直抵商品的本质功能。例如，MUJI认为，人们购买香菇，并不是为了消费它的外观，而是看重香菇的品质和口感，因而，MUJI不主张通过外观来划分香菇品质的优劣，而更注重香菇味觉与营养所呈现的高品质。

再者，为突出其产品本质，MUJI从不过度包装产品，其产品往往采用透明、半透明的包装甚至直接去掉包装，避免因过多装饰和附加功能使得商品的本质属性被弱化。它追求呈现产品天然、直接的状态，以方便消费者注意产品最本质的功能属性，希望依靠产品核心功能的优势来吸引消费者，切实地解决消费者的生活难题、为其带来便捷与舒适，让消费者切切实实地因商品的品质和功用而购买，而非用那些华丽迷人却没有实际功用的产品包装来迷惑消费者。

在其产品的设计研发过程中，MUJI并不追求通过产品诱发消费者产生“这样最好”或“这样才好”的产品理念。它认为，这种理念与所谓的品牌光环无异，带着强烈的自我主义和不自然、不和谐的含义，容易把品牌的强烈偏好强加到消费者的身上，误导消费者偏离其真正的消费需求。MUJI不希望顾客带着这样的压力去购买商品，也不主张完全依循某类人的喜好偏爱去特别设计产品。它所期望的是摆脱品牌光环的束缚，以“适度”“合理”“理性”的思维去引导消费者，使其毫无压力地、以平淡轻松的心态理性地思考、挑选和购买合适的商品。这是一种带有克制、理性和宽容让步的思想，能够让人们在消费时保持理性的满意度，在纯朴适度中获得内心满足和精神愉悦。

MUJI始终坚信没有舍弃也就不会得到，相信物品的最高境界，是人们须臾不能离开，却又感觉不到其存在，即“隐身”“贴切”“知心”和“适度”。因此，在商品开发过程中，MUJI始终坚持一些原则绝不动摇。例如，不在商品上贴品牌名称，因为他们认为，如果贴上了商品标签或告知消费者产品主设计师的身份，会引导消费者为所谓的品牌光环付费、因设计师的知名度购买商品，而非真正以解决问题、追求舒适生活为目的，没有根据自身切实的消费诉求去选择和消费商品，这违背了MUJI“消费者需求至上”的理念。因此，即使在消费者提议增加品牌Logo以获得更好销量时，MUJI也始终坚持“无品牌”战略，坚持极致简约、最少化设计元素，以“少即是多”的设计原则去呈现“空”的理念。

正如MUJI的定位和“World MUJI”品牌理念所追求的，MUJI期望做全世界追求简约舒适生活的消费者的生活管家，为他们提供普世性的大众化产品，期望自己的商品能够最大限度地满足世界上所有消费者的需求。体现在产品设计上，则是MUJI一直秉承“MUJI的商品就像一个空的容器，正是因为单纯、空白才能容纳所有人的想法，才能产生最纯真的自在感”的理念，不给产品添加过多辅助性功能和装饰性元素。它期望自己所设计的所有商品，不带有任何多余元素和额外情感，像一个能承载各种物品的空容器，具有足够的包容性和收容能力，可以接纳诸如“理性”“舒适”“简约”“自然”“优质”等价值观和追求，可以适应不同人群的价值诉求，为世界各地的不同人群所接纳认可。

（3）经营模式。MUJI在本土乃至全球的成功，源于其独特的品牌理念和强大的产品力。而理念的实现与产品力的形成，则有赖于其独特的品牌经营模式——SPA模式（自由品牌专业零售商经营模式）：以外部销售策略实现顾客获取、转化和留存；以内生生产机制实现优质低价、回归本质的商品生产制造；以独特的商品设计策略实现在消费者生活中注入、传播和交融品牌理念。这三者的联合推动令MUJI成为消费者极简生活方式提案者的定位得以实现和延续。

第一，商品设计策略——秉承品牌理念与时俱进。自有品牌、独立开发设计产品的一大优势，是实现品牌自身对产品设计的完全掌控权，让品牌得以根据自身对产品和市场的理解将品牌的设计理念与主张注入整个产品体系中，按照商品开发和设计原则使品牌的所有商品呈现出统一而独特的调性风格，从而进一步强化品牌特性，巩固品牌的独特形象。这也是即使涉及服装、电子设备、家具家居等各个行业，MUJI却总能以一种统一的调性出现在人们的印象中、让不同偏好的消费者都能感知和认同其品牌价值观和理念的主要原因。

由于是自有品牌，MUJI在产品设计上拥有绝对自主权。在将自身对于产品和生活的理念注入品牌系列产品的同时，实时根据门店数据调整商品的设计与生产，与市场趋势密切接轨，进而设计出不同时代、不同地区、不同生活方式的消费者所普遍喜爱的产品。借此，MUJI的商品既可以以一种统一且独特的产品调性向消费者传达MUJI的品牌理念，又能顺应消费者不断变化的消费需求，进而实现MUJI塑造品牌特色和独特调性、赋予产品价值理念和个性特点，进而转化为驱动消费者的强大产品力的目标。

第二，商品生产策略——精益生产直抵本质。与其他品牌不同，MUJI并不追求产品视觉上的绚丽呈现，而是尽量简化工艺流程，去除一切与产品品质和核心功能无关的非必要工序。以最本质、最天然的方式呈现产品的状态，最大化降低商品的成本与价格。以MUJI售卖的香菇为例，在日本，传统的干燥香菇筛选流程是按照大、中、小的外形分别包装，以不同的价格进行售卖，并且在分类过程中会剔除掉破损香菇，这样不仅增加工艺环节，而且造成不可忽视的原材料浪费，毕竟对于消费者而言，不同形状的香菇入口的味道都是一样的。基于此，MUJI去掉香菇筛选环节，直接将大小不一甚至外形破损的香菇混合包装，以优惠的价格卖给顾客，即实现了“有理由的便宜”。再如MUJI生产的U形通心粉，其产品的原材料是在直形通心粉生产过程中淘汰下来的边角料，极大地控制了生产浪费，节约了生产成本。

MUJI所注重的原材料，并不像传统意义上仅注重原材料的外观，而是深入原材料的本质，注重产品最基本功效的优质。例如，同样的蘑菇，一些品牌为保证产品外观上的精美，往往会大量淘汰那些形状不规整、色泽不均匀但品质完全没有受损的蘑菇，并用精美的外包装来展示，从而造成极大的原料浪费和不必要的成本。而MUJI认为，无论产品的外观如何规整，包装如何精致，最后的蘑菇都是以切片的形式放入锅中，所以，外观形状如何精美并不重要，而蘑菇本身的口感与营养以及合理的价格才是最值得关注的。因此，MUJI在产品筛选和呈现时只关注产品的本身品质，去除大量不必要的生产程序，在突出产品功效的同时极大地降低了产品成本。又如深受消费者欢迎的MUJI有机棉。MUJI注重对原材料的选择与把控，产品所选原材料坚持优质天然，其产品受到逐渐理性成熟、环保意识和产品本位意识崛起的消费者的普遍认可。

此外，为最大化压低库存成本、减少浪费，MUJI通过多次实践，测量出用于判断新商品“是否值得重制”的基本数值，凭借此数值精确企划商品的生产与销售，既最大化地减少了决策失误，避免造成不必要的原材料浪费和库存积压，又能够让企业及时根据市场反应情况做出灵活的决策判断，紧紧抓住市场机遇，从而大大提升MUJI的生产和经营运转效率，让品牌的运营更具灵活性和柔性。例如，MUJI计算出，在女装销售一周、男装销售两周后，销售数量如果达到预期销售的130%以上，便可追加订货；若未达到70%，则需利用已有材料，改变款式重新制造。

第三，商品销售策略——整体推动顾客的获取、转化和留存。凭借SPA模式，MUJI借助自有生产线精选原材料、简化包装、重审流程，实现了对产品成本的有效控制，使品牌在消费低迷的市场大环境下赢得大批消费者的喜爱，以高性价比的产品吸引了大量顾客，即使在各大商场纷纷面临关店危机时，依然能逆势而行实现高速扩张发展，进一步巩固了品牌形象和市场地位。而这种能力，也在一定程度上依赖于其独特的销售策略。

MUJI并不对其目标顾客以及所生产和销售的产品设限，旨在最大化顾客群体、多样化产品品类，以独特的品牌理念和自有产品的经营模式为消费者提供日常生活所需的优质好物，成为一个提供舒适简约生活方式的生活提案店。它将自己定位为消费者的生活管家，从消费者生活需要的角度去设计、生产和销售商品，所有环节不假借他人之手，用独特的品牌理念和丰富的创意源泉开发和设计直抵痛点的商品，为消费者提供生活所需。借助SPA模式，消费者得以轻松地在MUJI门店中挑选到日常生活所需的各类用品，也逐渐养成无论闲暇都来MUJI“淘宝”的习惯，成为MUJI不断复购的忠实顾客。

另外，通过整合从商品策划、制造、流通到零售的整个环节，MUJI得以与终端消费者无障碍接触，实现了对消费者消费需求变化的快速反应。它根据与消费者直接接触的终端门店数据，精确把握消费者信息和市场变化趋势，将消费者需求精确快速地反映到商品研发设计中，反向整合供应链，快速对变化的市场做出精准反应，保障自身能与时俱进、适时根据市场反应迅速调整产品的研发与生产销售，灵活应对不断变化的消费趋势，进而持续地吸引新客到店和增加旧客留存。

大音希声，大象无形

仅做产品本身，不加任何非必需的内容，做到极致简约，是MUJI对“产品本位主义”独特价值观的精准诠释。自诞生之日起，MUJI便将“产品本位主义”奉为商品开发原则，以“极简主义”的设计原则，将自己定位为极简主义生活方式的提案者，去除一切华丽无实的装饰和“大牌”光环，跳脱出华丽而无用的商品包装，仅留下产品最本真的功能属性，通过不断地优化工艺流程、简化产品包装以及严格筛选产品素材降低产品的成本与价格，为消费者提供无品牌的好物品，努力为人们呈现舒适简约而不乏时尚现代的生活体验。

在物质世界纷繁复杂、信息高度聚集的现代社会中，MUJI正是契合了人们回归本源、向往自然、渴望舒适简单、崇尚品质生活的消费诉求，提供除了本身功能属性再无其他过度装饰设计和非必要包装的商品，还消费者一种简单舒适的原真生活，令消费者在物欲横流的嘈杂社会中得到一丝宁静与安逸。

“有理由的好物品”是MUJI对品牌理念的主张，也是对消费者的价值表达，更是品牌在竞争激烈、需求多变的纷繁世界中树立品牌护城河、始终占据消费者心智的重要原因——不过度强调所谓的流行，而是本着“产品本位”的原则以平实的设计还原产品本身的真实价值，从似有若无的设计中，将生活美学与文化完美融合，达到“大音希声，大象无形”的崇高境界，引导人们回归本真、天然、舒适的自我状态。

三顿半

咖啡新秀

在有着悠久茶文化的中国，人们喝咖啡的时间并不长，对咖啡的消费也远低于欧美和日韩等国水平。但随着国际咖啡企业陆续登陆中国，咖啡文化的不断普及以及咖啡消费场景的不断丰富，咖啡在中国的市场逐渐打开，成为广大都市白领和文艺青年精致化小资生活的一部分，为年青一代消费者所青睐，甚至以其快速有效的提神消困功能成为某些行业人群的“续命饮品”，被作为日常生活的标准配给。

数据显示，中国咖啡消费的年增长率在15%左右，远高于全球平均2%的增速。仅2013—2017年，中国的咖啡店市场规模几乎翻倍，年复合增长率达到18%。至2020年，国内咖啡市场销售规模已达到3000亿元。到2025年，中国将成长为1万亿元的巨型咖啡消费帝国。不断增长的消费需求使得雀巢、星巴克等诸多国际品牌开始将中国市场作为品牌扩张发力点，市场嗅觉灵敏的国内企业家也纷纷尝试在这一新兴市场中分一杯羹。

而这条火热的赛道上，杀出了一匹引人瞩目的黑马——三顿半。它另辟蹊径，将咖啡文化对于情调氛围和品质口味的追求与当代青年对便捷与社交的偏好相结合，定位于精品速溶，在互联网的助力下精耕细作，在竞争激烈、巨头强劲的咖啡市场中站稳脚跟并树立品牌口碑，创造出业界瞩目的行业佳话，成为咖啡领域名副其实的黑马。

咖啡消费新场景：便捷与品质兼得

国人对咖啡的认识始于雀巢、麦斯威尔等老牌速溶咖啡，其较低的消费成本给了国人初次了解咖啡的机会。而国内咖啡市场的迅速发展则是由充足的市场供给以及消费者对于高品质生活的日益追求这两股作用力共同推动的，这些不断扩充的“新中产阶级”引领着消费潮流，以向供给端传达自身独特的个性与主张成为消费市场的原点人群，引领着消费市场的升级完善。这部分群体重视创新与潮流，偏爱“悦己式”消费，情愿为情感认同和产品的社交属性买单，追求个性化与高品质的精致生活。表现在咖啡消费领域，则是对咖啡文化的回归与再诠释：大批消费者不再将咖啡定位为简单的功能性饮品，而是借咖啡的消费来彰显个人生活品位、打造精致生活情调、营造生活的仪式感。

因而，一方面，雀巢、麦斯威尔等袋装即溶冲泡咖啡因品牌老化和缺乏产品创新而逐渐被追求小资生活的“新中产阶级”所抛弃，高端与精致的手冲现磨咖啡慢慢打开中国消费市场，凭借诠释咖啡文化、打造精致消费场景、营造生活仪式感彰显中产阶级个性与品位的新消费场景也成为年轻消费群体心之所向的高端打卡阵地。

而另一方面，迅速成熟且升级的消费需求在供给盈余的时代显得多变且有个性，充盈的产品选择空间使得消费者有意识且有资本选择能够解决所有消费痛点的产品，表现在咖啡消费领域，则是对咖啡功能与社交属性的双重要求：即在功能性需求的基础上，进一步满足自我个性展现和社会交流精神需求。此外，生活和工作方式的多样变化，使得咖啡的消费场景越来越多元化，传统的到店消费、街头咖啡、便利店咖啡以及外卖咖啡等消费场景已经无法充分覆盖消费者的消费全场景和追求个性化、新鲜感以及社交等精神层面的需求。高频次、成瘾性的咖啡消费，高企的生存成本以及快节奏的生活、工作使得消费者对于高性价比与便捷属性共具的咖啡新品类的需求越来越强烈。

总之，传统速溶咖啡便宜但口味不佳，不能满足消费升级背景下新消费群体对品质的追求，精品现磨手冲咖啡虽高端专业、口感醇厚且极具生活仪式感，但其高企的价格、有限的消费场景以及高要求的烘焙研制技艺极大抬高了时间和财务成本，使其难以成为偏爱高性价比和便捷易得的广大年轻消费者的日常标配。进而，中国的咖啡消费市场展开了一条崭新的跑道，精品速溶、挂耳、咖啡液等新兴咖啡品类崭露头角，开始赢得越来越多年轻消费者的推崇。

在这样的消费大背景下，主打精品速溶，旨在让精品咖啡生活化的三顿半于2015年在湖南长沙正式成立，作为中国原创品牌，同时也是世界精品咖啡协会（SCA）的成员机构，三顿半由国际咖啡品质学会（CQA）认证的咖啡品质鉴定师（Q-GRADER）主理品控，主要售卖精品咖啡豆、挂耳咖啡、冷萃滤泡咖啡和即溶咖啡等咖啡类产品，凭借自身对精品咖啡的理解将精品咖啡的品质与速溶咖啡的便捷结合，创新出适应现代年轻人快节奏、满足“懒心理”而又追求高消费的生活方式，成为咖啡3.0时代备受瞩目的弄潮儿。其诞生与成长为广受消费者追捧的时尚潮牌的路径见图4–4。

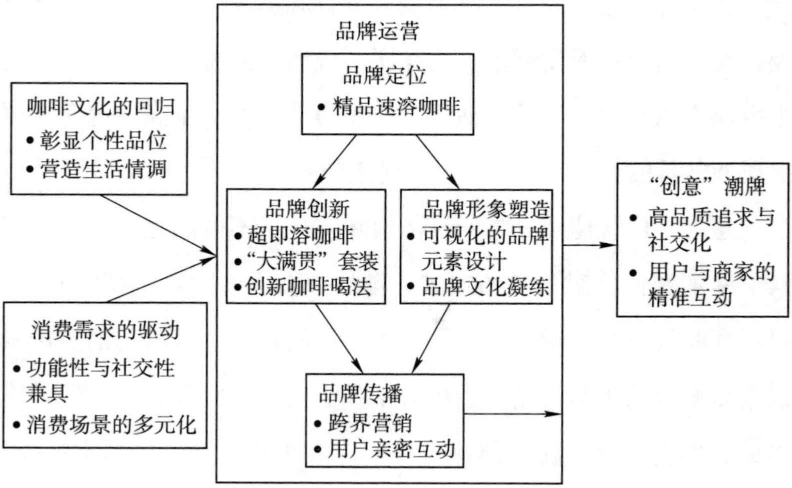

图4–4　三顿半品牌“潮”路径

富有活力的咖啡：精品速溶领域的探索创新

由创意思路到突围路径，由创意团队到时尚潮牌，三顿半紧紧围绕“精品速溶”，专注于使精品咖啡日常化，通过精品咖啡消费场景创新和丰富醇正的咖啡口感不断强化品牌特性，并以多元化的现代营销手段与受众紧密互动，持续输出个性化、时尚化的品牌调性与理念，成为咖啡新时代脱颖而出的佼佼者。

1. 品牌定位

在现实生活节奏不断加快、时间成本极高的消费情境下，消费者对于品质与口感的层次要求不断提升。而现有市场的传统速溶咖啡和精品现磨咖啡却无法满足消费者对便捷、品质与性价比的多重要求，这让三顿半的品牌创始人吴骏嗅到了新的商机。于是，有着8年咖啡馆经营叠加5年电商运营经验的他产生了做咖啡电商的想法，尝试另辟蹊径，以卖一些口味醇厚但更方便、价格更便宜、门槛更低的咖啡品类来突破精品现磨咖啡与传统速溶咖啡的困境。

研发团队分析，传统速溶咖啡虽便宜便捷，但口味不佳，手冲咖啡能最大限度释放咖啡原有的醇正浓郁口感却费时费钱，且对冲泡者的技术要求非常高。那么，在好喝的前提下做到高性价比和便捷化，便是一个比较真实且有价值的需求点。且在当时淘宝等平台上，速溶咖啡产品仍占据主流，虽有一些卖咖啡豆、咖啡器具的商家，但都非常小众，知名度和普及程度不高，精品速溶咖啡在电商平台上基本是一片空白，存在着很大的市场机遇。

基于这些分析，三顿半定位于“精品速溶”，在精品现磨咖啡与传统速溶咖啡之间探索出一条崭新的逆袭之路，锁定同时要求便捷化消费和口味升级的新生代咖啡消费群体以及对精品咖啡和简约便捷有特殊要求的都市白领与文艺青年人群作为核心受众，精选美国精品咖啡协会SCAA评分在80+的精品咖啡豆，经过新鲜的烘焙与研磨，再经由独立研发的无损风味萃炼系统，高度还原咖啡的香醇口感，创新出“精品速溶”的新咖啡品类。

与星巴克等精品咖啡店和雀巢等传统速溶咖啡不同，三顿半将主要市场布局在线上零售大电商平台，期望利用平台的多触角，精准触达目标消费人群，把握消费痛点，实现品牌的逆袭与飞跃。

借助线上大电商平台，三顿半适时推出能够同时满足消费者对品质、口味和便捷诉求的产品品类，主张“无需研磨、无需冲煮、无需滤泡、三秒即溶于任何液体”的全新速溶咖啡，既满足即时享用的便捷诉求，又刷新了速溶咖啡对口味与品质的要求，重新定义了速溶咖啡的消费场景和品质口感。它靠三秒即溶的便捷和醇正无损的原真口感，用独到的包装和时尚的审美，连接消费者，在精品速溶的跑道上极速奔驰，致力于打造出人人都可冲泡，处处皆可享用的高品质咖啡，将精品咖啡的消费便捷化。

2. 品牌创新

（1）超即溶咖啡。三顿半的诞生源于对精品咖啡消费的日常化，致力于精品咖啡消费场景的不断丰富。为此，有效实现精品咖啡的随时、随地、随处可得则是突破要点，将精品咖啡的醇正口味与速溶咖啡的便捷特性结合的超即溶精品咖啡便是三顿半实现场景丰富、塑造品牌特性、进行品类创新的关键。

三顿半官网如是陈述，“将迷你杯中的精品咖啡粉，倒入冷水或牛奶中，瞬间还原为一杯真正好喝的冷萃拿铁咖啡”，其系列产品的主张——“重新理解挂耳咖啡”“在家就能喝到新鲜的冷萃咖啡”“让手冲咖啡变得触手可及”“速溶咖啡重要的一次变革”，无一不在践行着探索创新精品即溶咖啡之路的信念。

这种“无需研磨、无需冲煮、无需滤泡、三秒即溶于任何液体”的全新速溶咖啡，重新定义了速溶咖啡的消费场景和品质口感，既满足了消费者即时享用的便捷诉求，又实现了速溶咖啡对口味与品质的颠覆。也因为三秒即溶于任何液体，可以让消费者尽情发挥个人创造力，大开脑洞地将其加入冰水、牛奶、汽水甚至于豆浆、果汁、凉茶，赋予消费者极大的自主选择权去创作独属于自己的创意饮品（见图4–5）。

图 4–5　三顿半超即溶咖啡

图片来源：三顿半官网。

（2）“大满贯”套装。不同于其他精品咖啡品类对于消费者咖啡制作技艺的超高要求，旨在使精品咖啡大众化的三顿半从诞生之日起就致力于探索降低消费者亲手制作精品咖啡的门槛，让普通的“咖啡小白”都能够以低成本轻松获得一杯亲手调制的

“现冲”精品咖啡，营造出精致生活的仪式感。为此，三顿半推出了“大满贯”套装。

基于对消费痛点的精准分析，三顿半以“便捷化与高品质”为产品出发点进入咖啡领域，于2015年10月上线第一代产品——挂耳咖啡“大满贯”套装，其宣传概念是只要有热水，一两分钟即可得到一杯香浓醇厚的精品咖啡。

比速溶好喝、比现磨便捷，挂耳咖啡同时满足了人们对咖啡口味和便捷性的需求，成为满足精致生活需求的咖啡选择。其易于上手的冲泡动作让消费者实现了即使是“咖啡小白”也能彰显出自身优雅的咖啡品位、生活品位，营造精致小资的生活仪式感的愿望，特别适用于居家、办公、旅行等场景，尤其受到办公室白领、金融从业者和户外远足群体的青睐。“大满贯”套装仅上线一个月，销量就达到3000套。产品毛利接近60%的市场反馈让吴骏和他的团队坚定了用户对便捷和品质的需求确实是真实存在的信念，也给了他们更加努力挖掘和满足用户需求、相信以极致的方式满足用户的动力和信心。

2017年2月，第二代手冲咖啡“大满贯”的套装上线，此款产品由手冲壶、分享壶、滤杯、滤纸和咖啡豆/粉组成，整套售价为200多元，是针对消费者对手冲挂耳的进阶需求的套装的升级版。用精选的高品质咖啡豆以精准的还原工艺最大化还原咖啡的醇厚风味，不但在口感上最大限度地保留了咖啡原有的醇正风味，而且在制作的形式上也很大程度还原了精品咖啡冲泡工艺（见图4–6）。在降低操作门槛、便捷化操作方式的同时保留了精品手冲的仪式感，此次创新举动在中国咖啡市场上无疑是历史首创。因为在三顿半之前，市场上的设备、器皿、挂耳都是分开来卖的，而且手冲壶、滤杯都是以昂贵的国际品牌为主，在这一领域国产品牌基本空白。借此，三顿半重新树立了消费者对精品手冲咖啡的认知，让消费者得以凭借低成本、低门槛随时随地地进入精品咖啡消费领域，创造出与精品咖啡相近的多样化消费场景。

图 4–6 手冲“大满贯”套装

图片来源：三顿半官网。

（3）创新咖啡喝法。在三顿半的官网上，不仅有对其系列产品特色的图文介绍，还有系列产品操作的“手把手”式教程，详细地向消费者介绍每款产品的操作方法和要点技巧，颠覆了传统认知中精品咖啡的消费方式。同时极大降低了精品手冲咖啡的消费门槛，为不同的消费者在不同的场景下提供了多种新奇便捷有个性的咖啡喝法，为消费精品咖啡创造了无限可能。

此外，在三顿半官方微博以及微信公众号上，还有大量以时尚精致的图文呈现的有关其系列产品的多样喝法，以及营造咖啡消费小资场景的技巧心得，实现了消费者在各种场景中打造自身与精品咖啡的完美邂逅。不止于此，通过在社交媒体网站与消费者的亲密互动，三顿半在向消费者介绍自身对于咖啡喝法和场景构造创意设想的同时，注重激发消费者结合自身生活习惯和个性特征进一步发掘咖啡的新奇喝法（见图4–7）。自创精品速溶咖啡与自身生活的融合场景，探索独具个性化与时尚感的消费方式，让三顿半的产品消费方式和消费场景达到“只有你想不到，没有消费者做不到”的境界。

图 4–7　咖啡的创新喝法

图片来源：三顿半官网。

3. 塑造品牌形象

（1）可视化品牌元素。三顿，是消费者的物质生活。而三顿半则希望成为消费者物质生活之外的精神世界，赋予三顿半以浪漫主义气息。

借由自身对咖啡的认知和践行，三顿半希望基于对自然的追求与鲜活的创造力不懈地探索创新，借助现代媒体的表达传播，赋予精品咖啡以生活化气息，将高品质咖啡的消费实实在在地注入年轻人的日常生活，让消费者的日常生活超脱物质层面的功能需求，添半分精致与浪漫，成就咖啡与人更多的奇妙可能。

三顿半的品牌Logo——一只来自大自然的鸟儿，既有其温情故事（创始人在品牌初创时期救活了一只被困在工作室中、生命垂危的小鸟，让其重新回归大自然），又有独特意蕴：鸟是来自大自然的精灵。而咖啡豆也一样，每一颗都源自天然，三顿半希望带给用户的是源自大自然的精品，也希望通过自身努力最大化发挥自然的奇妙，为消费者呈现最美好的自然体验，同时将爱与环保理念的践行反馈给大自然。这只大自然的小鸟，代表了爱与自然的结合，也正是三顿半的出发点，即以极致务实的态度，呈现自然本真的丰富，既不巧言令色，也不故作附庸。

此外，重新展开双翅自由翱翔的鸟儿也代表三顿半的思维创意如拥抱大自然的小鸟一般没有约束。在“探索星球风味”的“蓝天”中无拘无束，放飞自我，不断探寻源自不同“星球”咖啡果实与生俱来的特质和人们日常生活方式的结合。在探索中创造出新产品，给予消费者源源不断的惊喜。

三顿半不仅追求在品质与口味上征服咖啡爱好者，在产品包装上也不断推敲打磨，致力于推出能让消费者随身携带又能满足消费者情感需求、彰显消费者个性、带来消费者心理溢价的产品外观来吸引眼球，从而紧抓用户深层次的情感诉求，成就精品咖啡即时消费与消费者日常生活的融合。

三顿半之所以能在不借助像瑞幸等互联网咖啡品牌那样大范围、全网式“烧钱”营销手段的前提下获得众多KOL[①]和KOC[②]们的宣传，在一定程度上是因为其抓住了年轻消费者注重时尚感和设计感，愿意为产品颜值和时尚感付费的消费心理。它在产品包装上付诸创意与努力，以差异化、个性化、极具设计感的高颜值“小杯子”造型，从众多包装中规中矩的传统速溶咖啡中脱颖而出，获得大批“颜控”粉丝的喜爱。这种小巧精致、易于携带的小罐造型，方便消费者随身携带一天的冲饮量，而且酷潮又极富设计感的外观造型甚至可作为百搭的时尚装饰物，让众多精于装扮的颜控粉丝自觉养成随身携带三顿半的消费习惯。

三顿半酷潮又可爱的迷你咖啡杯原型包装俘获了作为“颜值

① 关键意见领袖（Key Opinion Leader，KOL）是营销学上的概念，通常被定义为：拥有更多、更准确的产品信息，且为相关群体所接受或信任，并对该群体的购买行为有较大影响力的人。

② 关键意见消费者（Key Opinion Consumer，KOC），指能影响自己的朋友、粉丝，使之产生消费行为的消费者。

协会”忠实会员的广大青年消费者。而其更深层的意图在于以咖啡杯的原型强调其产品能够最大限度还原精品现磨咖啡的原真口味、以小巧精致又不失简约大方的造型来表达其对简约精致生活的主张，进一步凸显三顿半致力于让精品咖啡生活化、为消费者打造高品质个性生活的愿景。而且，高颜值、易携带的“装饰物”给消费者一个晒图分享的理由，赋予了品牌社交和彰显个性的属性，激发出用户群体之间互动交流、创造更多新消费方式和场景的热情，既丰富了三顿半产品的消费场景，又进一步增加品牌话题度和曝光度。

（2）品牌文化凝练。第一，探索创新精神。三顿半之所以能够成为众多KOL和KOC的推荐首选，获得消费者青睐和口碑，并在天猫上一炮而红，创造令人慕羡的业绩，其强大的产品力功不可没，而这种产品力则是基于工艺创新的咖啡品质与口味的提升。

三顿半的产品创新不只源于其高品质的精选咖啡豆，更在于冷萃和无限制的超级速溶特性。而特性的实现便是品牌内涵的探索创新精神驱动的技术创新。通过低温慢速萃取技术，三顿半咖啡实现了比传统速溶咖啡更高的溶解效率。在牛奶、冰水、苏打水、茶饮等不同液体甚至不同温度的液体中无须搅拌，三秒即溶。而且，相较于常见的高温工艺，这种低温萃取工艺能最大限度地保留咖啡原有的香醇风味，实现了速溶咖啡在品质与口味上的革命式创新。

这项工艺技术的研发创新并不是简单而一帆风顺的，在模仿严重、创新的速度远远赶不上同行抄袭速度的咖啡市场，要想获得持续稳定的成长发展，既要克服咖啡器具的天然小众、使用频次低等制约用户增长速度和复购率的瓶颈，又要在其他方面建立他人所无法模仿和超越的品牌特色壁垒。

因此，为研发一款受众面广、复购率高且有竞争壁垒的产品，三顿半积极探索，打破传统咖啡萃取烘焙工艺，于2018年研发出全新产品：精品冷萃即溶咖啡。这成为速溶咖啡的一次重要变革。这款产品是对三顿半前两代“大满贯”产品的叠加，即在追求超即溶性能的同时最大化还原咖啡原有风味。精选更高品质咖啡豆，采用冻干速溶技术的升级版，使得提取工艺更完整，风味还原更精准，在技术上实现了3秒钟溶于任何温度的任何液体的同时，最大限度保留了咖啡醇正风味。它甚至可以支持表达10%的烘焙度差异，使咖啡口味更加精细化。自此，三顿半历经不懈努力，在技术上构建了坚固的壁垒，一定程度上摆脱了山寨抄袭的困扰。

三顿半在咖啡口味上的探索并未止步于使咖啡风味最大限度接近于现冲现煮的效果，而是凭借其团队和粉丝用户合作创新，以卓越的思维探索不同种类咖啡豆碰撞所产生的不同风味，超越单一咖啡豆带来的口感体验，不断丰富创新产品的口味以适应更加多样化的消费场景，创造咖啡风味的无限可能。

第二，极致理念。“厚积薄发”这个词用于三顿半再贴切不过，2008—2015年，吴骏和他的团队便已经在经营着一家精品咖啡馆，借此全面接触了咖啡豆的交易、烘焙和经营等产业链的各环节，为2015年创立三顿半打下了坚实的专业基础。

在多年精品咖啡馆和烘焙电商经营经验的专业加持下，三顿半一直坚持“Good coffee goes a long way”，相信一款好的产品需要不断地用心打磨才能最终呈现给顾客，获得顾客发自内心的认可和对品牌长久的支持。4年多的成长探索，三顿半品牌产品富有设计感的外观、优质独特的口感、丰富醇正的口味，创意的呈现方式以及光鲜亮丽的销售数据，都是研发人员灵感萌发、思维碰撞和创意集聚的结果。

例如，三顿半的第一批产品都经历了数十次的改良才得以推出，制作中的每一个简单的动作都会实验数十次以确保达到极致完美，甚至包括咖啡流过滤纸的声音是否好听、口感是否丝滑……而在研发速溶咖啡时，采用了20世纪70年代就已经被认证可行但技术成本较高的“冻干”技术，通过急速冷冻和升华过程，去除咖啡液中的水分，最终形成颗粒更细、更易溶于水、口感也更佳的咖啡提取物。为实现这一技术创新，三顿半在研发环节花费了2年的时间。三顿半推出的6种不同风味的超即溶咖啡，每一种不同风味由3种咖啡豆提供。而由于每种咖啡豆的提取率不同，需要经过不断的实验来计算出拼配豆最佳的萃取曲线和有效成分提取率，使咖啡的风味越来越接近于现冲现煮的效果。

正是这种追求极致，为达到完美状态将每一个环节改进数百次、上千次的韧劲使三顿半的历代产品具有显著高于市场平均水平的新品成功率，不仅获得了市场广泛认可，也为其吸引了资本支持。三顿半的投资机构峰瑞资本曾表示，最终决定投资三顿半的原因之一就是品牌创始人对产品极致苛刻的匠人精神，这让他看到了这个品牌对产品创新的态度和品牌的未来。

第三，用户导向。三顿半新品的高成功率，在于产品研发过程中为追求极致而不断探索和改进，而改进的动力和意见来源，则是做大量的产品测试，不断获取消费者的消费体验，以为顾客呈现满意愉悦的消费体验为设计研发的最高目标。

从第一代产品开始，三顿半的每款产品，在上市之前都需要通过多种途径做消费者测试。三顿半的团队中有专门的成员通过各种社交平台寻找对咖啡文化及口味有独到见解的消费者，向他们寄去新产品，收集他们的消费体验和意见反馈，不断做出产品调试。另外，三顿半还借助第三方调研机构、展会、线下体验店等获得更多消费者消费体验的调查问卷，并对这些问卷反馈进行整理分析以提高后期的产品研发能力。

除了不断探求消费者内心的真实需求，结合用户的实际体验不断改良产品口味、创新产品品类外，三顿半还进一步结合消费者日常生活，分析用户画像，识别不断进阶的消费者需求，做消费者品质生活的“设计师”。其中，第二代手冲咖啡

“大满贯”便是典型，是团队及时准确识别消费者有进阶需求的突破创新，而在三顿半之前，市场并无先例。2019年11月，三顿半面向低咖啡因需求的用户上线了7号新品——路易波士茶。除与其他产品一样具有速溶、不含糖和零脂肪的特点外，其最大的卖点在于能够舒缓情绪和提升睡眠质量，进一步突破了消费者对于三顿半的认知，给低咖啡因消费者一个选择三顿半的理由。

在消费者自我意识和参与意识越来越强烈的今天，认真对待消费者测试、聆听顾客真实消费体验，同时又真正从消费者角度探索消费者需求痛点的行为极大拉近了品牌与消费者的心理距离。既让顾客深切地感知到品牌的真诚，又激发了消费者的主人翁意识，使其更加愿意参与三顿半产品的设计研发，并为产品的改进完善发出自己的声音，三顿半收获了大量的忠实拥护者和新品首试者。另外，许多消费者通过在社交媒体上分享有关三顿半的产品信息和动态，主动成为三顿半口碑的积极宣扬者和品牌传播者。借此，三顿半实现了品牌势能和产品曝光度的极大增强，使其产品推新达到事半功倍的效果。

三顿半正是通过这种极致、细微的产品测试，最大范围地聆听消费者真实的消费体验，洞悉消费者的内心需求，以及不断结合消费者日常生活方式，探寻消费者的行为偏好和潜在需求，数年如一日地不断改进完善、突破创新，这才实现了品牌的逆袭。

4. 品牌传播

（1）跨界营销。三顿半在品牌探索创新之路上不断寻求机遇，携手有趣的人，做有趣的事。自品牌创建以来，三顿半已经与不同时尚、独特、调性一致的品牌和个人合作，创造出一系列爆款产品。如与来自首尔的优质咖啡品牌Fritz Coffee共同推出的包括Everything Good礼盒、0号“隐藏世界”、单品豆“佩拉德尔”、意式豆“首尔剧院”中国版等；与MONSTER DOROTHY联名的主题毛巾；与DONGO联名的主题玻璃杯；与MORE&OVER联名的纯棉托特包。2019年，新年系列联名主题产品一经推出，瞬间售罄，在赢得大批新老顾客追捧的同时大幅提升了产品的知名度和美誉度，扩大了品牌生命力和产品丰富度。

此外，三顿半还专门把0号产品系列设置为咖啡师合作系列，是三顿半超即溶咖啡的特别号码，专用于与拥有不同风格调性的咖啡师或机构进行合作。三顿半通过精选更优质的单一产地咖啡豆、精心设计的烘焙曲线以及更细致的风味呈现，为咖啡爱好者提供新鲜口感与想法。例如，与享有“日本咖啡之神”称号的田口护先生的合作款，特别选用云南精品咖啡豆，由田口护先生亲自研发和监制，将其精湛的烘焙工艺与三顿半无损工艺超即溶技术结合，赋予咖啡豆未曾有过的充沛甜感（见图4-8）。这些合作系列产品在为三顿半产品增加新的灵感与活力的同时，也因其专业度和知名度给三顿半带来了新一轮的营销关注度和可靠的专业背书。

图 4-8 三顿半与田口护的合作款

图片来源：三顿半官网。

（2）用户亲密互动。三顿半品牌的塑造和传播，并非靠向外输出大量的媒体广告宣传，而是注重通过与消费者的亲密互动建立与消费者伙伴式和合作式的关系，让消费者在品牌认同的基础上自发成为品牌的形象宣扬者和口碑传播者。

第一，"领航员计划"。三顿半团队始终认为顾客要比咖啡师更重要，是消费者在帮助他们成长，让他们看得见远方、望得到希望。他们相信，自己想什么并不重要，咖啡师的个人创意和高超技艺也不是关键，用户想什么、要什么、有什么建议才是关键。在产品开发的过程中，必须要尊重用户的购买体验和消费诉求，相信KOL的用户判断力。

三顿半推出的"领航员计划"，即消费者通过自己亲身的消费体验提出对产品的改进建议，并在产品正式面市时成为新品推介者和口碑宣扬者。三顿半一直非常重视种子用户和口碑传播者的消费体验。从下厨房到天猫、淘宝、小红书，三顿半持续不断地积攒来自诸如设计、金融、媒体、医生、摄影等对咖啡消费比较密集行业的“领航员”名单，工作人员每天都在从各个渠道发掘“预备领航员”，根据其购买评论和在社交平台上发布的有关三顿半产品信息，为他们寄送产品并与之保持持续沟通，以获取用户对产品消费体验的意见和建议。目前，三顿半的“领航员”已经从最初的50人发展至500多人，这些来自各个领域的有志趣又愿意为三顿半发声的达人们，在产品风格、方向和风味等方面为三顿半提出了很多宝贵建议，携手三顿半一同致力于推广精品咖啡文化，一同努力让精品咖啡大众化和生活化（见图4–9）。

图 4–9　“领航员”创意手绘

图片来源：三顿半官网。

第二，“返航计划”。正如三顿半一只鸟的Logo所传达的爱与自然结合的理念，三顿半是环保计划的切实推进者，希望通过努力实践环保理念，将自然之物带给用户，再将爱反馈给大自然——三顿半产品的小罐包装由100%可回收材料制成，并会推出包装回收计划，建议用户不要丢弃。2019年10月26—27日，三顿半首次上线了“返航计划”活动，鼓励消费者参与咖啡罐回收活动并使用环保购物袋，获得了消费者的积极响应。

此次“返航计划”采用线上微信小程序预约、线下交换的模式，活动场所位于7个城市的29个机构和空间，覆盖了80%的用户群体。用户通过在线上确认细节，包括空罐数、“返航”点以及兑换品，在特定的时间将空咖啡罐带到线下“返航”点凭借预约码进行操作。一个空罐可以兑换徽章、贴纸、胶带等周边小产品，更多的空罐还能换到主题咖啡或者品牌T恤。这种方式不但向消费者输入了品牌尊重自然、敬畏自然的环保理念，而且强化了消费者的品牌概念，塑造了三顿半环保公益的良好品牌形象。在品牌传播过程中，这一颇具创意的回收环节，为消费者提供了一种具有仪式感的消费体验，激发消费者参与分享、邀请助力的热情，进一步扩大了用户规模和用户黏性，并在利用产品包装制造品牌周边产品重新分发给消费者的过程中扩大产品的宣传力度。而且更具价值的是，通过借助微信小程序的线上预约和线下兑换，打通了线下和线上的用户运营，三顿半得以更精准地了解分散在线下的消费者画像，并将用户引流到自己的微信端平台，形成自己的私域流量池，为日后会员体系的拓展做铺垫（见图4-10）。

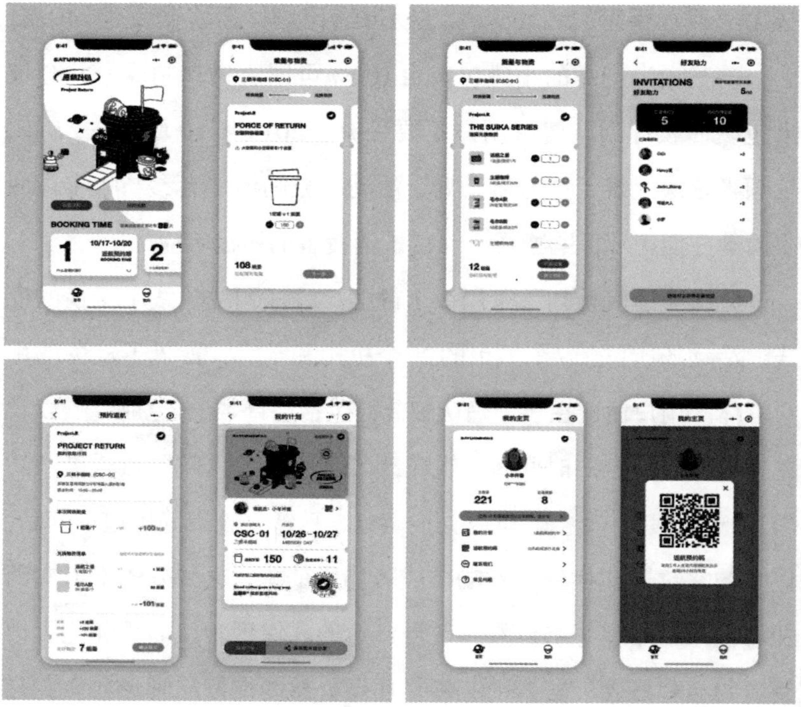

图 4–10 “返航计划”预约流程

图片来源：三顿半官网。

第三，新媒体平台无界互动。作为互联网时代下崛起的新品牌，三顿半尤其擅长运用互联网媒介平台与消费者进行交流互动。其微博、微信公众平台，不仅发挥着向消费者推介新品、举办活动、宣扬品牌的功能，还以留言互动的形式解答消费者的疑问。通过消费者分享互动探索咖啡的“超规”喝法，不仅在很大程度上加深了消费者对产品的认知，激发消费者的消费欲望，而且在互动交流中增加了消费者黏性，激发消费者对品牌的认同感和参与度，碰撞出更多新奇有趣的灵感创意。

通过公众号推文精选用户留言进行解答并送出新品体验机会，从消费者角度发现其在认知新品中的疑惑并进行解答，一方面能够切实地深入了解用户对于新品的认知，减少品牌传播与用户认知之间的偏差，另一方面也能激励用户留言并以奖励式方法回馈，在追求情感消费与自我价值认同的今天能极大激发消费者进一步参与品牌互动和品牌传播的热情，使其更容易成为品牌的忠实粉丝。

精品速溶：咖啡新领域的弄潮儿

伴随着国内咖啡市场的壮大，咖啡逐渐成为很多人尤其是都市白领日常生活中必不可少的标配饮品，也催生了以雀巢为代表的传统速溶咖啡、以星巴克为代表的售卖消费场景的精品咖啡店、以麦当劳和肯德基为代表的便利店咖啡、以农夫山泉为代表的即饮咖啡以及以瑞幸为代表的新零售咖啡，中国的咖啡市场呈现出群雄逐鹿景象。但随着消费者生活节奏的加快，咖啡在家庭场景和办公场景的消费需求变得越来越突出。相比于传统咖啡的口味以及现磨咖啡的费时费事，兼具品质与口味，又方便易得的三顿半精品速溶咖啡，在市场的呼唤下款款而来。一时间吸引了一众消费者的喜爱与追捧，成为中国咖啡市场的另一新秀和黑马。

从诞生到取得今日令人羡慕的成就，三顿半的成长道路仅经历了不到4年的时间，是时势造英雄，更是三顿半的自我成就：精准锁定现代文化情境下的消费痛点，将传统咖啡文化所追求的生活仪式感和生活调性的营造与当代生活节奏下人们对便捷与社交的追求结合，另辟蹊径地定位于精品速溶，顺应又善于超越用户需求。始终将顾客心理诉求放在产品设计与研发的首位，携手用户在口味、包装和场景上不断探索创新，追求极致化的消费体验，持之以恒地以本真态度致力于精品咖啡与消费者日常的深度融合，创新出多元丰富的精品咖啡消费场景，让精品咖啡触手可及。三顿半的今日，是天时，是地利，更是人和，是三顿半用大趋势的杠杆加自身的不懈努力，携手消费者共同探索打造的成果。

咖啡潮牌的启示：基于低温萃取工艺的口味保证和三秒速溶能力，配合设计精巧的小罐产品包装，三顿半首先征服了一批对口味和便捷性有要求的商务、旅游、运动爱好者，为他们解决了“随时随地喝上一杯高品质咖啡”的需求痛点，真正实现精品咖啡与消费者日常生活的深度结合，使品质咖啡触手可及。而且，这些人在消费过程中也成为三顿半的产品测试者和口碑宣传者，成为三顿半进一步识别和把握广大消费群体深层需求的忠实合作伙伴和灵感来源，从而使得三顿半构筑出从后端产品研发到前端销售与内容营销的循环体，三个环节密切接轨、互相促进，成为三顿半驰骋咖啡市场的强劲动力。

从名不见经传到迅速崛起为国内咖啡市场中惹人注目的行业

黑马，三顿半的品牌成长故事不应只成为业界的一段佳话，更应该在它的成长历程中探索出值得借鉴的品牌创意与发展的经验，去探求一个创业团队如何在大牌林立、竞争激烈、消费需求多样的市场环境中突围出一条可行的创新之路。

首先，产品是第一要义，强大的产品力是品牌得以基业长青的根本。对于产品，要用极致的要求，不断苛求完善，反复打磨产品品质，做到尽善尽美。让实实在在的高品质成为品牌口碑宣扬和形象塑造的内生动力。三顿半正是准确把握了用户在新时代的便捷化与高品质生活的需求，开发出兼具口味、便捷性与性价比的精品速溶咖啡，又在与用户深度互动的过程中不断进阶、在追求产品品质道路上勇往直前，成为引领咖啡3.0时代创新潮流的弄潮儿，成为追新求异的新时代年轻消费群体心目中的创意潮牌。

其次，无论市场风云如何变幻，找准消费者的痛点，顺应消费者的需求永远是对的。在品牌发展过程中，学会与顾客沟通，积极与用户互动，聆听顾客对产品的想法与创意，精准定位用户需求和消费偏好，适时推出创新产品以顺应并进阶消费者需求，不断探索与突破用户需求。三顿半的品牌发展，便是将顾客纳入产品创新环节中，使产品在面向市场的过程中得以充分借助核心种子用户的口碑传播能力，实现与用户的精准互动。

最后，创新是企业不断成长、取得进步的不竭动力，是多维度的。单一的创新很难在山寨模仿中塑造产品壁垒，要获得持续的竞争优势，需要构筑多维度的创新网。就三顿半而言，其成立之初便对咖啡产品品类进行创新，并在品牌推向市场的过程中创新了产品包装，进而打造新奇有趣的咖啡消费场景，俘获了第一批热衷于追新求异、对品质与便捷有需求的办公室白领，使其成为品牌忠实的宣扬者，构筑品牌全链条的护城河。在品牌发展过程中，三顿半又不断追求技术的硬核突破以实现产品创新的技术壁垒，不断探索提升和创新产品品质与口味，在消费者需求多变的今天始终立在潮头。

此外，产品的社交属性和标榜个性的属性在移动互联网飞速发展的今天已成为产品的一大竞争优势，在品牌塑造过程中需洞察消费者的深层次需求以赢得用户的情感认同，注重塑造产品的话题属性，激发用户的主动参与及增强用户黏性和品牌曝光度。三顿半以其精巧的产品包装、优质的咖啡口感、创意有趣的营销活动以及用户导向的产品创新机制，极大激发了用户对品牌的认知与认同，并在与品牌互动、与其他消费者分享的过程中实现情感认同，释放品牌的社交属性，进一步提高粉丝用户的忠诚度与活跃度，成为品牌发展传播的外生动力。

CHAPTER 5

品牌蝶变——经典回归潮流

中国李宁

传统品牌的国潮转向

全球化背景下，中国品牌如何应对国际品牌的冲击，在挑战中锤炼竞争力，是每一个企业和品牌都应当直面的问题。随着中国制造业的不断升级和运营管理的全面优化，在国际贸易格局的悄然变化中，国产品牌纷纷走上了“逆袭”之路，以全新的品牌形象和消费者洞察，传递出迎合“新型消费理念”的个性化、品质化、情感化态度，在国际竞争中“一展身手”。“老兵”李宁作为其中的代表，在经历兴衰沉浮之后，终于在国产品牌提质升级的潮流中迎来品牌新生，以惊艳的亮相完成了自我救赎，突破营收百亿元大关，实现品牌形象与营收的双提升。凭借优秀的品质和新潮的形象，李宁成功地建立起良好口碑，用全新的设计理念树立起“中国李宁”的品牌形象。《第一财经》“新国货榜样”消费者品牌喜爱度调研显示，2019年度国民新国货中，李宁获得

32.94%的支持率，高居运动服饰品类榜首。

以“中国李宁”为代表的潮牌转型无疑是李宁品牌发展历程中的“高光”时刻。通过创新产品和特色营销，李宁的产品力和品牌力得到显著提升，潮牌产品备受追捧，曾经“土气十足”的国产品牌李宁在时尚的潮流中争得一席之地。李宁潮牌的成功转型，也离不开其对运动文化、潮流文化和中国文化的融合诠释，以创新产品给中国文化和时尚运动带来新的解读。李宁品牌传递出的文化，使得其在国际竞争中树立起中国品牌的新形象，不仅为新时代国产品牌的发展提振信心，也为消费升级的背景下中国消费者的民族情感和文化自信的释放提供了良好的载体。

李宁潮牌的成功塑造，反映出制造业升级背景下传统品牌的国潮转向。经过全球化竞争阵痛和挫折的中国企业，正在寻求新的发展理念和发展方式道路上不断前进。国产品牌的国潮转向，不仅是品牌形象的升级和更新，更预示着中国企业和品牌市场竞争力的全面提升。在消费升级和科技创新发展潮流下，中国企业对消费者需求的理解和满足日益深化，企业的运营管理能力、商业模式、品牌理念和整合营销手段等显著提升。练足了“内功”的中国品牌，将在市场竞争中不断彰显特色，走出像李宁一样引领行业潮流的发展之路，实现“国货当自强”的期待和寄托，为消费者提供更加优质的产品和服务。本部分以“国货之光”李宁品牌为例，分析总结李宁品牌在向时尚运动转型中品牌塑造的策略和模式，以期探索国货品牌在新时代的有效发展方向和模式。

图5–1为李宁“潮牌”成长路径。

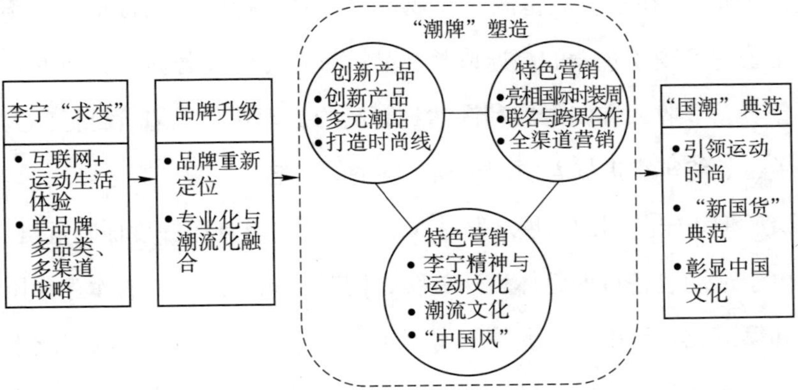

图5–1 李宁“潮牌”成长路径

李宁“求变”：低谷中的新方向

李宁品牌作为国内顶尖的运动品牌，于1989年由中国著名奥运冠军“体操王子”李宁创立。次年，李宁在广东三水成立李宁有限公司。企业成立后，李宁公司抓住了国内运动品牌的缺失，凭借“体操王子”李宁的个人形象快速崛起，利用渠道扩张策略，推动企业迅速发展，成为国产运动品牌的先驱。纵观李宁品牌的发展历程，其大致经历了开端、鼎盛、转型和重振四个阶段，既经历过民族企业发展与繁荣的高光时刻，也经历过自主品牌转型定位失败的尴尬。从登上高峰到跌落低谷，再到实现重振，李宁品牌的创立历经三十年沉浮，其发展的风雨之路，无疑是众多民族品牌在市场竞争中更迭起伏的缩影。

1. 面临危机

从品牌创立到喜迎奥运，李宁公司度过了其发展的“黄金二十年”。在运动装备制造产业迅速发展的行业宏观背景下，李宁公司实现了企业的高速成长和品牌影响力的显著提升。到2010年其营业收入和归母净利润达到新高峰，营业收入逼近百亿元大关，始终牢牢占据着国产运动品牌的第一名。

但李宁公司的发展之路并非顺风顺水，其亦曾一度面临危机。由于运动装备行业整体增速放缓，同时公司陷入严重的库存积压和渠道收缩等困境，业绩下滑严重，李宁公司的营业收入持续下滑，连续三年出现亏损，总亏损额高达30亿元。为应对李宁个人影响力下降、新兴消费市场吸引力不足、国际化发展速度缓慢等问题，李宁公司开始推行品牌重塑战略，将90后作为主力消费人群，品牌定位为“时尚、酷、全球视野”，推出了一系列以“90后李宁”为主题的产品。同时，李宁公司为探索高端化、国际化之路，将其自2002年即使用的口号“一切皆有可能”变更为“让改变发生”，试图完成品牌的升级，摆脱企业面临的困境。但当时由于包括李宁在内的国产运动品牌大都未能有效解决渠道低效、产品初级等问题，单纯从品牌建设上发力并不能彻底获得改善，李宁公司大力推行的品牌重塑战略并未能达到预期效果。由于李宁公司定位的目标市场——90后群体并不了解品牌内涵，生硬的转型未能对90后客户群产生强有力的吸引。大幅提价和改变形象的尝试又使得其原有消费者流失，李宁品牌的市场占有率大幅下降。

2. 新战略带来新定位

前期企业发展和品牌定位的失败迫使李宁公司在发展战略上做出调整，走出一条符合市场需求的发展道路。面对品牌升级受挫所带来的困境，李宁公司面向消费市场，结合自身产品设计和品牌塑造方面的积累，探索适合自身的发展方向，力求实现品牌重振。2014年底，李宁公司创始人李宁先生重新回归企业管理层，担任公司CEO，着力推进企业战略转型，将企业重新拉回发展的轨道。创始人李宁回归后，首先，确定了企业的新定位和新战略，将原本的“体育装备提供商”定位改为“互联网+运动生活体验”品牌，并将公司的宣传口号由“让改变发生”重新改回“一切皆有可能”。其次，李宁公司确立了“单品牌、多品类、多渠道”的整体发展战略，以李宁这一国内知名品牌为核心，多品类布局、多渠道发展，实现企业各项资源的有效整合，充分发挥企业在产品、渠道与零售运营、供应链管理等方面的协同效应，以提升总体经营效率和营业收入。

自2015年李宁公司重新确立公司发展战略后，主动拥抱消费者，在深刻的消费者洞察基础上，开始了“互联网+运动生活体验”提供商的转型。李宁公司以产品和渠道为核心，辅以成效显著的多元营销，致力于基于数字化提供创新的体验式价值，将运动与时尚、休闲、娱乐等消费者需求相结合，突出品牌的文化特色，在满足消费升级的背景下，促使消费者的消费习惯由单一领域向多元跨界、由物质消费向精神消费、由生活质量向生活态度转变。

品牌升级：传统国产品牌的蜕变

李宁公司所确立的“单品牌、多品类、多渠道”整体发展战略能够有效落实的关键在于李宁品牌能够发挥强有力的作用。只有李宁这一品牌的影响力继续提升，品牌形象不断改善，才能够支撑品牌力的有效发挥，从而实现品牌的有效延伸，以单一品牌推动多品类产品推广和多渠道销售。因此，在明确“互联网+运动生活体验”品牌这一方向后，李宁公司开始了品牌转型升级之路，主动拥抱消费者，逐步形成深刻的市场洞察，从而实现品牌的重新定位。基于对目标市场消费特征的准确把握，不断推动专业化运动特征与时尚潮流相融合，打造运动时尚新品类，将品牌融入时尚潮流，推动品牌形象有效提升。

1. 品牌重新定位

在品牌转型过程中，李宁公司首先对品牌进行了重新定位。随着新一轮消费升级的悄然发生，中产阶层和以90后、00后为代表的人群正成为运动服装消费市场的主流，对中产阶层和新兴消费群体而言，创新、个性化、情怀等都成为激发其购买意愿的重要因素，其消费理念中体现出为认同买单、更强烈的尝试和体验倾向等新特征。在消费升级背景下，消费者对品牌本身有了更新的理解，品质作为良好品牌感知的基础，虽然受到消费者高度重视，但并非消费者做出购买决策的决定性因素。而超越纷繁的促销、广告等营销手段的品牌文化和品牌价值更具吸引力，消费者更加追求品牌故事、品牌精神。同时，伴随着新一轮科技革命与产业变革，科技创新、数字变革对消费者的消费行为和消费心理都产生了深刻的影响，线上数字方式成为品牌传播和品牌塑造的重要途径。面对新技术、新业态、新需求、新模式，李宁品牌转型升级成为必然，其不仅是国内保持领先的专业运动装备品牌，也是时尚化、潮流化，符合新兴消费群体新审美的时尚运动品牌。

2.“潮牌”底蕴

李宁公司重视为品牌注入“潮”元素，推动专业化运动品牌与潮流化的融合发展，其将注重时尚潮流产品打造作为实现品牌转型升级的重要方向并非毫无根据，这与其消费者洞察的准确性有关，更与其前期深厚的积累密不可分。

自2011年起，李宁公司基于品牌升级的需要，将目标市场对准新一代青少年群体，提出了“90后李宁”的发展战略。“90后李宁”锁定目标消费者——90后，将品牌定位为“时尚、酷、全球视野”，为作为运动主力军的青少年提供更加个性化、时尚化的运动产品，从而与NIKE等国际大牌展开竞争。然而，“90后李宁”的战略定位并未如预想的那样顺利落实，转化为企业的核心竞争力，反而因为运动服装和鞋类缺少设计感而难以引起青少年的共鸣，始终未能打动年轻人，在目标市场中并未形成预期反响。同时，鲜艳的色彩和设计又难以为现有消费者所接受，折损了大量老客户。李宁公司的此次潮流化尝试以失败而告终，并一度使公司陷入发展危机。

然而，“90后李宁”的战略尝试却为李宁品牌日后的潮流化发展积累了宝贵的经验，也形成了重要的设计人才、时尚创意等储备，以及与时尚潮流相适应的运营能力。此后，在产品设计方面，李宁品牌较国内其他运动品牌更加注重潮流元素的运用，在运动服装和鞋类上都不断进行尝试。如作为国产篮球鞋代表之一的“李宁音速”系列，自2013年发布第一代篮球鞋以来，“音速”凭借先进的工艺和时尚的设计，令人耳目一新。第一代“音速”篮球鞋采用了部分热熔工艺，鞋身以昆虫的翅膀为设计灵感，而且高帮的鞋身均有反光涂层，闪光灯下格外绚丽，一经上市就备受消费者追捧。目前，“音速”篮球鞋已经发售至第七代，凭借前卫的设计和时尚的鸳鸯配色，成为国产篮球鞋的标杆产品。可见，李宁公司自“90后李宁”以来奠定的时尚基础成为现阶段其拓展新“潮流”、实现品牌转型升级的重要基础。

打造“潮牌”：多元策略助力品牌提升

面对目标市场消费特征的变革，李宁公司在推动品牌转型升级的道路上，以时尚方式体现中国文化价值观，以原创设计引领国内时尚运动潮流，并在与国际顶尖运动品牌的激烈竞争中彰显独特价值，获得竞争优势，实现国产运动品牌国际竞争力的有效提升。

1. 创新产品：引领市场消费需求

（1）坚持原创设计。李宁公司既拥有传统运动品牌的基因，在设计上又吸纳了当下的潮流元素，以原创产品解读出20世纪

90年代运动复古、现代实用街头主义以及未来运动趋势三大潮流方向，坚持以原创设计展示核心潮流文化，满足不同消费群体的喜好和需求。

第一，特色“中国风”。李宁公司在时尚运动产品原创设计中，注重复古和中国元素的融入，在运动时尚领域吹起了富有特色的“中国风”，使其在与NIKE、adidas等运动品牌时尚品类竞争中建立起产品差异化优势。以2019年李宁公司第二次参加纽约时装秀为例，该季大秀中“李宁”以取自《荀子·修身》“路虽弥，不行不至”中的“行”为主题，将实用主义的理念贯穿始终，将中国文化注入现代运动潮流文化中，赋予其独特的中国气质。

在秀场设计方面，中国李宁采用“中国风”进行秀场布置，连绵起伏的群山景象契合秀场主题，红绿灯光变幻的设计，展现出中国山水的勃勃生机和空间感。同时，李宁公司还将此次时装周部分产品设计灵感来源的黄山、嵩山、庐山、张家界等代表性祖国名山呈现在秀场之中，以站台的形式演绎“行”于山水的超脱境界。中国李宁将这次的秀场分为“城市”“自然”“双型世界之间的旅程”三个独立而又递进的篇章，分别赋予“徒步者”“漫游者”和“探索者”感悟和行走的空间。

“城市”系列聚焦于中国李宁标志性的运动服套装，即1990年品牌成立之初的经典运动服产品。该系列服装承袭了元祖产品中对卓越体育精神的追求，同时更加注重运动功能设计。标志性的廓形、创新的面料、动感印花以及超大“李宁”经典Logo的应用，都将中国李宁对经典的重铸推向了极致。不同面料的拼接使用更是创造出质感的精彩碰撞，赋予产品意想不到的节奏变化。“双型世界之间的旅程”系列中，设计师以自然界的鬼斧神工为灵感，将其变换成为张力十足的图案，大量应用在 T 恤、卫衣、夹克及风衣产品上。中国李宁以实用主义美学为前提，通过功能面料、多袋设计和模块化重组的手法打造这一系列，将潮流与实用有机地结合在一起。在“自然”系列中，中国李宁着眼于“自然”，遵循天人合一的中国智慧，设计师利用传统扎染工艺以及天然汉麻材料，融入带有运动感的设计细节，将经久传承的工艺技法与李宁品牌的运动基因融合（见图5–2）。传统扎染技法、天然的汉麻材料以及运动感的设计细节使得该系列服装尽显独到之美，并将中国的自然之美通过服饰设计语言表达出来。

图 5–2　独具“中国风”的“李宁”2019 年纽约时装周系列衬衫

图片来源：李宁公司官网。

第二，畅想运动未来。李宁公司注重探索未来运动趋势，将人们对未来运动的理解和运动产品需求展现在时尚运动产品中，将功能性及时尚潮流元素融入产品设计，以实现对专业性运动时尚的表达。如李宁公司在2020年巴黎时装周上发布的以“三十而立”为主题的系列产品，承载过去与未来，蕴含对未来运动服装潮流的思考，在未来复古的语境中，用品牌成立30年来对服饰设计的探索和理解，重新定义未来运动时尚风潮。其运动正装系列将运动与正装相联系，运用不对称的结构裁剪颠覆传统运动与正装不相融合的观念，充分彰显不拘一格的个性，表现其对未来时尚运动潮流方向的探索。

（2）多元品类协同。李宁公司在发展布局上采取“单品牌、多品类、多渠道”战略，以“李宁”这一单一品牌为核心，多品类布局运动产品。时尚运动作为李宁公司的重要品类之一，其发展也采取多元产品共存的方针，在街头潮流等多方面布局，以满足不同消费者的需求，提高时尚运动类产品的运营效率，推动时尚运动品牌迅速发展。

当前，李宁公司的产品体系包括运动鞋服、专业装备、童装系列、韦德系列以及时尚运动系列等，以“李宁”品牌为核心，形成了在运动产品和装备领域的全面布局。仅李宁时尚运动板块，就包括了特征鲜明的系列产品：“中国李宁”时装周秀款、街头潮流支线“反伍”（BADFIVE）、时尚运动产品“COUNTERFLOW by LiNing”系列、“001家族系列”，以及“星际”“叱咤”“藏易”等众多潮流单品。以单一品牌为统领，定位于不同目标市场、有着差异风格的众多单品之间既能避免彼此的竞争，又能发挥协同效应，以潮流单品带动消费者对李宁公司其他时尚运动产品的认知，提升“李宁”“潮牌”的市场影响力。

其中，BADFIVE（反伍）是李宁公司街头潮流支线的篮球品类爆款系列，其名字源自街头篮球，BAD 代表叛逆，FIVE 代表五人制篮球，以世界知名的NBA活塞队“坏小子军团”为参照，表现出对当时以力量和对抗为特色的“铁血”篮球的向往与回归，也是对当前以NBA为代表的世界篮球风格——强调技巧、投射能力的一种叛逆。该品牌标志中拳头、八边形、球框等造型，都代表着对篮球运动中对抗和力量的崇尚。该系列在设计上以街头篮球为核心，融入了嘻哈、涂鸦等街头潮流元素，形成既叛逆潮流，又亲民实用的风格。把篮球和青少年的特征相结合，表现了李宁品牌所推崇的价值观。所有产品大胆使用荧光绿的色彩，炫酷的同时与春夏季的生机和活力完美契合，融入盘扣、大猩猩等代表联名双方的设计元素。

作为李宁时尚运动板块重要组成部分的“COUNTERFLOW by LiNing”系列，包括“COUNERFLOW·溯”和“COUNTERFLOW·源”。“COUNERFLOW·溯”系列是李宁电商专供产品线，该系列产品具有鲜明的原创设计和特色元素，文化故事渲染特征强烈。其产品兼具街头潮流与中国文化特色，强调“逆流而上，追本溯源”，因此，该系列的设计灵感均源于中国的传统国粹文化，通过对中国传统文化的全新解读，用跨界运动、潮流的设计手法，将深层内涵和主张以新的形式传递出来，致敬中华文化。“COUNTERFLOW·源”系列则注重在探索未来的过程中，尊重每个个体的初心，以街头潮流运动的方式为每个独立灵魂喝彩。无论是BADFIVE还是“COUNTERFLOW by LiNing”系列，都是李宁时尚运动领域的代表性产品系列，它们都以个性化的产品设计，表达出李宁“潮牌”所倡导的价值理念，以此与消费者的自我价值观相联结。

（3）布局“李宁时尚线”。当前，“潮牌”已成为李宁公司重要的收入来源。2019年上半年，李宁公司运动时尚类产品市场占比达29%，成为李宁公司营收最大的板块，销售额同比增长54%。包括中国李宁在内的运动时尚品类服装系列2019年上半年总销量超过520万件，新品售罄率超过50%，鞋系列上半年售出超过4万双。为推动时尚运动板块良性发展，李宁公司不断注入资源促进时尚运动基础布局完善。

2019年3月，李宁公司在上海举办“时尚线2019 秋冬产品发布活动”时，首次提出打造“李宁时尚线”，该产品线定位于中高端市场，以运动时尚风格满足目标市场的个性化、自我化运动需求。“李宁时尚线”对于线上线下的渠道布局开始向多种形态延展，标志着李宁公司的时尚发展战略再次起航，成为带动企业营收、提升品牌形象、实现国际化竞争的可持续性发展理念。

"李宁"运动时尚化的主要任务，就是通过强化"中国李宁"的国货属性，在专业运动中融入时尚元素和中国传统文化要素，从而对运动鞋和运动服饰进行时尚化、潮牌化升级，同时也不断塑造时尚化、个性化，独具中国文化底蕴的品牌。当前，时尚运动已经成为李宁实现品牌升级、立足运动产品市场的一把利器。通过布局"李宁时尚线"，李宁公司能够有效解决运营和供应链管理问题，满足时尚运动被潮流裹挟下快速迭代的需求，保证"李宁"能够占据国内时尚运动市场的领导地位。

2. 独特传播：引爆品牌影响力

（1）亮相国际时装周。第一，开启秀场之门。李宁品牌作为"潮牌"受到广大消费者的关注，源自其走向秀场、参加纽约时装周这一决定。2018年2月，受天猫"纽约中国日"邀请，李宁品牌正式亮相纽约时装周秋冬秀场，成为第一个在纽约时装周亮相的国产运动品牌。纽约时装周上，李宁品牌推出其全新运动时尚品类"中国李宁"。定位于潮流、时尚的"中国李宁"一经亮相，就惊艳了广大消费者，受到国内和国际的广泛关注。"中国李宁"以"悟道"为主题，融入中国文化中"自省、自悟、自创"的精神内涵，用运动的视角表达出对中国文化和现代潮流时尚融合发展的理解，在世界顶级秀场上完美演绎了90年代复古、现代实用街头主义和未来运动趋势，向全世界展现了"李宁"品牌的时尚影响力。

纽约时装周上，中国李宁的体育时装秀震撼全场，时尚运动品类声名大噪，正式开启了李宁公司的“潮牌”时代。虽然参加纽约时装周获得了空前成功，给李宁公司带来全新的发展机遇，但事实上参加纽约时装周这一决定十分“仓促”。从天猫与纽约时装周合作举办“中国日”活动决定邀请李宁公司参加，到2018年2月正式参加走秀，不过短短两个月的时间，而李宁公司在短时间内交出的“答卷”无疑是令人满意的。

第二，时装周上的“常客”。纽约时装周的成功为李宁公司时尚运动品类的发展打开了一扇“大门”，其后，李宁公司数次参加国际顶级时装秀，展示其“明星”产品——“中国李宁”系列的最新产品和独特设计。2018年6月，“中国李宁”登陆巴黎时装周举办了新一季大秀，用“中国原创”和“中国制造”点燃了消费者的热情，赚足了关注度，在运动风格引领的前卫和现代基调中展现了李宁品牌对经典的传承和全新诠释。经过巴黎时装周的“洗礼”，主打复古运动风的“中国李宁”成功引领了运动时尚潮流，成为潮流界新宠，跻身世界知名潮牌的行列。

2019年2月12日，李宁品牌以“行”为主题，在纽约时装周举办了第三次时装秀。时装周上，李宁品牌选用了随看随买的看秀模式，走秀刚刚结束，李宁时装周款的全部衣物就被选购一空。同年6月，李宁品牌再次登上巴黎时装周，发布“中国李宁”2020年春夏系列产品，用乒乓球、融合以及复古概念创造了运动与潮流交融的更多可能性。在此次巴黎时装周上，李宁公司以其所赞助的“国球”——乒乓球为服饰系列设计的切入点和图案元素，通过采用一体织工艺的球拍图形，对比感强烈的拼贴画、漫画图绘和源自1984年夏季奥运会李宁的比赛编号数字11等元素，体现着“中国李宁”独有的创造力。

2020年1月，李宁品牌在巴黎蓬皮杜艺术中心发布李宁2020年秋冬系列新品，再次登上巴黎时装周。本次时装周李宁公司以“三十而立”为主题致敬品牌成立三十周年，设计师团队追溯和运用李宁品牌创立年代中最具影响力和标志性的艺术元素，展开对未来城市和人们着衣风格的畅想，引领大众用先锋的视角感受李宁为之呈现的未来景象，呈现出一场“特立不独行”的文化和视觉融合。

在过去的两年中，李宁品牌数次登上国际知名时装周（见表5-1），为李宁品牌带来爆炸式的关注度，将“潮流”“国际化”“国货”等标签与李宁品牌联系起来，既改变了过往消费者对李宁品牌的认知，又强调了李宁品牌国产运动品牌形象。通过数次登陆国际顶级时装周，李宁品牌在全球人们眼前展现出“中国风潮牌”的大气磅礴之美，也极大地改善了品牌形象，提高了消费者对品牌的认知。李宁品牌不仅借机成为“国潮”的代表，更是让中国设计不断与全球设计力量链接，对中国本土元素进行解读与传达，在包容与吸收世界多元文化的基础上，不断进行融合与创新。国际时装周为李宁品牌带来极大的关注度，为李宁品牌带来了无法估量的价值。

表 5-1 李宁品牌参加国际时装周一览表

时装周名称	时间	发布产品	主题与特色
纽约时装周	2018年2月	“悟道”体育时装系列	以“悟道”为主题，分为“心之悟”和“型之悟”两个篇章进行主题呈现，以现代实用主义理念重塑复古运动风潮，诠释未来运动潮流，是国内运动品牌第一次登陆纽约时装周，为国际时尚界注入中国运动时尚元素
巴黎时装周	2018年6月	中国李宁2019年春夏系列	“中国李宁”运动复古主题秀，于运动风格引领的前卫和现代基调中展现品牌经典传承
纽约时装周	2019年2月	中国李宁2019年秋冬系列	运用实用主义的设计语言，将“行”的中国底蕴渗入现代流行文化
巴黎时装周	2019年6月	中国李宁2020年春夏系列	现代运动潮流文化，将“融合”与“溯源”理念，在“行”的大主题之下表达出来
巴黎时装周	2020年1月	中国李宁2020年秋冬系列	以“三十而立”为主题，展现特立不独行的文化和视觉的融合，在品牌创立三十周年之际，追溯和运用品牌创立年代中最具影响力和标志性的艺术元素，展开对未来城市和人们着衣风格的畅想

（2）联名与跨界合作。联名和跨界合作是潮牌提升影响力的重要方式，在传统形象中融入跨界的玩法已成为引爆社交媒体讨论度的营销手段之一。对于品牌来说，这类操作也很友好，既能发挥集体回忆的优势，又能制造话题度回归年轻人视野。因此，越来越多的品牌开始主动尝试跨界合作来修正和更新品牌形象。

李宁品牌在联名中获得了良好的形象塑造和品牌传播效果。

通过与时尚界知名企业和设计师联名推出众多潮流系列和单品，李宁品牌无论在时尚潮流领域，还是在运动产品消费市场上的影响力都有了显著提升。在时尚潮流领域，李宁公司旗下潮流品牌BADFIVE与顶级街头潮牌 XLARGE®密切合作，推出了以“破旧立新”为主题的联名系列，目前该系列仍为李宁公司时尚运动品类中最受欢迎的产品之一。李宁公司与设计师张弛联名推出CHIZHANG系列潮牌产品，也受到消费者的喜爱。

同时，李宁公司尝试与国内外知名企业、大IP跨界合作，通过跨界品牌之间的相互借力，为消费者创造新鲜感和惊喜感。李宁公司在跨界合作方面有着突出的表现，与李宁公司跨界联名的企业或IP，包括《人民日报》、红旗、戴尔、故宫、GAI（2018年《中国新说唱》冠军）、迪士尼、宝马、STAR WARS、涂鸦品牌OG Slick、健身品牌CHISELED、德邦快递。此外，李宁公司还与功夫巨星成龙联名合作推出军事艺术风格胶囊系列。其中，李宁公司与红旗汽车和《人民日报》的联名赚足了眼球，极大提升了李宁公司时尚运动板块的知名度和形象。2019年5月，李宁公司和红旗汽车进行联名合作，发布了一组联名款Lookbook，推出了联名卫衣和球鞋。李宁公司与红旗轿车的联名将中国特色发挥到极致，以经典的红旗汽车、文字、图案以及早年的宣传画为主要灵感来源，充分展现中国文化所带来的视觉冲击，用国货的骄傲李宁公司和国产顶级汽车品牌红旗的结合，诠释“中国制造”的真谛。此外，李宁公司与《人民日报》新媒体板块的跨界合作也颇具特色，本次跨界合作从《人民日报》记录李宁公司在1984年洛杉矶奥运会上获得金牌开始，形成了联名Logo以及T恤、帽衫、帽子、挎包等单品，联名单品配色以黑色为主，荧光绿作为点缀，凸显潮牌产品的活力，也极大改变了消费者对李宁公司和《人民日报》的印象（见图5-3）。

图5-3　李宁公司与《人民日报》新媒体联名系列服饰

图片来源：李宁公司官网。

（3）全渠道营销。品牌接触客户的沟通渠道是企业营销策略落地的基础。通过不同的营销渠道，企业得以传递品牌信息，使品牌信息和品牌内涵接触到潜在买家。李宁公司打造“潮牌”的特色营销手段之一即为全渠道营销，通过整顿实体店面和大力发展电商平台，形成线上线下相结合的渠道力，发挥线上线下的协同效应，整合营销传播，提供一致性的品牌信息。

第一，“李宁电商”线上发力。李宁公司为提升数字时代的运营能力，把握互联网时代品牌建设的新机遇，在企业内部凝聚资源、调整优化结构，设置了李宁电商业务部门，负责李宁品牌线上运营和在线营销活动，对于内容营销与事件性营销持续投入资源进行布局。在数字运营领域，李宁电商不断完善建立相关数据运营体系，在商品流管理的数据模型建立上获得成效，电商业务运营水平和盈利能力有了显著提升。2018年，李宁电商在盈利能力上继续获得稳健增长，销售收入持续上升，占总收入的21.1%，同比上升2.3个百分点。2019年，李宁公司线上销售继续水涨船高，销量稳居京东国货潮流品牌调研榜首，显示出强大的竞争力。

李宁电商的优异表现既离不开李宁品牌的前期积累，又与近年来李宁公司的线上营销活动密切相关。李宁公司充分运用互联网时代数字化平台和社交媒体，在微信等顶级流量平台上打造“李宁CLUB”，传递产品信息和品牌形象。在线上布局李宁公司官方网站、官方旗舰店小程序、百度贴吧“李宁吧”、各大平台官方旗舰店等多个营销接触点，能够让消费者轻易接触到李宁品牌的相关信息。

第二，升级“体验式”门店。与此同时，李宁公司的线下布局也高效开展。为解决先前困扰企业发展的渠道问题，李宁公司积极优化渠道结构，提升渠道效率。采取多元化发展策略，关闭和改造低效以及亏损店，增加高效店数量；同时，李宁公司继续创新店铺形象矩阵，在超大型城市和一线、二线城市商圈开辟了多个运动时尚品类专用门店。全新形象的中国李宁时尚店主要用于助力时尚运动板块新品展示和销售，吸引年轻时尚的消费群体，打造李宁公司时尚运动板块的线下联结点。相对传统线下门店，时尚店以提升消费者的购买体验为核心，强化店内运动体验，不断改进店面的零售体验。同时不断优化统一店铺形象，细化各类型店铺的运营标准流程，完善线上线下一体化的培训系统，加强终端销售人员培训及运动顾问团队建设，提升员工的专业产品知识和顾客服务水平，为客户提供快捷、舒适的消费体验。

通过线上线下联动，全渠道布局品牌营销，李宁公司的品牌升级得以有效落实，线上渠道与线下门店的有机结合也促进协同效应的发挥，“即秀即买”等模式成为全渠道营销促进品牌力提升的重要表现。

3. 潮牌文化——时尚运动中的“中国风”

潮牌“李宁”受到市场的追捧，除关键的“颜值在线”和品质保证外，特色营销和品牌传播也是重要影响因素。但从对产品的喜爱到对品牌的忠诚，则需要依靠消费者对品牌的认同和依恋，需要消费者与品牌建立情感联系。而其中的关键则在于品牌文化和品牌所代表、传递的价值理念。

“李宁”登上国际时装周后成为“网红”品牌，受到广大消费者的持续关注，是李宁品牌代表着的核心特性与消费者的精神需求“同频共振”的结果。作为一个融入时尚潮流与中国文化元素的运动品牌，李宁品牌向消费者传递着基于专业运动，但又超越专业运动的品牌特性和品牌价值观。可以说，“李宁”作为广受追捧的潮牌，其核心特性是：运动文化、潮流文化与中国文化有机融合，在时尚运动中融入“中国风”，体现中国文化特色，彰显中国精神情怀。通过运动文化、潮流文化与中国文化的有机融合，潮牌李宁公司以鲜明的中国元素与原创态度，向世界传达了一个沉淀了30年的中国品牌的时尚运动理念。

（1）“李宁精神”与运动文化。作为中国最具代表性的运动品牌之一，“李宁”自创立以来在国产运动品牌中始终具有较大的影响力，不仅为消费者提供高品质的运动鞋服和运动装备，也向广大市场群体传递出创新、激情，勇于尝试、达成目标，“一切皆有可能”的运动精神。李宁公司的创始人——体操王子、奥运冠军李宁在运动场上的拼搏和奋斗精神是李宁公司的精神根基。“李宁精神”内含于广义的运动文化之中，运动员李宁在体操运动中屡创辉煌、为国争光，连续四次摘取奥运桂冠，李宁个人的冠军之路亦是“李宁精神”最好的诠释。

在李宁品牌初创阶段，李宁个人所产生的影响力是品牌最重要的保证之一，是消费者对李宁品牌认知的基础。这种认知在长期发展中形成了李宁品牌所蕴含的文化，以及品牌所传递的价值观念——中国体育健儿们奋勇拼搏、为国争光。可以说李宁品牌的根基在于运动，这是其在市场竞争中的立足点，也是李宁公司进行产品创新和融合发展的精神支撑所在。创始人李宁认为：“我经常对内部说，首先你是做体育品牌的，做体育就应该有一个想象空间，敢于去挑战，去尝试。”李宁品牌立足于运动服饰及运动装备制造，却能大胆融合时尚潮流元素和中国文化元素，在时尚运动领域取得开创性的成就，成为第一个登上国际顶级时装周的国产运动品牌，离不开大胆创新、勇于尝试的“李宁精神”和运动文化。

（2）潮流文化：个性化与自我表达。改革开放以来，作为舶来品的潮流文化和街头文化开始进入我国，并得到快速发展，成为具有较大影响力的亚文化。潮流文化的影响不仅表现在出现了一批作为球鞋、板鞋爱好者的“潮人”，更在于其反叛、独立、非主流的文化和突出自我、个性化的表达对青少年等群体思维方式和价值观念的影响。在潮流文化泛化的过程中，其追随者人数不断增多，爱好对象也出现扩大化趋势，从最初对鞋的热爱，演变到更广泛的对新锐品牌、新锐设计的热爱。

潮流文化对消费者的影响已成为一股不可忽视的力量，同时对产品和品牌也提出了个性鲜明的要求。潮流文化中的独立、自我、个性化表达等特征与体育精神和运动文化有一定关联性，潮流文化的起源也与运动息息相关，因此，潮流文化与运动产品的融合具有必然性。李宁公司在品牌升级过程中，将新兴消费者对于个性化和自我表达的需求作为方向之一，以原创设计满足不同群体的“潮运动”需求，在消费者心目中塑造出不同于以往的形象，从“老土”到“潮流”，李宁公司通过运动与潮流文化的联结，实现了品牌升级之路上的重要跨越。

（3）“中国风”彰显“中国心”。李宁公司品牌具有独特中国特色和中国风格，深深打着中国烙印，是最能代表中国的品牌之一。这种建立在广大消费者心目中的品牌认知和品牌形象非常牢固，也是李宁公司的重要品牌资源。因此，在寻求品牌升级的过程中，李宁公司将品牌经营、设计走向、与消费者交流的方向定位于融入中国文化，回归中国本土寻找时尚。以中国文化视角理解当代潮流文化和运动文化，通过科技、美学和创新链接当下，产品既能突出运动品牌所具备的现代感，又能凸显历史感和文化感。李宁时尚运动板块系列产品有着浓厚的“中国风”，大量融入中国元素，传递中国传统文化风貌。李宁公司在历届时装周上所呈现的秀场主题和产品最具代表性。在纽约时装周上，李宁公司将各式各样的运动服烙印上中国的元素，印有中国国旗红黄拼色的夹克，或“中国”和“李宁”等中文字样的T恤、运动衫，都是中国文化和中国理念在国际顶级秀场上的光芒绽放。

李宁时尚运动产品之所以成为爆款，受到广大消费者的喜爱，不仅是因为其在运动领域以时尚化手段展现中国元素，更是因为在“中国风”的背后，是中国文化的现代性表达，以及中国文化国际影响力的提升所带来的民族文化认同和文化自信。李宁公司在国际顶级时装周上，用凸显民族主义的时尚设计风格吸引了大量眼球，改变了李宁品牌过去的“土”形象，赢得了更多年轻群体的认同，同时，李宁公司在国际秀场上的成功也极大提升了消费者对本土品牌的认同感，成为消费者民族自豪感和文化自信的载体，使得消费者与品牌之间建立起了更深的精神联系。

"新国潮"的引领者

"国潮"转向是中国文化复兴诉求的价值传递，也是中国文化吸引力的重要表征。国内知名运动品牌——李宁公司通过"国潮"转向成功实现了品牌形象升级，以"国潮"为核心的一系列品牌营销活动极大提升了李宁品牌在新兴市场中的影响力，也在潜在消费者心目中树立起良好的品牌形象。李宁公司通过为现有品牌注入潮流元素，不仅实现了国产运动品牌潮牌化，更体现了广义上我国传统品牌的潮牌蜕变。李宁公司通过"国潮"转向探索出国内运动品牌的发展方向，给国内运动品牌的升级带来新的解法，成为国内运动品牌潮流化变革的引领者。

李宁品牌的发展史象征着整个中国体育用品的发展史，李宁品牌的潮流化转型也是整个"中国制造"转型升级的代表。在中国制造业升级、供应链优化、品牌日渐成熟的背景下，中国企业通过改造产品设计、生产供应链以及营销销售体系，实现准确的市场定位、恰当的品牌形象、有效的广告投放、快速的反应能力。这种产品运营思维和市场导向，支撑着一批批国产品牌从"做大"走向"做强"，形成代表中国当前运营能力和制造水平的"新国货"。

"新国货"品牌从产品、技术、美感、理念、营销和商业模式等多方面迭代升级，凭借深刻的市场洞察，打造更亲近年轻人市场的时尚风格。它们不仅有着比肩国际品牌产品的品质，也有着毫不逊色的“颜值”，在国际舞台上频频亮相，作为本土品牌追赶甚至引领时代，寄托了人们对“国货当自强”的希望。同时，“新国货”大多立足于本土文化，以中国文化为底蕴，通过对中国文化的挖掘与创造，表达个性、自信、激情等核心特质，形成了一股独特的艺术风潮，受到年轻消费者的热烈追捧，走向广阔的大众市场，开创出别具一格的“国潮”时代。“新国货”品牌在全球市场收获的认可无疑提振了整个社会对国货的信心。以李宁公司为代表的“新国货”的崛起，蕴含着更深刻的文化精神和时代意义。它们在国际市场竞争中的成功所代表的意义已经超越了企业本身，而成为整个民族、整个国家走向复兴的缩影。因此，民族自信心构成了国货消费意愿的核心内驱力，这种“自信”无疑会带来一种身份认同感，从而产生消费倾向的变化。这也是当前越来越多的消费者愿意成为“新国货”的拥护者，与“新国货”品牌建立情感联系的重要原因。

“坚持道路自信、理论自信、制度自信，最根本的还有一个文化自信”。对中国文化的自信是对中国文化理念和价值观念的信心与认同，这种自信不仅来源于居世界领先地位的“国之重器”，更来源于细微之处、点滴生活中对国产产品和品牌国际竞争力的认知。因此，在国内消费者自我意识越发觉醒的今天，以李宁为代表的众多“新国货”，都是消费者民族自信的表征，承载着消费者对国货崛起的期望。作为“新国货”典范，李宁潮牌的成功无疑证明了中国潮牌在国际的影响力和前景，提振了消费者对中国潮牌成为世界引领者的信心，成为民族自豪感与文化自信心的载体。

故宫

新时代的蜕变，穿越时空的“潮牌”

故宫变了，从长期以来以高贵神秘、雍容典雅为标签高居庙堂之上的“阳春白雪”，变成紧追现代潮流、极具话题热度的时尚引领者，开始开放夜场、举办灯光秀、进行跨界合作、开发另类文创，录制新综艺、接力互联网、尝试数字转型……将近600岁的传统品牌在新时代、潮文化的交融下“返老还童”，收敛了一分威严，平添了几分烟火气，变得更加亲民，更接地气。故宫开始以开放、年轻、活泼的萌趣的崭新形象出现在公众面前，活跃在大众的日常生活和工作社交中，牵手时尚摇身转变为萌趣又不失雅致、充满朝气与活力的“新时代网红”，备受广大受众的喜爱和推崇，同时也为中国传统历史文化在新时代的表达和传播树立了可供借鉴的典范，受到国内众多历史博物馆的模仿与借鉴。

传统文化复兴：历史与现代的交融碰撞

近年来，与汉服、国学、传统工艺等相关的传统文化开始高频出现在人们的日常生活中，并随着移动互联网的发展，通过视频、音频、电商等渠道以时尚现代的方式向大众传播，积极地将自身特色与现代消费者生活相融合。这种传播方式使越来越多的年轻人将注意力投向中国传统文化，更有一部分个性彰显且对艺术有独到见解的青年们主动投身到发掘和传播传统文化之美的行动中，在国内外掀起一股中国传统文化复兴的热潮，使传统文化在现代社会的曝光达到了新的高度，同时，创造了一个巨大的文化市场。iiMedia Research（艾媒咨询）数据显示，2018年，仅传统文化电商一项的交易额就达116.8亿元。那些曾经淡出我们生活的传统文化开始逐渐复兴，在不断创新和拓展中形成包括内容、IP、电商等产业在内的百亿级别的庞大市场。

进入21世纪以来，人们的消费追求在时尚与潮流的迅速迭代过程中发生了翻天覆地的变化，逐渐成为消费主力军的青年群体追求新奇、敢于尝试、喜爱娱乐和社交。他们思维奇特，追求非主流和反差感。但这些消费偏好，都与传统博物馆所呈现的形象背道而驰。因此，一部分以历史文化为内容、静态展览为主要展现形式、威严肃穆为整体基调的传统博物馆也开始思异求变，积极尝试拥抱现代时尚文化元素，运用现代数字科技，以娱乐化的方式与当代年轻消费群体的兴趣点相契合，探索自我品牌转型之道。

一时间，这些传统博物馆改变了以往冷冰冰的“文物储藏室”面貌，开启了“逆生长”之路，摇身变成充满生机、为消费者带来惊喜与满足感的文化品牌，成为众多爱时尚、爱娱乐、对传统文化充满好奇与敬仰的消费者追捧的对象，在新时代文化沃土上呈现出勃勃生机。

理念转变：品牌瓶颈下的自我助力

近年来，人们生活方式与消费观念的快速转变，让故宫这位将近600岁的老人感受到“时空穿梭”的不适感，一度难以跟上年轻消费者追求时尚、新奇与趣味的步伐，在文化多元、娱乐形式丰富的新世纪逐渐淡出人们的视线，在时间推移中与人们的距离越拉越大。

一方面，老一代消费者退出而新一代消费者并未跟进，故宫这位历经沧桑的“老人”在新时代面临产品创新乏力、服务理念落后、品牌力逐渐式微的困境，遭遇到前所未有的发展瓶颈；而另一方面，同属于历史文化博物馆的台北故宫、巴黎圣母院、卢浮宫等国际知名博物馆，却并未掉队，它们在面临消费者需求迭代变化的市场趋势时适时转变经营理念，转变服务策略，以创新的服务运营策略应对消费趋势，在新时代呈现出勃勃生机，为众多年轻人所喜爱和追捧。

在消费趋势更迭、自身品牌发展遭遇瓶颈、国际同类博物馆纷纷转变运营策略的背景下，故宫也开始正视时代变迁的现实，重新审视自身价值和在传播历史文化、丰富国民精神生活中应发挥的重要作用。它开始思考如何在新的时代背景下传播和弘扬中华悠久的历史文化，如何开拓出新的品牌发展路径。

自此，故宫不再因循守旧，开始转变原有的运营理念，放下之前“高高在上”、不食人间烟火的身段，重新思索如何在维护博物院、文物藏品、游客尊严的基础上，以现代人喜闻乐见的方式讲述这个历史悠久、文化精深的古老建筑的故事。在博物馆文化逐渐以数字化形式展现，以娱乐化和消费化形式呈现在日常生活中的背景下，故宫在自身品牌出现发展瓶颈后转变运营理念，以一种更加平易近人、更加亲民的姿态与广大受众互动，以现代化、年轻化和亲民化的方式深入挖掘传统皇家宫廷文化和现代时尚潮流文化之间的契合点，使传统文化的表达与传播更具娱乐化、社交化和趣味化，重新走入人们的日常生活和娱乐中，并掀起了一股传统文化复兴的热潮。故宫在新时代的品牌转型之路如图5-4所示。

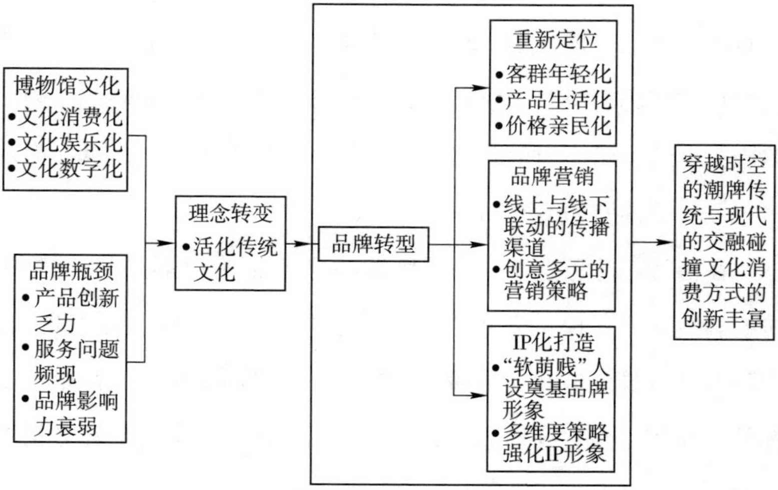

图5-4　新时代故宫的转型之路

品牌转型：塑造崭新形象

十年前，故宫留给大家的印象还只是一个历史气息浓厚、高贵神秘的历史文化遗址。人们虽然对其充满了身为中国人的自豪，但也总觉得少了几分亲切感和烟火气，因此对故宫的感情一直不温不火。即使成为热点头条，也多缘于“故宫文物被盗”“院长送锦旗写错字”等负面新闻。直到2012年，故宫博物院前任院长单霁翔任职后进行大胆创新，改变了这座宫城几百年的传统形象，令其重新焕发出朝气，使这个将近600岁的“老人”重新获得大众的关注与热捧。

2013年，《胤禛美人图》APP的推出被认为是故宫转型的第一步。它借助互联网技术，让用户随时随地领略历史文物和传统文化的独特魅力，在上线后迅速俘获大量粉丝，赢得了口碑与流量。这是故宫拉近与互联网关系的第一步，也是故宫走向现代化和年轻化的开端。

初试告捷让故宫尝到了品牌年轻化的甜头，也增添了对未来品牌年轻化发展之路的信心。2014年8月1日，故宫再次出手，发表了一篇名为《雍正：感觉自己萌萌哒》的文章，一改往日故宫庄严肃穆、尊贵典雅的高冷形象，将一个口中“金句不断”的皇帝活灵活现地呈现在用户面前，乖张任性的动作颠覆了人们对雍正爷冷血残酷、苛刻严肃的传统认知。这种“软”“萌”“贱”造成的反差感成功拉近了故宫与当代年轻人之间的距离，笼络了无数年轻人的心。

至此故宫完成了形象转变，开始了品牌年轻化、IP形象塑造的品牌转型之路，以活化传统文化的目标定位、线上线下联动的营销渠道和创意多元的营销策略不断强化和传播崭新形象，推动实现品牌发展与时代的接轨。

1. 重新定位

故宫的再次崛起离不开其对自身的准确定位。正如故宫前任院长单霁翔对博物馆所下的定义——一个好的博物馆应该能用其文化资源对社会和人民群众做出贡献，让收藏在禁宫里的文物、陈列在广阔大地上的遗产、收藏在古籍里的文字都活起来。重新认识文物的价值，将其博大的文化内涵与人们的现代生活相融合，让文物重新焕发生机，服务和丰富人们的精神生活是故宫新时代的新定位。故宫以活化文化资源，向人们展示中华文化为目的，在目标客户群体、文创产品及价格设定三个方面做了大量调整。

（1）客群年轻化。在目标客户群体定位上，一开始故宫将其锁定为35~50岁的男性群体。这部分群体大多处于社会中高阶层，喜欢传统文化和文物古迹，爱好收藏。因此，这一时期的故宫产品以雍容典雅、高贵精致为主，在产品设计上偏向于传统，其产品功能侧重于陈列摆设和收集典藏。在现代文化灵感的激发下，故宫尝试着推出了几款年轻化产品，诸如故宫朝珠耳机、故宫冰箱贴等，这些创意好玩的产品引发了用户热烈反响，使其尝到了产品年轻化、创意化的甜头。于是，故宫开始逐渐关注和重视年轻消费群体的强大购买力与传播力，根据年轻群体的消费心理调整产品开发方向，设计符合年轻人偏好的文创产品。

如今，故宫已将其主要用户群体锁定在35岁以下的女性群体，其微博、微信、淘宝等官方平台也开始将风格转向历史与现代感交融碰撞的反差萌，在制造话题、传播知识的同时注重把严肃的历史和人物用社会化、娱乐化的方式诙谐展现，以年轻人喜欢的“软、萌、贱”风格进行品牌传播和产品设计。

（2）产品生活化。在产品设计上，故宫对文创产品的设计思路从传统的以观赏型和收藏型的绘画瓷器为元素，转变为以年轻消费者的生活习惯与使用偏好为导向，更加懂得故宫历史文化底蕴与人们日常生活相结合的重要性。它开始摸索消费者生活需求与传统文化间的结合方式，尽可能地从日常生活中挖掘灵感，增加产品的丰富度，扩大产品的覆盖面，真正实现“传统文化活起来，博物馆文化带回家”的理念。目前，故宫文创产品设计已不再是简单地复制藏品，产品类型不再局限于绘画瓷器等观赏品类，而是形成涵盖文物藏品、生活品类、服装首饰、创意出版、创意家居、创意文具等诸多品类的产品体系，将故宫的传统文化渗入人们日常工作生活的方方面面（见图5-5）。

图 5-5 故宫文创产品

图片来源：故宫文创店。

（3）价格亲民化。故宫之前的文创产品，多是以典雅别致为主要风格的雅系产品，其受众主要为消费能力较强、对产品内涵和收藏价值比较在意的中高端文化爱好者。这类产品的定价也相应较高，使不少同样喜欢传统文化，但消费能力不足的消费者被“拒之门外”。因此，近几年来，为让更多人感受到传统文化的魅力，故宫对文创产品的价格进行调整，虽然一些典藏字画、古玩的雅系产品价格没有降低，但是针对以娱乐猎奇为主要动机、消费能力较低的消费者，故宫拓展了以呆萌、可爱、娱乐化为主要特征的萌系产品，在价格上更为平价亲民。这种制定多维度价格的方法，满足了不同消费群体的消费需求，提升了客户群体对产品的满意度。

2. 品牌营销

在传统品牌的转型过程中，思维理念转变对品牌重新定位十分重要，同时与之匹配的有效营销也必不可少。品牌需要通过营销策略将新的理念和定位观念传递给受众，也需要通过营销策略来不断塑造和强化品牌新形象，而故宫转型所取得的成功表明了其营销策略的有效性。故宫采取打通线上、线下渠道，与多种切合现代人群消费特征的创新营销方式相结合的模式。

（1）线上与线下联动的传播渠道。调整品牌定位后的故宫，在开展塑造品牌、传播品牌形象等相关活动时也开始更加灵活地采用线上与线下联动的多维度营销渠道——通过线上话题互动制造热度、高科技加持提升服务以及线下场景广告获取客流、有趣优质的展览活动提升口碑，借助以上两种途径的结合迅速有效地传播了品牌形象，进一步扩大了品牌在年轻群体中的知名度和美誉度。

第一，链接线上，多维互动。移动互联网的高速发展使微博、微信和抖音等社交平台成为人们日常交流沟通的主要媒介。为更进一步拉近与年轻消费群体的距离，充分宣传品牌文化与文创产品，故宫积极在微博、微信上设立自己的官方宣传平台，并经常与抖音等新媒体平台合作宣传。

“故宫博物院”是故宫的官方微博，以其大气精美的文案吸粉无数，其上传的内容经常获得广泛点赞和转发。截至2020年初，其粉丝数已达810万，是故宫宣传其建筑、馆藏文物以及预告文物展览和文化讲座的重要渠道。“故宫淘宝”和“故宫博物院官方旗舰店”则是故宫网店的线上营销推广平台，紧随时事热点，借助并制造热点话题带动用户积极互动，以活泼可爱、卖萌逗趣的风格进一步拉近与消费群体的距离。

另外，“故宫淘宝”还建立了自己的微信自媒体频道，以趣味性和互动性的方式将明清皇帝的生活方式、历史典故等生动活泼地展现给消费者，用时下流行的吐槽文化来宣传故宫文创产品，吸引大量年轻群体“种草”和购买。

而故宫博物院的官方微信账号——“微故宫”则承担着文化推广和公共服务的任务，除了每日发布故宫有关活动或趣味知识外，还通过内置的“看一看”“逛一逛”以及“聚一聚”三个功能，向消费者发布故宫的实时展览和活动讲座信息，实时提供导览地图、开放时间等相关咨询服务。另外，微信公众号上还设置了故宫微店的入口，实现各平台间流量的导流与变现。

通过线上渠道，一方面，使品牌的宣传触及更多的消费者，扩大品牌在移动互联时代的影响力；另一方面，借助媒体平台与消费者紧密互动、利用移动互联提供实时的个性化服务，使得故宫以优质人性化的服务创新赢得消费者的满意度与传播效应。

第二，布局线下，增加曝光度。故宫线下的品牌传播活动则更加丰富多样——不仅包括频次越来越多、内容越来越丰富、方式越来越灵活有趣的线下文物展览和文化讲座，还积极开拓其他线下场景。

例如，2019年底，北京国贸地铁站展出总长135米的“故宫雪景长卷图”。这幅卷图在静态画面的基础上内置了互动装置，借由滑轨在互动屏上呈现故宫雪景的动态视图——借助人脸识别技术将进行安检的大内侍卫、忙着网购的后宫嫔妃、个性炫酷的时尚车展、参加摄影比赛的法师等宫内冬日生活景象展现出来，以故宫一如既往的逗趣风格呈现故宫内历史人物的“时尚”生活。而且这幅卷图不止于动态的趣味呈现，支持人们在卷轴上实时互动更是一大亮点，借助感知技术和数字影像，人们可以与卷轴里的大内侍卫逗乐、参加车展，与宫里娘娘们“斗智斗勇”，这种新奇创意的“宣传广告”，极大地吸引了人们的猎奇心，从而达到了品牌宣传的效果。

再如2018年末，神武门外诞生网红打卡圣地——故宫角楼咖啡店。这间咖啡店用古色古香的陈设构造和富有文化内涵的设施摆件将曾经高高在上、颇有神秘感的宫廷文化具象化地呈现在大众面前，让顾客得以亲身体验宫廷人物日常所享受的尊贵礼遇。咖啡店的内部装饰还原了《千里江山图》的壁纸主图和房梁轻幔，为人们打造出深入宫廷的场景，让人们能够更直观、通俗地感受到宫廷文化的古典风韵。

此外，故宫近几年来举办的诸如故宫赏雪、紫禁城里过大年、上元佳节点灯等大型活动，都以增强品牌亲和力为目的，努力尝试将故宫的一草一木、一砖一瓦与人们的日常生活融合。这一系列活动的成功举办受到了人们广泛关注，并引起了人们在社交媒体上的讨论分享，极大地扩大了品牌的知名度和影响力，增加了用户对品牌的认知度和好感度。

（2）创意多元的营销策略。一度被年轻人“置之高阁”而“不予理睬”的故宫能在近几年来迅速俘获大批年轻群体，除了其本身所拥有的优质文化资源外，很大程度上还有赖于它所采取的一系列营销策略。故宫通过精准把握新时代消费群体的心理特征，有针对性地打造和丰富品牌人设，借助数字科技以年轻化的方式传播故宫文化，为用户创造全新历史文化体验。

第一，反差萌人设，拉进受众距离。2014年，故宫淘宝发布的一篇名为《雍正：感觉自己萌萌哒》的公众号文章引起了全网的广泛关注。逗趣的措辞和丰富的内容使得这篇文章成为故宫以新形象面向受众的标志。自此，国民心目中庄严的“四爷”摇身一变，以“软萌贱”的逗趣人设出现在公众面前，或是泡脚，或是打虎，抑或是松下抚琴，时不时还口出金句，逗乐一众年轻人，成为故宫IP的最强代言人。

利用这一人设，故宫将自身历史悠久、意蕴深厚的皇家文化和宫廷生活连成一线，用丰富有趣的形式向大众传播，使品牌所传播的内容更易为年轻群体所接受，引来众多的关注与分享，有效地扩大了品牌知名度和美誉度。

除对现实历史人物的反差萌改造之外，故宫也开始利用互联网平台，通过灵活搭配微博、微信、手机APP等社交媒介平台塑造虚拟的“品牌代言人”，以多渠道联合打造和强化故宫转型后的新形象。这些虚拟人物都以呆萌逗趣为底色，但又独具个性，通过反差萌的全新表达，以趣味化方式向受众宣传和普及故宫和故宫文物的历史典故，在与用户插科打诨的过程中，使其以更接地气和亲民化的形象，有效地增进了消费者对品牌的认同感和品牌忠诚度。

第二，巧妙借势，扩大品牌声音。在内容为王、社交至上的互联网时代，品牌的传播扩散离不开优质的内容和高讨论度的话题。除通过自身优势创造高质量内容外，连接社会事件，借力热点话题，对于品牌知名度的提升也具有重要意义。

故宫对于这方面技巧的运用可谓是得心应手——从故宫淘宝借刘诗诗与吴奇隆大婚之势发布的《她比四爷还忙》文案，到抓住《超能陆战队》核心人物大白，推出大白和它的嫔妃们系列周边，再到借力热播古装剧《延禧攻略》，发布延禧宫内灵沼轩的虚拟现实体验二维码，让游客通过手机全景观看灵沼轩修复后的景象，吸引大量游客前往打卡。这些适时巧妙的借势手段，极大提升了故宫的话题性和社交属性，使人们真切地感受到故宫的年轻和逗趣，有效地拉近了故宫与年轻群体的距离，增加了青年受众的黏性和品牌忠诚度。

第三，大胆跨界，盘活历史资源。故宫的跨界营销可谓是层出不穷、丰富多样。跨界领域的多元化让故宫借助年轻化、娱乐化品牌既更好地契合消费者的喜好，又能够与其他特色品牌合作来进一步丰富故宫文化资源，延伸故宫原有的产品体系。

2019年8月，故宫文化服务中心与农夫山泉联合推出的9款限量版“农夫山泉故宫瓶”将故宫里精美的古画和文字等元素印于瓶身，向消费者展示故宫典藏的精美文物，并借助诸如“本宫是水做的”“工作使朕快乐”等幽默诙谐的配文来丰富品牌的趣味性，拉近品牌与受众的距离。再如故宫与Kindle联合推出的“Kindle Paperwhite X故宫文化”联名礼盒和定制保护套，以“阅”动紫禁城为传播主题，将经典的故宫色调和中国古代传统的祥瑞之物作为包装元素，为现代数字产品增添了一份悠久深厚的文化底蕴。

除与其他品牌的跨界合作外，为进一步扩大品牌的曝光度和知名度，故宫自己也做起了业态跨界。如前文所述的文艺打卡地标——“故宫角楼咖啡店”，以及以乾隆《紫光阁赐宴图》为主题的故宫火锅店，通过深度还原宫廷御宴的场景风貌，将皇家礼乐、家具器皿、宴会游戏等传统文化和人民群众的大众生活紧密连接，让受众在深度体验中感受传统文化，使传统文化重新焕发出勃勃生机，吸引了一众美食爱好者前来打卡。

第四，趣味节事，激活传统文化。节日往往是一个全民同乐的高流量、高热度话题。故宫作为传统文化的传承者，借助传统节日输出历史文化往往能够事半功倍。因此故宫每逢节日都会通过线上线下相结合的方式向消费者传播故宫的历史文化——线下举办内容丰富的主题展览和沉浸式体验活动、线上制造话题与受众积极互动，通过传统与现代元素的交融来制造反差感，一次次刷新受众认知，制造出超越受众想象的惊喜。

例如，2019年初故宫举办了全面展现清代宫廷过年习俗的体验活动——“紫禁城里过大年”特展。故宫博物院以破纪录的近千件文物将昔日皇宫过年的装饰与习俗重新展现在人们眼前，按照清宫旧俗为大众呈现一个充满年味的紫禁城，让大众得以直观具象地体验到“皇家年味”和宫廷习俗。再如2019年元宵佳节故宫所举办的上元灯会，首次全面点亮紫禁城。充满年味的红灯笼、投影在屋顶上的清明上河图，以及一同发出绚烂光影的午门、太和门、燕翅楼，让每一个身临其境的人感受到故宫美的震撼，让世界看到了中国悠久历史文化在新时代的炫彩夺目。

这些热闹欢愉的节事活动，让游客以更形象、更充分、更近距离的方式具象化了解那些曾经在故宫生活过的人物的日常起居、仪式活动和风俗习惯，使故宫精深的历史文化以更加立体生动的形式呈现在大众面前，并逐渐渗入人们的日常生活中。

第五，数字赋能，升级受众体验。伴随着21世纪数字技术的高速发展，高新科技在现代生活中发挥着越来越重要的作用。在此背景下，故宫不再因循守旧，积极拥抱数字技术，以数字化形式更加立体、多元、生动地展现历史悠久的传统文化。故宫也变得更加时尚、有趣和接地气，创造出超乎大众想象的惊喜体验。

例如故宫与凤凰卫视联合研发的高科技互动艺术展演——《清明上河图3.0》，将原作品的艺术神韵、文化内涵与8K超高清数字互动技术以及4D动感影像相融合，构筑真假交织、“人在画中游”的沉浸式体验。再如与腾讯合作的来自“Next Idea &故宫”项目的“穿越故宫来看你”H5，大明皇帝朱棣戴上墨镜唱起RAP，和雍正宫里的妃子们发QQ聊天，宫廷人物沉迷发朋友圈、互传邮件、玩转VR等，一系列脑洞大开的设计巧妙地将现代元素融入其中，以故宫一贯的萌贱作风吸引了广大受众的眼球，获得了大量网民的点赞和转发关注。另外，和腾讯地图携手打造的微信小程序“玩转故宫”，将真实的历史建筑和宫内设施呈现在手机地图中，并能根据环境的变化实时为游客定制个性化线路，极大地丰富了人们的旅游体验。

此外，自2013年开始故宫博物院相继推出《胤禛美人图》《紫禁城祥瑞》《皇帝的一天》《韩熙载夜宴图》《每日故宫》《清代皇帝服饰》《故宫陶瓷馆》《掌上故宫》等多款制作精良的手机APP，以生动且富有创意的故事情节和轻松诙谐的呈现方式让用户随时随地地了解故宫文化。故宫还运用VR、AR等高新技术，让游客穿越时空、徜徉“宫中”，坐上龙椅、批阅奏折，触摸文物，甚至和历史人物对话，极大地丰富了游客的旅游体验，增强了游览的趣味性，获得一众年轻人和历史文化爱好者的好评。

3. IP化打造

故宫之所以能够重新焕发生机与活力，被大批年轻人喜爱和推崇，归根结底是其在准确把握现代受众消费心理的基础上，结合自身品牌悠久精深的文化优势对品牌进行转型调整，以年轻人喜闻乐见的营销方式对品牌IP形象进行年轻化、亲民化、娱乐化打造。

（1）“软萌贱”人设奠基品牌形象。人格化品牌形象能够使品牌以一条主线奠定形象塑造的方向和基调，进而有效整合品牌传播和发展策略，使品牌向外输出的形象更加丰富而协调，实现单个产品和品牌整体间相互借力、互相成就，在加大品牌独特性、强化顾客品牌认知度方面具有重要作用。

故宫天生就是中华传统文化荟萃的宝地，坐拥中华最精深、最珍贵的文物宝藏和历史遗迹，本身便具备高贵典雅的“贵族气质”，这也决定了它在中华乃至世界历史博物馆中的重要地位。但这种“贵气”，并没有得到偏好轻松诙谐和娱乐有趣的现代消费群体的广泛喜爱，反倒是一些顺应受众娱乐偏好的新兴景区、网红打卡点更能顺应消费者的偏好，在人们的追捧下如雨后春笋般涌现。

因此，为将故宫精深传统文化以大众喜爱的方式重现，重新融入和服务人们的日常生活，它开始以其富足悠久的传统文化作基调，将年轻消费群体喜闻乐见的现代语术中的娱乐元素注入品牌形象，借助定位于“软萌贱”的呆萌逗趣人设使自己活跃在人们的日常生活和工作中，成为大众身边会卖萌、爱吐槽、长不大的“大朋友”。利用这种轻松愉悦的人设，故宫的品牌形象变得更加亲民和接地气，赋予了故宫和故宫产品更多的年轻化气息和趣味属性，拉近品牌与年轻公众之间的距离。而统一的人设打造，也使得故宫文化在人们现代生活中的渗透和传播的过程中所用策略更加自然和多样化，助力实现品牌的新时代转型。

（2）多维度策略强化IP形象。通过重新定位和人设打造，故宫确立了以年轻群体为目标受众、活化传统文化的新时代发展路径，并通过紧随潮流时尚、激发用户社交以及融入生活特性等策略进一步强化受众对新时代故宫形象的认知。

第一，紧追年轻群体，走进用户生活。能否抓住消费欲望强烈、购买力持续攀升的年轻消费群体对能否实现品牌长久发展至关重要，而故宫在品牌年轻化转型方面的成功无疑给传统品牌的转型蜕变做了良好示范。故宫在电商平台上熟练自如地与顾客插科打诨，在新媒体平台上一本正经地用网络流行语诙谐幽默地讲述历史故事，在综艺节目等娱乐领域频频出现，一系列“时尚前卫”的行动引得对新鲜事物、热门话题、互联网语言和潮流产品极为推崇的年轻群体为之“倾囊”，俘获了大批追随潮流的年轻人群，深受他们的关注与喜爱，成功赋予了品牌年轻化、时尚化的特性。2018年故宫博物院官方数据显示，目前来访故宫游客中，30岁以下观众占40%，30～40岁观众占24%，极大地颠覆了人们对故宫顾客群体“大龄化”的刻板认知。

第二，融入大众生活，增添生活气息。传统文化在现代文明中的渗透传播，必须要改变定位与策略，将自己切实融入大众的日常生活中，拉近甚至消除与受众之间的距离。正如故宫博物院前任院长单霁翔所述，故宫需要清楚地认识到与时俱进、与时代相连的重要意义，探索当消费偏好已经发生显著改变的新世纪到来之际，如何让人们重新感知和认同传统文化，如何让传统文化重焕生机。

为此，故宫强调要让历史、文物和文化自己发声，淡化往日高高在上、不食人间烟火的“高冷”形象，以活化传统文化为理念，通过制作娱乐性与文化性并重的综艺活动、使用有趣的生活产品以及人性化的周到的数字化服务这些创新的文化呈现方式向人们输出历史文化，成功实现了传统文化与现代生活的融合。这种亲民、接地气的方式，更加自然地将传统文化渗透到人们的日常工作生活和社交娱乐中，吸引了大批年轻受众对传统文化的关注和传播。

第三，凸显社交属性，推进形象传播。消费的不断升级使得人们越来越追求精神层面的享受，对于品牌的社交娱乐属性要求也愈来愈强烈，尤其在时间碎片化，信息又高度聚集的今天，品牌是否具有娱乐性和社交传播性成为其能否吸引广大受众，尤其是年轻消费群体的重要因素。

为进一步激发观众对故宫和故宫文化的兴趣，鼓励年轻群体了解和传播传统文化，故宫近年来一直努力将传统文化与潮流时尚的元素结合，设计出一系列诸如“朝珠耳机”、“冷宫”冰箱贴、“朕知道了”胶带等新奇有趣，紧随潮流，既令人耳目一新又极具历史文化内涵的产品，使产品在具有实用性和文化性的同时能够满足受众的追新求异、情感归属和社交娱乐需求。这些产品复古而实用、诙谐又富有内涵，一度成为广大年轻受众彰显独特个性、进行社交娱乐的重要载体，有效促进了故宫形象在目标受众中的传播扩散，大大提升了青年群体对故宫的认可与支持。

如今，故宫已经在消费需求多变、竞争激烈的消费市场上探索出独属于自己的品牌转型策略，以其反差萌的形象刷新了人们对传统博物馆的认知，也越来越受到广大年轻人的喜爱，逛故宫博物院、玩故宫手游、买故宫周边产品、看故宫展览逐渐成为年轻人的一种潮流风尚。总之，故宫的成功转型，其意义不仅在于向国民传播了故宫自身的文化底蕴和价值内涵，还在于通过自身的实践探索，带动了其他传统国牌的新时代转型蜕变，为国内其他传统品牌适应新时代潮流提供了可借鉴的经验，在国内掀起一股“传统文化复兴”“国牌崛起”的风潮。

新时代下传统文化的自适与表达

故宫确实变了，在历经朝代更迭、走过沧桑历史、度过漫长岁月后反而转变原来“严肃正经”的面孔，变得越来越年轻、时尚、富有朝气，越来越有人情味、接地气。

她有着近600年的历史积淀，具有深厚的文化底蕴和历史内涵，如今在时代进步、社会发展的推动下勇敢地迈出转型蜕变的一步，用现代化思维重塑品牌形象。故宫大胆而极富创造性地将传统宫廷文化与现代时尚创意元素融合，积极挖掘宫廷神秘、精深的历史文化，并与新时代消费者日常生活相耦合，用现代化语术和习惯实现异时空文化的交织碰撞，让传统文化穿越时空与现代化的日常生活对话融合。

正如故宫博物院前任院长单霁翔所述："故宫博物院要改变传统的传播方式，要学会运用多种方式来传播优秀传统文化，我们要让故宫文化遗产资源活起来。作为一个博物馆，最重要的，是要把你的文化资源真正地融入人们的生活。"对于拥有悠久历史文化底蕴的博物馆来说，融入现代人的日常生活，是传承和发扬传统文化的最好方法。因而，故宫的转型蜕变是时代的必然选择。时代在更迭，文化在发展，文明的内核亘古不变，但其传承方式则要与时俱进，紧贴当代人的生活特点，才能代代传承、富有生机。而故宫的"年轻化"正是在以当代消费者所能理解和接受的方式，向人们展现着传统文化和民族历史的博大精深。其重生的重大意义，在于为中华优秀传统文化在新时代的表达与传播摸索了一条新的出路，为传统文化与当代文明的结合找寻一个新的契合点，为民族文化在年青一代的生活中探索一个新的落脚点，也成为众多面临转型升级的国产品牌学习模板，在中国乃至全世界掀起一股"传统文化复兴""国货兴起"之风。

然而，故宫的转型之路并非一帆风顺，社会对它的转型蜕变也并不全是褒赞，其未来的发展道路并非畅通无阻。故宫口红产品出现质量问题、故宫淘宝与故宫文创“内斗”，被指过度追求现代时尚潮流而对其本身的文化底蕴挖掘和展现不够，给人以浮于表面，与现代追流量、蹭热点的网红景点类似的感觉。这些事件的发生说明故宫未来不仅需要在产品质量把控、团队管理等方面持续改进，更要思考如何将其博大精深的中华传统文化与现代时尚潮流交汇融合，如何让历史文化以不失本质的姿态重新走入现代受众的日常生活，真正实现丰富受众精神生活、提升全民精神文化水平。而故宫所面临的这类挑战，也正是国内众多传统品牌在新时代潮流涌动下汇入现代受众生活、重焕生机所必然面临的挑战。传统品牌与现代时尚潮流如何结合、传统文化与当代文明如何契合，历史精深文化如何与时俱进、持续保持优秀文化的强大影响力，是诸多传统品牌乃至所有中华儿女所要共同思考与解决的问题。

参考文献

[1] 阿里数据. 淘宝iFashion：2018iFashion时尚消费趋势报告[R]. 2018.

[2] 潮牌Supreme的起源与发展[EB/OL]. https：//www. sohu. com/a/276651535_526628.

[3] 潮牌Supreme如何做到指数型增长[EB/OL]. https：//www. coffee. pmcaff. com/article/1028889244874880/pmcaff?utm_source=forum&from=related&pmc_param%5Bentry_id%5D=524506221016128.

[4] 陈茜. 完美日记，“爆红国货”养成记[J]. 商学院，2020（5）：44–47.

[5] 陈欣悦. 喜茶：用设计诠释灵感和禅意[J]. 中国广告，2019（7）：73–75.

[6] 池垚垚. 全媒体视阈下故宫博物院文化符号解读与创新[J]. 大众文艺，2019（11）：262–263.

[7] 从街头到奥运会，细述滑板发展史[EB/OL]. https：//www. sohu. com/a/242171006_100076819.

[8] 戴诗雨. 浅谈“优衣库”的美学思想[J]. 西部皮革，2020，42（3）：70.

[9] 当人本主义遇见新消费浪潮[EB/OL]. https：//www.36kr. com/p/1724998041601.

[10] 邓北辰. 瑞幸咖啡基于SICAS模型的社会化媒体营销策略研究[D]. 北京：北京交通大学，2019.

[11] 电小二. 小熊电器李一峰：做创意小家电的种草人[J]. 电器，2019（9）：66-67.

[12] 峰瑞资本. 双11的中场战事：钟薛高、三顿半、植观、花生好车做对了什么？[EB/OL]. https：//www.mp. weixin. qq. com/s/I3Sla8ni-u3lHA33038t-g.

[13] 故宫博物院官方网站，https：//www. dpm. org. cn/Home. html.

[14] 何思倩. 设计战略塑造“第三代”服装企业——以日本品牌优衣库为例[J]. 设计，2015（12）：128-129.

[15] 华尔街报道. 后流量时代品牌攻心战　洞察新青　年产品细分需求[EB/OL]. https：//www.dy. 163. com/article/EAHS352Q0539466M. html?referFrom=.

[16] 黄海. 初创品牌破局：从流量思维到内容思维[EB/OL]. https：//www.mp. weixin. qq. com/s/MjYnsYQmc8iyxryLooxiVw.

[17] 黄海. 热闹背后的品类逻辑——以咖啡行业投资为例[EB/OL]. https：//www.mp. weixin. qq. com/s/s-66K2q586q4W9S3_xMRWA.

[18] 黄璐. 中国体育用品产业发展的思维陷阱——李宁品牌困局的启示[J]. 体育与科学，2014，35（1）：97-103.

[19] 菁财研究院. 新式茶饮行业深度研究报告[EB/OL]. https：//www.sohu. com/a/226012255_606543.

[20] 李剑. 速溶咖啡市场现状研究[D]. 成都：西南交通大学，2011.

[21] 李杰. 快时尚品牌的社交媒体营销——以优衣库的“游戏化”策略为例[D]. 广州：暨南大学，2017.

[22] 李俊斌. 李宁品牌：国货潮流的引领者[J]. 企业文明，2020（4）：111-112.

[23] 李璐. 浅析无印良品中的日本禅宗美学[J]. 艺术科技，2016，29（10）：242.

[24] 李婷，岳文欣，郭琳琳. 三只松鼠品牌推广策略研究[J]. 财富时代，2020（2）：74.

[25] 李伟龙. 化妆品新国货完美日记、花西子们的难题[J]. 销售与市场（管理版），2020（3）：48-50.

[26] 李志刚. 小熊电器：12周年再出发，以“萌家电”诠释美好生活[J]. 电器，2018（5）：60-61.

[27] 刘志. 自然、简约、质朴的生活哲学——谈无印良品的设计理念与品牌策略[J]. 新闻世界，2014（3）：149-150.

[28] 柳冰芬，柳素芬. 三只松鼠：萌文化下的体验营销[J]. 戏剧之家，2019（15）：225-226.

[29] 马玥. 泡泡玛特力造潮玩领先品牌[J]. 中外玩具制造，2019（3）：76-77.

[30] 泡泡玛特CMO果小：年轻人的社交与潮品牌[EB/OL]. http：//www.ebrun. com/20190709/340997. shtml.

[31] 彭林. 让品牌更有品质地影响并深入人心——专访UNIQLO优衣库大中华区首席市场官吴品慧[J]. 2017（6）：18-20.

[32] 前瞻产业研究院．博物馆行业报告[EB/OL]. https：//www.bg.qianzhan. com/report/keys/2945ca61. html.

[33] 前瞻网．2件事，成就了喜茶的独一无二[EB/OL]. https：//www.t.qianzhan. com/daka/detail/190505-8b048a90. html.

[34] 秦先普．重新定义服装和美好生活的关系[J]. 中国广告，2017（3）：73-78.

[35] 仁智全球．无印良品的全球化发展史[EB/OL]. https：//www.mp.weixin. qq. com/s/kojh_VjjjrE7ljUargJQUA.

[36] 任慧媛．中国咖啡市场大混战，连锁店、情怀店、网红店怎样优胜劣汰?[J]. 中外管理，2018（10）：108-111.

[37] 瑞幸咖啡迎来中场战事[EB/OL]. http：//www.baijiahao. baidu. com/s?id=1651228134025078688&wfr=spider&for=pc.

[38] 三顿半官方网站，https：//www. saturnbird. com/.

[39] 单霁翔．守望・探索・创新——郑欣淼任期内故宫博物院工作纪要[J]. 中国文物科学研究，2015（2）：25-31.

[40] 尚子琦．从瑞幸咖啡与星巴克大战看网络“新零售”时代下的商业模式[J]. 现代管理科学，2019（3）：75-77.

[41] 摄影与诗歌．原研哉谈“无印良品”：无中生有[EB/OL]. https://www.mp. weixin. qq. com/s/5wFqjtB_Ouj3Nu8xxoazzQ.

[42] 沈国梁．从流量池到留量池：私域流量再洞察[J]. 中国广告，2019（12）：93-94.

[43] 宋超．文化式品牌塑造视角下电商品牌传播研究[D]. 成都：成都理

工大学，2018.

[44] 苏亮. 小熊电器李一峰：让生活拥有“萌家电”[J]. 家用电器，2018（4）：30–31.

[45] 完美日记官方网站，http：//www. perfectdiary. com/.

[46] 王佳，杨鼎寓. 中国新主流消费人群偏好品牌的创新设计——以诚品书店和故宫文创为例[J]. 河北大学学报（哲学社会科学版），2019，44（5）：115–119.

[47] 王少华.“新零售”背景下休闲食品零售业转型发展研究[D]. 济南：山东建筑大学，2020.

[48] 王秀芬. 跨界联名：老品牌的营销新路[J]. 北方传媒研究，2019（6）：26–28.

[49] 王友欣. 零售品牌的经营战略研究——以优衣库为例[J]. 2020（6）：46–47.

[50] 王雨佳，任丽珺，丁新洁. 国潮品牌跨界营销案例分析——以李宁X红旗汽车为例[J]. 中国市场，2020（24）：136–137.

[51] 吴丹. 对话喜茶创始人：排队问题是发展中的阵痛[EB/OL]. https：//www.t. qianzhan. com/daka/detail/170628–a04e424b. html.

[52] 吴迪，林刚. 新媒体环境下故宫品牌营销策略的创新及启示[J]. 文化与传播，2018（4）：37–42.

[53] 吴瑶. 禅意之美——论日本艺术设计中的禅宗美学[J]. 艺术科技，2014（1）：307.

[54] 武亮. 基于“互联网+”的网络品牌创新研究——三只松鼠的经验

启示[J]. 渤海大学学报（哲学社会科学版），2019，41（5）：89–94.

［55］先被年轻人pick再被吴晓波点名，小熊电器成“颜价比”范例[EB/OL]. https：//www.fj. qq. com/a/20200102/020243. htm.

［56］徐梦迪. 小众变大众，泡泡玛特是如何让盲盒出圈的[J]. 销售与市场（管理版），2020（7）：91–93.

［57］言几又的四个核心能力和三个连接能力[EB/OL]. https：//www. sohu. com/a/285414250_100232674.

［58］言几又官方网站，http：//www. yanjiyou. com/nd. jsp?id=22.

［59］杨飞. 流量池[M]. 北京：中信出版社，2018.

［60］叶甜甜，吴美珍. 网红经济背景下茶饮营销策略研究——以喜茶为例[J]. 纳税，2019，13（33）：197，200.

［61］一天卖200多万个潮玩，泡泡玛特如何打造超级IP[EB/OL]. http：//www. iheima. com/article–299592. html.

［62］于晴，彭思涵. 新国货美妆品牌的创意传播策略分析——以“完美日记”为例[J]. 卫星电视与宽带多媒体，2020（8）：239–241.

［63］俞凌岚. 中国网红茶饮品牌形象设计研究——以网红品牌喜茶为例[J]. 品牌研究，2020（2）：52–55.

［64］站在商业、技术与人文三岔路口的实体书店[EB/OL]. https：//www.36kr. com/p/1724483960833.

［65］张景云，王雨藤. 符号学视域下以“卖萌”为核心的品牌建设研究——“三只松鼠”的案例研究[J]. 品牌研究，2017（2）：32–38，80.

［66］张磊. 瑞幸咖啡：新零售　老司机[J]. 清华管理评论，2019（4）：

114–120.

[67] 张天祐 . 新零售时代下实体店式网红经济的发展动因及前景——基于对茶饮品牌“喜茶”“因味茶”的案例分析[J]. 山西科技，2019，34（3）：85–89.

[68] 张希伦 . 从数据看完美日记如何完成品牌增长[EB/OL]. http：//www. woshipm. com/data–analysis/2778744. html.

[69] 张钊丹 . 盲盒成收割利器？泡泡玛特曾连亏多年　引入盲盒后利润暴增[EB/OL]. https：//www.baijiahao. baidu. com/s?id=1668652630834407347&wfr=spider&for=pc.

[70] 赵焕毅 . 茶饮界“网红”的营销策略研究——以喜茶为例[J]. 现代营销（经营版），2019（8）：123–124.

[71] 赵敏婷，仲佳儿 . 实体书店经营模式探析——以言几又书店为例[J]. 出版广角，2019（2）：59–61.

[72] 郑刚，郑青青 . 三只松鼠：如何凭借创新异军突起？[J]. 清华管理评论，2017（6）：106–112.

[73] 周超臣 . 单霁翔给故宫留下了什么[EB/OL]. 虎嗅，https：//www.mp.weixin. qq. com/s/BErTgFnt3ckc51POmkEs–w.

[74] 周洁，陈雅婷 . 三只松鼠体验营销策略分析[J]. 中外企业家，2018（17）：203–204.

[75] 周洁 . 无中生有的设计——浅析日本无印良品的设计精神与品牌策略[D]. 新乡：河南师范大学，2012.

[76] 周晓艳 . 文化+美学：实体书店融合发展的新趋势[J] . 科技与出版，

2017(7)：24–28.

[77] 周旭，李晶."无中生有"的品牌力量——浅析"无品牌"的品牌设计之路[J].装饰，2011（4）：102–103.

[78] 朱娟，庞小笑，侯琳，等.新媒体环境下故宫博物院品牌推广创新研究[J].戏剧之家，2018（32）：240.

[79] 专访泡泡玛特CMO果小：潮玩的出现，让大众的审美需求得到了释放[EB/OL]. https：//www.baijiahao. baidu. com/s?id=1633189236560878711&wfr=spider&for=pc.

[80] 郭子赫.基于4C营销理论对互联网食品品牌的营销策略研究——以"三只松鼠"为例[J].现代商贸工业，2020，41（3）：56–57.

[81] 董小英，余艳，张娜.企业竞争战略与知识管理战略动态匹配与共同演化：以李宁公司为例[J].管理学报，2014，11（4）：478–486，547.

[82] 艾瑞咨询.2019年中国厨房料理小家电行业用户洞察及趋势报告[EB/OL]. https：//www. iresearch. com. cn/Detail/report?id=3426&isfree=0.

[83] 杨墨.数字时代下中国传统运动品牌——李宁的传播策略分析[J].传媒论坛，2019，2（24）：33，35.

[84] 曾军梅.传统文化在综艺节目中的再现与创新——以《上新了·故宫》为例[J].中国电视，2019（9）：109–112.

[85] 中国咖啡消费蓝皮书[EB/OL]. https：//www.tech. hexun. com/2019-07-03/197728037. html.

[86] 中国现制茶饮行业研究报告2019年[R].艾瑞咨询系列研究报告，2020.

[87] 王卓慧. 国产美妆品牌的崛起："完美日记"营销策略分析[J]. 传媒论坛，2020，3（4）：143，148.

[88] OFASHION（迷橙）. Nielsen：中国潮牌用户趋势报告[R]. 2018.

[89] 招商证券. 2019新式茶饮深度报告[EB/OL]. http：//www. 199it. com/archives/859449. html.

[90] GOLDMAN SACHS. China Consumer Pulse Check：From 0 to 5mn：What the explosive growth of one coffee brand reveals about Chinese consumers[R]. Equity Research，2018.